Schule weiterentwickeln – Unterricht verbessern
Hrsg. von Botho Priebe

Orientierungsband zur Unterreihe *Schule erfolgreich leiten*

Hans-Günter Rolff (Hrsg.)
Rolf Arnold, Martin Bonsen, Stephan Gerhard Huber, Michael Schratz

Führung, Steuerung, Management

Klett | Kallmeyer

Bibliografische Information der Deutschen Nationalbibliothek
Die Deutsche Nationalbibliothek verzeichnet diese Publikation in der Deutschen Nationalbibliografie; detaillierte bibliografische Daten sind im Internet über http://dnb.d-nb.de abrufbar.

Impressum

Hans-Günter Rolff (Hrsg.)
Führung, Steuerung, Management
In der Reihe: *Schule weiterentwickeln – Unterricht verbessern*
Hrsg. von Botho Priebe

1. Auflage 2010

Redaktion: Dirk Haupt, Leipzig
Satz: Stefan Zielasko
Druck: Fuldaer Verlagsanstalt GmbH & Co.KG, Fulda
Printed in Germany

ISBN: 978-3-7800-1067-4

Schule weiterentwickeln – Unterricht verbessern
Hrsg. von Botho Priebe

Orientierungsband zur Unterreihe *Schule erfolgreich leiten*

Hans-Günter Rolff (Hrsg.)
Rolf Arnold, Martin Bonsen, Stephan Gerhard Huber, Michael Schratz

Führung, Steuerung, Management

Klett | Kallmeyer

Inhaltsverzeichnis

Vorwort

Wenn der Wind des Wandels weht,
bauen die einen Windmühlen
und die anderen Mauern.
(alte chinesische Weisheit)

Der Wind des Wandels hat (zumindest) im Bildungssystem in den letzten Jahren deutlich an Stärke gewonnen. Die Mauern bröckeln zwar, werden aber teilweise auch neu errichtet. Seit den sechziger Jahren wechseln Fanfarenstöße (Georg Picht 1964: „Die Deutsche Bildungskatastrophe") mit Innovationen und manchmal kulturkampfähnlich geführten Auseinandersetzungen über einzelne Reformprojekte bis hin zu TIMSS und PISA, bis zur „empirischen Wende" in Schule und Bildungspolitik, mit der Realismus und Nüchternheit Einzug in die Reformdebatten hielten. Bei aller Bedeutung, die den Rahmenbedingungen des Bildungssystems, beispielsweise Finanzierung, Strukturen und Personalausstattung, auch künftig zukommen, sind zugleich die Bedeutung und Gestaltung der „Einzelschule als pädagogischer Handlungseinheit" (Helmut Fend) als eine zentrale Aufgabe in den Vordergrund getreten. Hier, „vor Ort", muss sich die Qualität von Schule und Unterricht erweisen.

Unter dieser Leitvorstellung erhalten Schulen im Rahmen bildungspolitischer Gesamtsteuerung verstärkte Selbstständigkeit bei gleichzeitiger Vorgabe verbindlicher Standards (Bildungs- und Schulqualitätsstandards) und der Verpflichtung zur Rechenschaftslegung im Rahmen interner und externer Evaluation. Mit diesem neuen dezentralen Steuerungsmodell sind die Schulen, und vor allem die Schulleitungen, unter veränderte und teilweise ganz neue Anforderungen gestellt. Überkommene Rollen- und Funktionsverständnisse, nach denen Schulleitungen überwiegend für die Erledigung innerschulischer Verwaltungsaufgaben sowie für die Sicherung eines geordneten Dienstbetriebs zuständig waren, sind weitgehend abgelöst durch neue und anspruchsvolle Aufgabenzuweisungen wie beispielweise die Koordinierung der Qualitätsentwicklung von Unterricht und Schule, Personalentwicklung und Fortbildungsplanung und insgesamt die Führung und Leitung des Change Managements der eigenen Schule.

In den Referenzrahmen der Länder erhalten die Schulen Qualitätsvorgaben, für deren Umsetzung sie selbst verantwortlich sind und dabei von Schulinspektionen und Schulaufsicht begleitet werden. Den Schulleitungen wird in den Schulgesetzen der Länder eine Letztverantwortung für die Qualität ihrer Schulen zugewiesen, die sie mit dem überkommenen Funktions- und Handlungsrepertoire nicht mehr bewältigen können. Erforderlich sind Fähigkeiten zum kooperativen Qualitätsmanagement der eigenen Schule durch Nutzung vorliegender Daten aus Schulinspektionen, Lernstandserhebungen und Abschlussprüfungen („von Daten zu Taten"), durch Schulprogramme und Schulcurricula sowie durch Aufgabendelegation und die Förderung von Fachkonferenzen und Steuergruppen als „professionellen Lerngemeinschaften". Mit diesen Aufgaben und Kompetenzanforderungen werden Schulleitungen zu einer wesentlichen Voraussetzung für die Qualitätssicherung ihrer Schulen. International belegen erfolgreiche PISA-Teilnehmerstaaten sowie Ergebnisse der Schulleitungs- und Schulentwicklungsforschung die herausragende Bedeutung kompetenter Schulleitung für die Schulqualität.

In diesem Buch bieten international ausgewiesene Experten Überblick und Orientierung zu den veränderten Anforderungen an Schulleitungen. Dabei geht es um die Kernbereiche eines neuen, innovativen Steuerungswissens für die schulische Qualitätsentwicklung „vor Ort."

Dem vorliegenden Eröffnungsband der Unterreihe „Schule erfolgreich leiten" folgen in den nächsten Jahren Praxisbände mit konkreten Handlungskonzepten und -vorschlägen für innovative Schulleitung durch Führung, Steuerung und Management, die im Rahmen von Leitungsqualifizierung und -fortbildung erprobt und angeeignet werden können.

Die Unterreihe „Schule erfolgreich leiten" ist Teil der Gesamtreihe „Schule weiterentwickeln – Unterricht verbessern". Im Fokus dieser Gesamtreihe stehen nicht bildungspolitische und bildungswissenschaftliche Fragestellungen, sondern es geht um die einzelnen Schulen mit ihren Aufgaben und Interessen, Schwerpunkten und Problemen bei der eigenen Weiterentwicklung von Schul- und Unterrichtsqualität. Welches Orientierungs- und Überblickswissen wird dabei benötigt und vor allem: welche Handlungskonzepte gibt es und wie können sie eingesetzt werden?

In der hier begonnenen Unterreihe „Schule erfolgreich leiten" geht es im Rahmen der Gesamtreihe „Schule weiterentwickeln – Unterricht verbessern" um die enge Verbindung mit den beiden weiteren Unterreihen zur Unterrichtsentwicklung und Unterrichtsqualität sowie zur Schulentwicklung und Schulqualität. Alle Bände dieser Gesamtreihe sind darauf gerichtet, Schulleitungen sowie Lehrkräfte und Kollegien in ihren Schulen bei der Umsetzung und Ausgestaltung der laufenden Bildungsreformen konkret, hilfreich und zugleich kritisch-konstruktiv zu unterstützen.

Ohne Evaluation, ohne die Vergewisserung darüber, ob die angestrebten Reformziele tatsächlich erreicht werden, ist die Weiterentwicklung von Schul- und Unterrichtsqualität nicht mehr möglich; hinter die „empirische Wende" in Schule und Bildungspolitik führt kein Weg zurück. Dieses Buch und alle weiteren Bände der Gesamtreihe „Schule weiterentwickeln – Unterricht verbessern" sind u. a. darauf gerichtet, Schulleitungen und Kollegien bei der Nutzung vorliegender Daten aber auch genauso bei der eigenen Erhebung qualitativer Daten zu unterstützen. In diesem Bemühen werden wir unterstützt von den Mitgliedern des wissenschaftlichen Beirats dieser Reihe, denen wir für die Beratung herzlich danken: Herrn Prof. Dr. Rolf Arnold, Technische Universität Kaiserslautern; Herrn Prof. Dr. Helmut Fend, Universität Zürich; Herrn Prof. Dr. Andreas Helmke, Universität Koblenz-Landau; Herrn Prof. Dr. Olaf Köller, Universität Kiel; Herrn Prof. Dr. Hans Günter Rolff, Universität Dortmund; Herrn Prof. Dr. Michael Schratz, Universität Innsbruck.

Botho Priebe

1 Einführung: Schulleitung wird schwieriger und wichtiger zugleich – allgemeine Entwicklungen und Forschungsergebnisse

von Martin Bonsen/Hans-Günter Rolff

Die besten Reformer, die die Welt je gesehen hat, sind die, die bei sich selbst anfangen.
(Georg Bernhard Shaw)

Schule wird selbstständiger, Schulleiterinnen und Schulleiter erhalten mehr Aufgaben und Verantwortung. Das ist Anlass genug, Schulleitung aktuell zu definieren und die Tätigkeiten wie Kompetenzen neu zu positionieren.

Schulleitung bedeutet, hinsichtlich der schieren Größe, Leitung eines mittelständischen Betriebs und dürfte hinsichtlich der gesellschaftlichen Bedeutung mindestens so wichtig sein. Schule leiten ist vermutlich sogar noch schwieriger als einen Betrieb zu managen; denn Bildung und Erziehung als Ergebnis von Schularbeit sind keine materiellen Güter und auch keinesfalls nur Dienstleistungen, sondern Produkte hochkomplizierter, reflexiver und teilweise widersprüchlicher Lernprozesse. Hinzu kommt, dass Lehrer nicht nur nach Meinung von Evans (vgl. 1996) ein besonderer Typ von Mitarbeitern sind, denen es mehr als anderen um Anerkennung und Einfluss geht und darum, selbst gemocht zu werden. Sie sind in Deutschland und Österreich als Beamte faktisch unkündbar und sind bei der Ausübung ihrer Tätigkeit – zu recht – sehr autonom. Beamtenstatus und pädagogische Autonomie führen aber schließlich dazu, dass sich Lehrerinnen und Lehrer nur schwer führen lassen. Nicht wenige unter ihnen stellen Führung gänzlich infrage.

Künftig müssen Schulleiter Aufgaben erledigen, die es vor 10 oder 20 Jahren noch gar nicht gab wie Personalmanagement, Budgetgestaltung, Unterrichtsentwicklung, Qualitätsevaluation, Fortbildungsplanung, Change Management und Gesundheitsförderung. Zudem türmen sich Erziehungsprobleme auf vom Verlust an Bindung und Gemeinschaft, eskalierender Aggressivität, Zusammenstoß rivalisierender Kulturen bzw. Religionen bis hin zur Digitalisierung der Kommunikation mit ungeahnten Folgen. Schulleitungen sind also zusätzlich aufgerufen, für ihre Schule zukunftsfeste Konzepte zu entwickeln, die geeignet sind, derartige Erziehungsprobleme zu bewältigen.

Zudem sollen Schulleiter auch stärker an der Entwicklung des ganzen Schulsystems (zumindest in der Nachbarschaft) mitwirken und – wie die OECD sie nennt – zu sogenannten „Systemleadern" (Pont et al. 2008, S. 123 ff.) werden. Dazu gehören Aufgaben wie regionale Schulentwicklung, die Einbeziehung außerschulischer Lernorte, Vernetzung von Fachkonferenzen mehrerer Schulen und Nutzung des Know-hows von Nachbarschulen. Wo sie es noch nicht sind, wie z. B. in Bayern, werden Schulleiter und Schulleiterinnen zu Dienstvorgesetzten. Sie sind dann auch zuständig für beamtenrechtliche Entscheidungen über die persönlichen Angelegenheiten der Lehrerinnen und Lehrer als „nachgeordnete Beamte", zum Beispiel bei:

- Untersagung nichtgenehmigungspflichtiger Nebentätigkeiten,
- Erteilung von Dienstzeugnissen, Unterrichtsbeurteilungen oder
- Entscheidung zu Dienstaufsichtsbeschwerden über Lehrkräfte.

Vor allem Letzteres ist konfliktträchtig. Leitungspersonen, die dem gewachsen sein wollen, müssen ganz verschiedenen Anforderungen gerecht werden, die verschiedensten Aufgaben erfüllen und sich in vielfältige, zum Teil gänzlich neue Arbeitsfelder einarbeiten. Sie benötigen ein ganzes Bündel zusätzlicher Kompetenzen, die das

Anforderungsprofil des Lehrerberufs drastisch, sowohl quantitativ als auch qualitativ erweitern. Da Schulleiter nicht alle neuen Aufgaben persönlich lösen können, müssen sie Aufgaben und Verantwortlichkeiten abgeben bzw. delegieren.

Schulen und Schulleitung in erweiterter Selbstständigkeit

In fast allen Bundesländern, in Österreich und in der Schweiz sind unter den Begriffen „Stärkung der Einzelschule" oder „Erweiterte Selbstständigkeit" Reformbemühungen zu beobachten, die darauf abzielen, den Einzelschulen durch Gewährung von mehr Autonomie einen größeren Gestaltungsspielraum einzuräumen. Dies hat eine veränderte Rolle der Schulleitung zur Folge.

Bisher dominierte eine steuerungsstrategische Gesamtausrichtung von Schulpolitik. Seit ein paar Jahren wandelt sich die Steuerungsstrategie, die jetzt – angelehnt an vergleichbare Konzepte der Verwaltungsreform – eine dezentrale Eigenverantwortung der unteren Organisationseinheiten für das operative Management vorsieht. Dabei soll sich die Behördenleitung auf strategische Führungsaufgaben beschränken. Insgesamt kann die neue Steuerungsphilosophie, so wie sie auf der rechtlichen Ebene verankert wurde, als Mischung von Maßnahmen der Dezentralisierung und der Setzung neuer Steuerungsimpulse bezeichnet werden.

Bundesweit wurden die rechtlichen Grundlagen für mehr Eigenständigkeit der Einzelschule geschaffen. Kernelement ist hierbei die einzelschulische Verantwortung für Finanzmittel im Rahmen der Budgetierung. Weitere Aspekte betreffen die Drittmitteleinwerbung und Durchführung schuleigener Entwicklungsvorhaben. Insbesondere aber wird die rechtliche Rolle und Position der Schulleitung mit der Übertragung von Dienstvorgesetzteneigenschaften gestärkt. So gewinnt die Einzelschule als pädagogische und organisatorische Einheit an Bedeutung.

Mit diesen neuen Anforderungen ändern sich nicht nur Aufgaben und Rollen von Schulleitung und Lehrkräften, sondern auch die Art und Weise ihrer Zusammenarbeit und die Mitbestimmung. Es geht also letztlich um die pädagogische Ausgestaltung des erweiterten gesetzten Rahmens von Schulentwicklung.

Forschung zur Schulleitung

Über die Rolle der Schulleitung unter der Bedingung erweiterter schulischer Selbstständigkeit liegen noch kaum Forschungsergebnisse vor. Neuere Zusammenfassungen der Forschung, auch vor dem Hintergrund der neuen Steuerung im Bildungswesen, geben Bonsen (vgl. 2010) und Wissinger (vgl. 2010).

Im Rahmen einer größeren Studie des Dortmunder Instituts für Schulentwicklungsforschung haben Harazd et al. (vgl. 2009) untersucht, welche Problematik sich im Zusammenhang mit schulischer Gestaltungsautonomie für die Rolle der Schulleitung ergibt und wie Schulleiter und Schulleiterinnen den neuen Gestaltungsspielraum wahrnehmen, der sich durch die rechtlichen Änderungen ergeben hat. Die Auswertung der Schulleiterbefragung erbrachte aufschlussreiche Ergebnisse. So wird mit der höheren Gestaltungsautonomie der Einzelschule das Dilemma zwischen den Vorgaben des politischen Systems und der Gestaltung der eigenen Freiräume und eigenen Rahmenbedingungen deutlich. Weiterhin berichten die Schulleitungen von einem Gefühl stärkerer Außenkontrolle und Einschränkung in der pädagogischen Arbeit der Schule. Mit dem veränderten Aufgabenprofil erleben die Schulleiterinnen und Schulleiter ihre Rolle vielfältiger und anspruchsvoller. Verstehen sich einige Schulleitungen nun stärker als Vorgesetzte, steht für andere eher die Managerrolle bzw. Verwaltertätigkeit im Vordergrund. Die Rolle des Pädagogen und Gestalters verliert zu Gunsten der Verwalterrolle für viele an Bedeutung. Nur wenige sehen sich als Gestalter und Planer. Einige Schulleiterinnen und Schulleiter beschreiben, dass ihr Führungsstil kooperativer geworden ist und die anfallenden Aufgaben im Diskurs mit den Lehrkräften bewältigt werden. Andere sehen die Notwendigkeit, stärker Aufgaben und Aufgabenbereiche anzuordnen.

Die Befragungsergebnisse lassen Rückschlüsse auf Implementationsprobleme zu, die sich auch in anderen Untersuchungen gezeigt haben. Beklagt wird sowohl von Lehrkräften als auch von Schulleitungen der gestiegene bürokratische Arbeitsaufwand. So werden weitere institutionelle und rechtliche Reformen gewünscht, die für eine gelingende dezentrale Schulentwicklungsarbeit als erforderlich erachtet werden.

Nur wenige der befragten Schulleiterinnen und Schulleiter können sich als Gestalter der Schule verstehen, sondern beschreiben sich aufgrund der neuen administrativen Aufgaben und Anforderungen eher als Verwalter. Diejenigen, die sich als Gestalter begreifen, berichten von Schwierigkeiten, die es ihnen nahezu unmöglich machen, diese Gestalterrolle wahrzunehmen. Die Probleme liegen hauptsächlich im Aufgabenbereich der Selbstverwaltung, wo etliche Ressourcen gebunden werden. Problematisch werden die als noch nicht weitreichend genug veränderten rechtlichen Rahmenbedingungen und die Zunahme der Regelungsdichte erlebt.

Die dargestellten Perspektiven von Schulleiterinnen und Schulleitern sind ein Hinweis darauf, dass zwar eine Verwaltungsreform eingeleitet wurde, jedoch die für die Schulentwicklung erhofften Impulse bisher weitgehend ausgeblieben sind. Unter den derzeitigen Bedingungen „neuer Steuerung" beschränkt sich die innere Ausgestaltung vielmehr auf die Verwaltungsarbeit und hier insbesondere auf die Budgetierung bei der Finanzplanung. Dies verwundert insofern nicht, weil genau an dieser Stelle der Entscheidungsspielraum für Schulen gesetzlich erweitert worden ist.

Die zentrale Bedeutung von Schulleitung

Die internationale Forschungsliteratur zum Zusammenhang zwischen Schulleitungshandeln und der Effektivität und Qualität der Einzelschule schöpft aus zwei unterschiedlichen Forschungstraditionen, der qualitativen Forschung auf Grundlage von Fallstudien und der quantitativen Forschung auf Grundlage von großen Stichproben. Die empirische Evidenz aus Fallstudien belegt konsistent die Schlüsselfunktion der Schulleitung für Schulentwicklung und -effektivität. Fallstudien aus unterschiedlichen Ländern und Kontexten gelangen immer wieder zu dem Schluss, dass Schulleitungen an erfolgreichen Schulen eine zentrale und wichtige Rolle spielen (vgl. Pont et al. 2008, S. 33). Auch groß angelegte quantitative Studien belegen den Zusammenhang. Leithwood et al. (vgl. 2004) gelangen auf Basis einer Meta-Analyse zu dem Ergebnis, dass sich ein mittlerer Effekt der Schulleitung auf die Kompetenzentwicklung von Schülerinnen und Schülern finden lässt, der sich als Korrelation in einer Höhe von $r=.17$ bis $r=.22$ ausdrücken lässt. Zu einem ähnlichen Bild gelangt die Meta-Analyse von Marzano et al. (2005), welche die von ihnen gefundene Korrelation von $r=.25$ als bedeutsamen Effekt der Schulleitung auf die Lernleistungen der Schülerinnen und Schüler interpretieren:

> *The message is clear – the leadership behavior of the principal can have a profound effect on student achievement. We believe that our general finding of a .25 average correlation is compelling and should stir school leaders to seek ways to improve their leadership skills.*
>
> (Marzano et al., S. 31 f.)

Die Betonung des Handelns von Schulleiterinnen und Schulleitern als zentrales Steuerungselement im Gesamtzusammenhang einer neuen Steuerung lässt sich demnach nicht nur politisch fordern, sondern auch empirisch rechtfertigen.

Ein neuere Studie der OECD zur Situation der Schulleitung in verschiedenen Staaten kommt zu dem Schluss, dass die meisten Staaten in ihren Reformbemühungen drei Aufgabenbereiche der Schulleitung besonders betonen (vgl. Pont et al. 2008):

- strategische Führung und Zielentwicklung, u.a. mithilfe von Schulentwicklungsplänen (in Deutschland als Schulprogramm oder Qualitätsprogramm bezeichnet), in welchen die spezifischen Notwendigkeiten der Situation „vor Ort" mit zentralen Vorgaben, in der Regel einem nationalen Curriculum, in Einklang gebracht werden;
- die Nutzung von Daten aus Leistungsvergleichen und Abschlussprüfungen zur Beobachtung der Entwicklung des schulischen „Outputs";
- die Entwicklung einer Gruppe von Lehrkräften, die Kompetenzen im Umgang mit Daten, insbesondere der Interpretation und der Ableitung von konkreten Schlussfolgerungen für die pädagogische Arbeit besitzt.

Strategische Führung und Zielentwicklung

Im deutschsprachigen Kontext wurde die Bedeutung von Zielführung und Innovation durch die Schulleitung auf empirischem Weg im Rahmen einer Studie zum Schulleitungshandeln an guten und weniger guten Schulen (vgl. Bonsen et al. 2002) evident. In dieser Untersuchung wurden Lehrer-Einschätzungen zur Schulleitung an guten und verbesserungsbedürftigen Schulen verglichen, um herauszufinden, welche Handlungsdimensionen von Schulleitung eine besondere Bedeutung bei der Unterscheidung erfolgreich und weniger erfolgreich arbeitender Schulen haben. Im Ergebnis sind es in dieser Studie vier Handlungsdimensionen der Schulleitung, die prädiktive Kraft für die Schulqualität besitzen. Es sind dies: zielbezogene Führung, Innovationsförderung, angemessene (und reflektierte) Partizipation in der Entscheidungsfindung und die grundsätzliche Fähigkeit zur Organisation.

Das in dieser Studie gewonnene Bild von Schulleiterinnen und Schulleitern an guten Schulen lässt sich als „führungsbetont" charakterisieren. Dieses Ergebnis steht im Einklang zu Ergebnissen der internationalen Schulleitungsforschung. Auch hier zeigt sich, dass erfolgreiche Schulleitungen der Umsetzung von Innovationen und gemeinsam getragenen Zielen einen hohen Stellenwert zumessen. Die Entwicklung von Zielen für die pädagogische Arbeit wird dabei allerdings immer auch im Zusammenhang mit Zielüberprüfung und Rechenschaftslegung betrachtet.

Evaluation und Rechenschaft

Evaluation, im anglo-amerikanischen Sprachraum häufig auch als „assessment" bezeichnet, spielt im Rahmen neuer Steuerungsvorstellungen eine große Rolle. Ziel ist der Aufbau einer „evidenzbasierten Steuerung" (Rolff in diesem Band). Daten zu schulischen Prozessmerkmalen und zu realisierten Ergebnissen der pädagogischen Arbeit (Outputqualitäten) sollen genutzt werden, um auf der Grundlage von mehr Wissen qualitativ gehaltvoller steuern zu können (vgl. Brüsemeister/Eubel 2008). Wenn Schulen also Rahmenvorgaben im pädagogischen Alltag differenziert den jeweils gegebenen Bedingungen vor Ort anpassen (wozu sie in erweiterter Selbstständigkeit die Freiheit haben), müssen sie die Wirksamkeit ihrer Pädagogik schließlich anhand von Output-Daten überprüfen bzw. überprüfen lassen. Nutzen Schulen selbst erhobene Daten zur Schulentwicklung, so können sie gegenüber schulexternen und höheren Steuerungsebenen transparent und meistens überzeugend argumentieren und jederzeit Rechenschaft über ihre Arbeits- und Entwicklungsschwerpunkte ablegen. Die Nutzung von Evaluationsdaten, gleich welcher Art, kann dann dazu beitragen, die professionelle Verantwortlichkeit in ein harmonisches Gleichgewicht mit der Verantwortlichkeit des Staates zu bringen, indem ein System der Rechenschaft geschaffen wird.

Empirische Hinweise darauf, dass die Erhebung von Daten zum pädagogischen Output tatsächlich positive Effekte auf der Ebene der Einzelschule haben kann, finden sich bei Hanushek und Raymond (vgl. 2004) allgemein sowie bei West et al. (vgl. 2005) für Schulen, die unter besonders herausfordernden Bedingungen arbeiten. Dabei zeigt sich, dass die Erhebung und Rückmeldung von Daten nur unter der Bedingung einer professionellen Zusammenarbeit zwischen Schulleitung und Lehrkräften dazu führt, dass die Einzelschule ihre pädagogischen Bemühungen tatsächlich enger an den spezifischen Bedürfnissen ihrer Schülerinnen und Schüler ausrichtet (vgl. Pont et al. 2008). Hiermit wird eine weitere Funktion der Schulleitung evident: Wirksame Schulleitungen regen die professionelle Auseinandersetzung mit Daten(-Rückmeldungen) im Kollegium an und fördern die Kooperation zwischen den Lehrkräften.

Kooperation und Professionalisierung im Kollegium

Kooperation und die Professionalisierung von Lehrkräften gehören mit Blick auf das System und die Schul- und Unterrichtsentwicklung untrennbar zusammen. So zeigt eine Studie von Rosenholtz (vgl. 1991), dass Schulen mit gemeinsam lernenden Lehrkräften ihre Schülerinnen und Schüler zu höheren Fachleistungen führen, als Schulen in denen isolierte Arbeitsweisen zum Alltag gehören. Effektive Schulen entwickeln eine Kultur der Unterstützung und der gegenseitigen Hilfe (vgl. ebd., S. 55 ff.). Auch andere Forscher betonen die Bedeutung kooperativer Arbeitsweisen im Kollegium als Schulmerkmal, dass Schul- und Unterrichtsentwicklung überhaupt erst ermöglicht (vgl. Bryk et al. 1999; Darling-Hammond 1997).

Wie oben angedeutet ist Kooperation besonders in der Auseinandersetzung mit Evaluationsergebnissen wichtig. In ihrem Buch „Making Schools Smarter" entwickeln Leithwood et al. (vgl. 2006) ein Monitoring-System für Schul-Distrikte und Einzelschulen, das explizit den Theorie- und Forschungsstand zum Konzept der sogenannten „Professionellen Lerngemeinschaft" (vgl. Bonsen in diesem Band) aufnimmt und darauf aufbaut. In der Tat zeigen auch deutsche Erfahrungen, dass Nachhaltigkeit von Daten-Rückmeldeverfahren sich eher intermediär zwischen Meso- und Makroebene in Fachgruppen oder Fachkonferenzen entwickelt, als auf der Ebene der einzelnen Lehrkraft (vgl. Peek 2006).

Pont et al. (vgl. 2008 S. 48 f.) ziehen aus dem von ihnen zusammengefassten Forschungsstand die Schlussfolgerung, dass der Professionalisierungsgrad von Lehrkräften als wichtigster Einzelschul-Faktor von Schuleffektivität anzusehen ist. Schulleitungen müssen in diesem Zusammenhang Möglichkeiten kennen, wie sie die Motivation, die Leistungsfähigkeit und die Arbeitsbedingungen der Lehrerinnen und Lehrer in ihrer Schule positiv beeinflussen können. Sie benötigen Zeit und Kompetenz zur Lehrerevaluation, Kompetenzen zur Abstimmung der Lehrerfortbildung mit den schulischen Zielen und eben Wissen über den Aufbau und die Förderung unterrichtsbezogener Lehrerkooperation.

Delegation, ge- und verteilte Führung

Bereits eingangs wurde festgestellt, dass die selbstständigere Schule den Tätigkeitskatalog von Schulleiterinnen und Schulleitern erweitert. Die Schulleitung in Deutschland hat sich im Laufe der Jahre von der „Lehrkraft mit zusätzlichen Verwaltungsaufgaben" zum Vorgesetzten mit zentralen Verantwortungen und Zuständigkeiten gewandelt. Dabei ist eine Aufgabenfülle und Breite von Zuständigkeiten entstanden, die kaum mehr von einer Einzelperson erfüllt werden können. Effektive und effiziente Schulleitung erfordert daher die Aufteilung von Führung auf unterschiedliche Funktionsträger und Kernteams (vgl. Rolff 2007). Diese Aufteilung wird im deutschsprachigen Raum vornehmlich unter dem Aspekt der Delegation von Aufgaben behandelt, wobei zwischen Führungs- und Handlungsverantwortung unterschieden wird (vgl. Huber in diesem Band).

Eine erste empirische Untersuchung der Delegationspraxis von Schulleiterinnen und Schulleitern an Schulen in erweiterter Selbstständigkeit haben Harazd et al. (vgl. 2008) vorgelegt. Sie zeigen, dass Schulleitungen mit der erhöhten Selbstständigkeit der Einzelschule zahlreiche und vielfältige zusätzliche Aufgaben übernehmen und sie darauf mit zunehmender Delegation reagieren. Die von ihnen befragten Schulleiterinnen und Schulleiter geben an, dass es ihnen schwer falle, „loszulassen" und den Fähigkeiten der Delegationsnehmer zu vertrauen. Die Ergebnisse zeigen, dass die Delegation von Führungsaufgaben zum einen ein vertrauensvolles Verhältnis zwischen Schulleitung und Lehrkräften, zum anderen Kompetenzen zur Erfüllung der delegierten Aufgaben auf Seiten der Delegationsnehmer voraussetzt. Die weiter oben angesprochene Professionalisierung bzw. Qualifizierung von Lehrkräften ist somit auch als Grundlage für ein System der Delegation zu betrachten.

Die Förderungen im internationalen Raum gehen sogar noch weiter. Hier sind es nicht nur Wege der Delegation von Führungsaufgaben, die zur Entlastung der Schulleitung in Person und zur Förderung der Mitbestimmung entwickelt werden, sondern Führung in der Schule wird in einem breiteren Verständnis gedacht. Schlagwörter sind hier „shared governance" (Blase/Blase 1999), „teacher leadership" (Leithwood/Jantzi 2000) oder „devolved leadership" (Portin 1998). Zum Teil werden die Begriffe sogar von denselben Autoren synonym verwendet. Harris und Chapman (vgl. 2002) halten beispielsweise die Begriffe „demokratische Führung" und „distributed leadership" für austauschbar, schließlich gehe es in beiden Konzepten darum, dass die Schulleitung Aufgaben und Verantwortung abgibt und mehr Gelegenheiten schafft, um Lehrkräfte an Entscheidungen teilhaben zu lassen.

Grundlegend für diese Sichtweisen ist die Annahme, dass die Führung weniger als Rolle, denn als Funktion zu verstehen ist. Führung ist nicht an eine Position oder eine Funktionsstelle gekoppelt, sondern kann von eigentlich jedem Mitglied des Kollegiums auf jeder Ebene wahrgenommen werden, allein dadurch, dass es Einfluss auf andere Mitglieder ausübt (vgl. Leithwood/Riehl 2003).

Die empirische Evidenz für eine Überlegenheit des distributed-leadership-Ansatzes erscheint derzeit noch uneindeutig (vgl. Bennett et al. 2003), allerdings deuten neuere Studien darauf hin, dass Führung allgemein dann besonders effektiv auf die Schule insgesamt und auf die Schüler im Besonderen wirkt, wenn sie möglichst breit innerhalb der Schule verteilt ausgeführt wird (vgl. Pont et al. 2008, S. 83). Dies spräche eindeutig für die Idee der verteilten Führung.

Schulleitung bedeutet Arbeit am und mit dem System

Alma Harris, eine der führenden Expertinnen für Schulleitungsforschung und -konzepte weltweit, hat mit ihrem Kollegen Christopher Chapman Schulentwicklung in Schulen unter besonderer Herausforderung erforscht (vgl. Harris/Chapman 2002). Erfolgreiche Schulleitungen fallen in ihrer Studie durch fünf zentrale Strategien auf:

- die Schulleitung lebt demokratische Führung vor, stärkt und motiviert die Lehrkräfte, sich für die gemeinsame Vision der Schule einzusetzen;
- sie delegiert Verantwortung und Entscheidungsmacht an Mitglieder der erweiterten Schulleitung oder eines „mittleren Managements" (z. B. eine Steuergruppe) und beteiligt und stärkt die Lehrkräfte darin, ebenfalls Führungsfunktionen zu übernehmen;

- sie betreibt systematische Personalentwicklung und sieht hierin eine sinnvolle Investition in die Entwicklungskapazität der gesamten Schule;
- sie entwickelt und pflegt die sozialen Beziehungen im Kollegium und
- sie versucht durch gemeinsamen Dialog und offene Diskussion das Kollegium zu einer schulweiten Lerngemeinschaft zu entwickeln.

Erfolgreiche Schulleiterinnen und Schulleiter führen, aber niemals autokratisch. Sie gehen mitarbeiter- und gemeinschaftsorientiert vor. Sie handeln nicht direktiv aber sie dirigieren ihre Schule als System. Und die Forschung zeigt, dass ihr Einsatz sich lohnt, da sie die Prozesse und somit indirekt die Wirksamkeit ihrer Schule beeinflussen kann.

Literatur

Bennett, N. et al: Distributed Leadership: Summary Report. Nottingham 2003.

Blase, J. und Blase, J.: Implementation of Shared Governance for Instructional Improvement: Principals' Perspectives. In: Journal of Educational Administration. 37(5), 1999, S. 476–500.

Bonsen, M.: Schulleitungshandeln. In: Altrichter, H./Maag Merki, K. (Hrsg.): Handbuch Neue Steuerung im Schulsystem. Wiesbaden 2010, S. 277–294.

Bonsen, M. et al: Wie wirkt Schulleitung? Schulleitungshandeln als Faktor für Schulqualität. In: Rolff, H.-G. et al. (Hrsg.): Jahrbuch der Schulentwicklung, Bd. 12. Weinheim/München 2010, S. 287–322.

Brüsemeister, T. und Eubel, K.-D.: Evaluationsbasierte Steuerung, Wissen und Nichtwissen – Einführung in die Thematik. In: Brüsemeister, T. und Eubel, K.-D. (Hrsg.): Evaluation, Wissen und Nichtwissen. Wiesbaden 2008, S. 7–15.

Bryk, A. et al.: Promoting school improvement through professional communities: An analysis of Chicago elementary schools. Educational Administration Quarterly 35. 1999, S. 707–750.

Darling-Hammond, L.: Restructuring schools for student success. In: Halsey, A. H. et al. (Hrsg.): Education – Culture – Economy, and Society. Oxford 1997, S. 332–353.

Dubs, R.: Führung. In: Buchen, H. und Rolff, H.-G. (Hrsg.): Professionswissen Schulleitung. 2. erweiterte. Aufl.,Weinheim/Basel 2009, S. 102–176.

Evans, R.: The human side of school change. San Francisco 1996.

Gronn, P.: Distributed Leadership. In: Leithwood, K. et al. (Hrsg.): Second International Handbook of Educational Leadership and Administration. Dordrecht 2002, S. 653–693.

Hanushek, E. und Raymond, M. E.: Does School Accountability Lead to Improved Student Performance?: National Bureau of Economic research (NBER) Working Paper 10591, 2004.

Harazd, B. et al: Herausforderungen an Schulleitung: Verteilung von Verantwortung und Aufgaben. In: Bos, W. et al. (Hrsg.): Jahrbuch der Schulentwicklung. Band 15. Weinheim/München 2008, S. 231–263.

Harazd, B. et al.: Schule als Gestaltungsaufgabe. In: Berkemeyer, N. et al. (Hrsg.): Perspektiven der Schulentwicklungsforschung. Weinheim/Basel 2009, S. 50–83.

Harris, A. und Chapman, C.: Democratic leadership for school improvement in challenging contexts, Paper presented at the International Congress on School Effectiveness and Improvement. Copenhagen 2002.

Leithwood, K. et al.: How Leadership Influences Student Learning. Review of Research. Minneapolis, MN 2004.

Leithwood, K. et al.: Making Schools Smarter: Leading with Evidence. 3. Aufl., Thousand Oaks 2006.

Leithwood, K. und Jantzi, D.: Principal and Teacher Leadership Effects: A Replication. In: School Leadership & Management. 20(4), 2000, S. 415–434.
Leithwood, K. und Riehl, C.: What We Know About Successful Leadership. Philadelphia und Pennsylvania 2003.
Marzano, R. J. et al.: School Leadership that Works. Alexandria, VA 2005.
Peek, R.: Dateninduzierte Schulentwicklung. In: Buchen, H. und Rolff, H.-G. (Hrsg.): Professionswissen Schulleitung. Weinheim/Basel 2006, S. 1343–1366.
Pont, B. et al.: Improving School Leadership. Volume 1: Policy and Practice. Paris: 2008.
Portin, B. S.: Compounding roles: a study of Washington's principals. In: International Journal of Educational Research. 29(4), 1998, S. 381–391.
Rolff, H.-G.: Studien zu einer Theorie der Schulentwicklung. Weinheim/Basel 2007.
Rosenholtz, S. J.: Teacher's workplace: The social organization of schools. New York 1991.
Scheerens, J. et al: Educational evaluation, assessment, and monitoring – a systematic approach. Lisse 2003.
Spillane, J. P. et al.: Investigating School Leadership Practice: A Distributed Perspective. In: Educational Researcher. 30(3), 2001, S. 23–28.
West, M. et al.: Sustaining Improvement in Schools in Challenging Circumstances: A Study of Successful Practise. In: School Leadership and Management. 25(1), 2005, S. 77–93.
Wissinger, J.: Schulleitung. In: Terhart, E. et al. (Hrsg.): Handbuch der Forschung zum Lehrerberuf. Münster 2010.

2 Leitung als Dreiklang

von Hans-Günter Rolff

Niemand kann eine Sinfonie flöten.
Es braucht ein Orchester, um sie zu spielen.
(Halford E. Luccock)

© Carsten Nadale/pixelio.de

Bei Schulleitung handelt es sich unbestritten um Leitungstätigkeiten. Leitung ist der Oberbegriff. Doch welche Unterbegriffe enthält er? Wir definieren Leitung als einen Dreiklang, als Dreiklang von

- Führung,
- Management und
- Steuerung.

Umstritten ist in Literatur und Lehre, welche davon die Leitkategorie, sozusagen das Wichtigste ist: Führung oder Management.

Der US-amerikanische Managementexperte Warren Bennis hat den viel zitierten Satz geprägt: „Manager packen die Sache richtig an; Führungskräfte packen die richtige Sache an" (Bennis 1990, S. 211). Wenn dieser Satz zutrifft, ergibt sich daraus Führung als Leitkategorie für Leitungshandeln. Das ist nicht selbstverständlich angesichts des Umstandes, dass nicht wenige Vertreter der Managementlehre Management als Leitkategorie propagieren. In den letzten Jahren überwiegt jedoch zunehmend der Eindruck, dass Führung die Leitkategorie ist, was besonders durch den aufkommenden Leadership-Begriff deutlich wird, der Führung nicht selten überhöht und mit Charisma in Verbindung bringt.

In den nächsten Abschnitten wird zuerst der Dreiklang von Führung, Management und Steuerung nacheinander abgehandelt. Im Anschluss geht es um speziellere Aspekte wie Salutogene Leitung und die personalen Komponenten von Leitung, um schließlich am Schluss zu fragen, wie alles, was für Leitung wichtig ist, wieder zusammengeführt werden kann. Die Antwort ist Konfluente Leitung.

2.1 Führung

Da wir Führung als Leitkategorie betrachten, beginnen wir unsere Darstellung des Leitungskonzepts auch mit Analysen und Hinweisen zu Führung. Dabei unterscheiden wir zwischen

- personal-interaktiver und strukturell-systemischer Führung (vgl. Wunderer 2005, S. 5) oder
- direkter und indirekter Führung. Führung lässt sich als Ellipse darstellen mit zwei Brennpunkten: Personale und strukturelle Führung.

2.1.1 Personale Führung

Führung ist immer Menschenführung. Menschen kann man nur führen, wenn sie sich führen lassen. Führung von Menschen kann personal-direkt oder strukturell-indirekt erfolgen.

Personal-direkte Führung hat die unterschiedlichsten Ausprägungen, aber sie bezieht sich immer auf einzelne Personen. Das Spektrum reicht von Anregungen und Hinweisen der Führungsperson bis zur Auftragsvergabe und Anweisung. Da Führung nur dann wirksam ist, wenn Personen sich auch führen lassen, besteht hier das Problem, dass Anweisungen unterlaufen werden können und Aufträge der Interpretation unterliegen, die unterschiedlich sein kann. Zudem gehört zur intensiven Auftragserfüllung Motivation, die nicht verordnet werden kann.

Es gibt Hinweise, die besagen, dass sich Lehrpersonen besonders ungern führen lassen, vor allem, weil sie sich auf eine professionelle Ausbildung berufen, die sich von der der Führungskräfte nicht unterscheidet, und sie aus dem Studium wissen, dass zur Ausübung eines pädagogischen Berufs ein gewisses Maß an Autonomie gehört. Hinzu kommt der in Lehrerkollegien in aller Welt verbreitete Mythos von Gleichheit, der traditionell Leitungspersonen als eine der ihren definiert, als primus oder prima inter pares. Zudem sind Lehrpersonen in Deutschland und Österreich – wie bereits erwähnt – verbeamtet, und damit entfällt faktisch die stärkste Sanktionsmöglichkeit von Führungspersonen, die Entlassung.

Dabei hört man immer wieder von Führungskräften außerhalb der verbeamteten Berufe die Behauptung, dass Führungskräfte, die Mitarbeiter nicht entlassen könnten, diesen ausgeliefert seien und damit gar keine „echten" Führungskräfte seien. Umgekehrt kann eingewandt werden, dass „wirksame" Führung nicht auf Anordnung und Ausübung von Zwang beruht, sondern auf Überzeugungskraft und Vorbild. Wie immer man argumentiert, gewiss ist, dass die Führung von Schulen besondere Anforderungen stellt.

Führung wird wirksamer, wenn professionelle Führungsmittel eingesetzt werden. Damit sind vor allem Mitarbeitergespräche und Zielvereinbarungen gemeint. Zielvereinbarungen zwischen Schulleitungen und Lehrkräften sind noch relativ selten im deutschsprachigen Raum. Sie sind auch durchaus voraussetzungsvoll: Sie sollten „auf Augenhöhe" (also nicht von oben nach unten) geschehen, verschriftlicht werden, sich auf Ziele und nicht auf Maßnahmen beziehen und in ihren Auswirkungen regelmäßig überprüft werden.

Personale Führung heißt in erster Linie, sich um die Qualität der Lehrkräfte zu kümmern.

2.1.2 Strukturelle Führung: Aufbau einer Innenarchitektur

Strukturelle Führung ist nicht die Alternative zur personalen, sondern deren notwendige Ergänzung. Strukturelle Führung erfolgt über Struktursetzungen wie Organigramme, Geschäftsverteilungspläne, Zuständigkeitsregelungen, Leistungsverträge oder Projektbeschreibungen. Zielvorgaben gehören auch dazu. Strukturelle Führung bezieht sich vor allem auf den Aufbau einer Binnengliederung der Schule, die auch „Innenarchitektur" genannt wird. Die wichtigsten Strukturelemente sind:

- Klassenteams,
- Jahrgangs- und Schulstufen (Unter-, Mittel- und Oberstufen),
- Fachgruppen bzw. -konferenzen
- und in Berufsschulen: Bildungsgangkonferenzen.

Wie die Lehrarbeit durch solche Strukturen „geführt" wird, soll am Beispiel der Fachgruppen verdeutlicht werden:

Fachgruppen sind die am besten bekannten und am meisten verbreiteten innerschulischen Strukturen. Sie stellen so etwas dar wie „schlafende Riesen" der Schulentwicklung. Sie schlafen, weil sie häufig nur einmal pro Schulhalbjahr tagen und dann nur die nötigsten Organisationsfragen klären, und sie sind Riesen, weil sie über ein großes Potenzial zur Unterrichtsverbesserung verfügen. Von ihrem Potenzial her bilden sie die ideale Arbeitsstruktur für die Entwicklung, Realisierung und Evaluierung der pädagogischen Qualitätsarbeit, – aber nur, wenn sie mehr als Routineveranstaltungen sind, die zweimal im Jahr tagen und nur die nötigsten administrativen Angelegenheiten klären.

Alle Lehrerinnen und Lehrer – zumindest in weiterführenden Schulen – gehören einer oder mehreren Fachgruppen, Fachschaften oder Fachkonferenzen an, wo sie Fachfragen diskutieren und gemeinsame Maßnahmen vereinbaren – oder eben auch nicht. Aller Erfahrungen nach sind sich die Fachschaften ihrer verantwortlichen Rolle für Qualitätsarbeit noch nicht hinreichend bewusst. Ähnliches gilt für die Bildungsgangkonferenzen, die in den letzten Jahren in den Berufsbildenden Schulen entstanden sind.

Fachgruppen als „schlafende Riesen"

Fachgruppen und Bildungsgangkonferenzen sollten drei wesentliche – wenn möglich aus dem Leitbild bzw. dem Schulprogramm abgeleitete – Funktionen haben:

- Verantwortung für die fachliche Qualitätsentwicklung in ihrem Fach,
- Mitverantwortung für die Personalförderung in ihrem Fach und
- Organisation der eigenen Infrastruktur.

In der Schweiz erhalten Fachgruppen häufig ein Fachschaftsbudget. Dies ermöglicht, dass Fachgruppen auch eigenständig die von ihnen benötigten Materialien kaufen und darüber Buch führen. Um der Schulleitung Entscheidungskriterien für die Budgetgenehmigung zu geben, sollten Fachgruppen ihre Budgeteingaben wenn immer möglich aufgrund der fachlichen wie der übergeordneten Ziele – z.B. des Schulprogramms – begründen. Bei den überall vorherrschenden knappen Kassen ist es zudem nötig, eine Prioritätenliste abzugeben, damit nicht die Schulleitung nach Gutdünken streichen muss. Ist das Budget einmal genehmigt, können Fachliteratur, Geräte, Hilfsmittel angeschafft und fachgruppeninterne Fortbildungen konzipiert werden. Als ständige und wohl auch in allen Fachgruppen traditionell ausgeübte Aufgaben gelten darüber hinaus die Verantwortung über die Fachräume, die Betreuung der Homepage im Internet, die Verwaltung der Fachbibliothek, der Mediothek sowie der Sammlungen und das Erarbeiten von Weisungen für die Benutzung von Spezialräumen.

An etlichen Schulen haben nicht einmal Schulleiterinnen und Schulleiter die nötigen Kompetenzen bei der Personalentwicklung, geschweige denn Mitglieder des Kollegiums. Dies darf jedoch kein Grund sein, die Fachgruppen von vornherein von diesem Bereich auszuschließen. Denn erstens ist es im Zuge der Entwicklung zu teilautonomen Schulen im deutschsprachigen Raum eine Frage der Zeit, wann Schulleitungen die unumgänglichen Kompetenzen in der Personalpolitik erhalten, und zudem können Fachkonferenzen bereits heute in vielfacher Hinsicht in die Personalförderung ihrer Schule miteinbezogen werden, ohne dass dies durch ministerielle Erlasse geregelt ist. So ist es problemlos möglich, sich gegenseitig im Unterricht zu besuchen oder in die Zuteilung der Klassen einbezogen zu werden. Auch die Integration von neuen Kollegen muss nicht speziell verordnet werden, sondern kann in der Fachgruppe von einer erfahrenen Lehrkraft übernommen werden.

Gleiches gilt bei der Neueinstellung, bei den Vertreterinnen und Vertretern der Fachgruppen, die beim Auswahl- bzw. Vorstellungsgespräch anwesend sein sollten. Schließlich wissen Fachvertreter am besten, welche Standards im Fach erwartet werden, und indem sie in die Personalauswahl miteinbezogen werden, tragen sie auch Verantwortung für die gemeinsame Schulentwicklung, die so immer mehr als gemeinsame Aufgabe betrachtet wird.

Es versteht sich von selbst, dass diese Aufzählung keinen Anspruch auf Vollzähligkeit erhebt. Auch wird je nach Schulkultur die eine oder andere Aufgabe z.B. von der Schulleitung übernommen. Soll die Schulentwicklung allerdings von möglichst Vielen gestaltet werden, so ist es unumgänglich, den Fachgruppen mehr Autonomie einzuräumen. Die Art und Weise, wie die Aufgaben wahrgenommen werden, ist wiederum Sache jeder einzelnen Schule. Wichtig für das Funktionieren und die Kontinuität der Fachgruppenarbeit ist aber eine klare Organisation und auch schriftliche Vereinbarung der Funktionen, Aufgaben und Rechte sowie Pflichten.

Jede Fachkonferenz braucht genau wie jede Lehrkraft gelegentlich einen Input, um dem Unterricht wieder neue Impulse verleihen zu können. Dies kann gemeinsam oder allein geschehen, sollte in irgendeiner Form aber immer wieder in die Fachkonferenz zurückfließen, damit auch die anderen Kollegen von den Erfahrungen profitieren können. Dies kann geschehen durch kollegiale Fallberatung und kollegiale Hospitation, die ebenfalls eine Möglichkeit sind, Impulse zu geben.

Fachgruppen entwickeln sich auf diese Weise zu Kernteams in Form von Professionellen Lerngemeinschaften (vgl. Bonsen/Rolff 2006), die von einem Leiter geführt werden, in denen Lehrer von Lehrern lernen, die ihre Personalentwicklung z.T. selbst regulieren und die Unwillige „mitziehen" können.

Handelt es sich bei solchen Struktursetzungen letztlich um Ermöglichung einer „Führung von unten"? Das ist im gewissen Sinne zu bejahen, wenn klargestellt ist, dass Führung von unten die Führung von oben nicht ersetzen, sondern ergänzen will.

Vielleicht sollte man unmissverständlicher von Selbstführung sprechen, bei der der Fachgruppen-Vorsitzende „Mittlere Führungskraft" ist und die Mitglieder sich selbst führen (vgl. Lieberman/Miller 2004).

2.1.3 Verteilte Führung: Einbeziehung mittlerer Führungskräfte

Schule ist – wie wir einleitend herausgearbeitet haben, so schwierig und wichtig geworden, dass sie niemand mehr allein leiten sollte (und wohl auch nicht kann). Das bedeutet für Führung, dass sie verteilt werden muss. „Verteilte Führung" („distributed leadership") ist ein aktuelles Thema in der internationalen Schulleitungsdiskussion. Bei Hargreaves und Fink z. B. heißt es:

> *Die Annahme, organisationale Intelligenz könne durch eine einzelne Führungsperson verkörpert werden, trägt das Risiko mangelnder Flexibilität in sich und erhöht damit die Wahrscheinlichkeit von Fehlentscheidungen und -handlungen [...]. Aus diesen Gründen zielen immer mehr Bemühungen darauf, die einzelne Führungsperson durch distributed leadership – durch stärker verteilte Führung zu ersetzen. Dieser Führungstyp umfasst ein Beziehungsnetzwerk von Personen, Strukturen und Kulturen [...]. Er ist nicht bloß eine Rolle, die einer Person in einer Organisation zugewiesen wird. Distributed leadership ist eine organische Aktivität, die sich auf Beziehungen und Verbindungen stützt.* (Hargreaves/Fink 2006, S. 24)

Verteilte Führung bringt weitere Personen über den Schulleiter hinaus in Führungsfunktionen; Personen, die schon leiten können oder es vom Schulleiter lernen, der dann „leader of learners" wird.

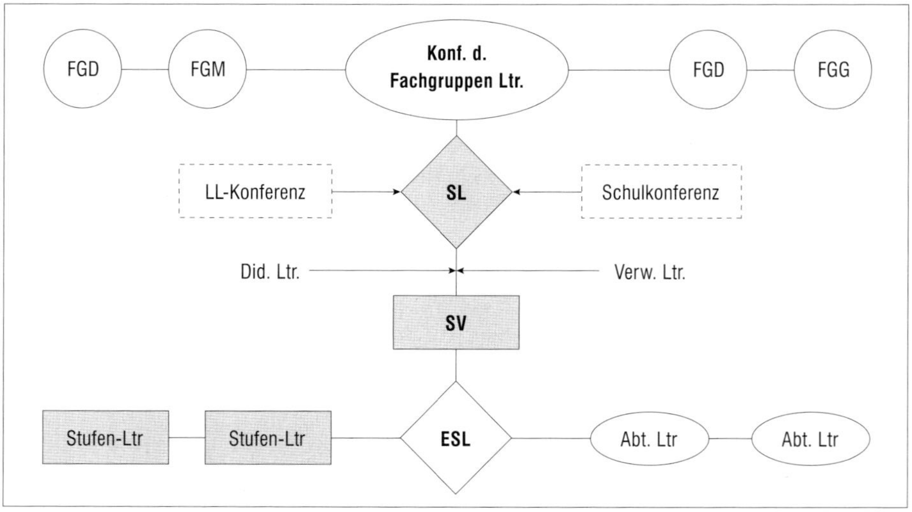

Abb. 1: Verteilte Führung („distributed leadership")

Die Schulleiterin und der Schulleiter (SL) sind Chefin bzw. Chef. Sie stehen in der Mitte eines Beziehungsnetzes, in dem sie die Letzt- bzw. Gesamtverantwortung tragen (vgl. Abb. 1). Es kommt die Erweiterte Schulleitung (ESL) hinzu, die die Abteilungsleiter oder – je nach Schulform – die Stufenleiter in Führungsverantwortung bringt. Stellvertreter (SV) gehören selbstverständlich auch dazu. Wenn es didaktische Leiter (wie in Gesamtschulen) oder Verwaltungsleiter (wie in etlichen Schweizer Gymnasien und Berufsschulen) gibt, gehören diese auch zur ESL. Zur Führung einer Schule, allerdings eher im Sinne von Mitbestimmung und ohne dass dafür Funktionsstellen vorgesehen sind, gehören auch die Lehrerkonferenz und die Schulkonferenz.

Zur konsequenten Aufteilung von Führung passt schließlich die Übertragung von Führungsaufgaben auf die Vorsitzenden der großen Fachgruppen wie Deutsch oder Mathematik usw. Dieses „Aufbauen" der Fachgruppen ist verhältnismäßig neu und eindeutig die Aufgabe des Schulleiters. Der Schulleiter schafft – wie bereits ausgeführt – eine Innenarchitektur: Er stärkt die Fachschaften und verknüpft sie miteinander zur Konferenz der Fachgruppen, die ein- oder zweimal pro Jahr unter seiner Leitung tagt (auch in Grundschulen).

Verteilte Führung wird nur dann ein Erfolg und eine Erleichterung für die Schulleiter, wenn es gelingt, die passenden Personen in die sich ausdifferenzierenden Funktionen zu bringen. Das ist bei Abteilungs- oder Stufenleitern ein bekanntes Thema, bei den Fachkonferenzen allerdings eher neu. Denn die (manchmal auch Sprecher oder Vorsitzenden genannten) Leiter der Fachkonferenzen müssen die Führungsrollen erst einmal annehmen und erlernen. Heute verstehen sie sich eher als Verwalter einer Position, die pflichtgemäß abwechselnd besetzt wird und die wenigen Geschäfte einer Gruppe führt, die durchschnittlich zweimal im Jahr tagt und wesentliche organisatorische Dinge erledigt.

Neue Strukturen erfordern neue Führungskräfte

Zu Führungspersonen werden die Fachgruppenleiter erst, wenn die Fachgruppen an Gewicht gewinnen und wenn sie vom Schulleiter in diese neue Rolle eingeführt werden. Es geht dabei vor allem um Auftrags- und Rollenklärungen.

Bei verteilter Führung führt der Schulleiter die innerschulischen Führungskräfte und diese wiederum führen die einzelnen Lehrpersonen. Der Schulleiter kann bereits bei einer mittelgroßen Schule nicht mehr jeden einzelnen Lehrer persönlich führen. Schon aus zeitlichen Gründen kann er nicht mit jedem Einzelnen jährliche Mitarbeitergespräche realisieren und Zielvereinbarungen schließen. Er kann sich auch nicht immer selbst um die Problemfälle unter den Lehrkräften kümmern, die in Schulen nicht selten tabuisiert werden, aber dennoch vorkommen und allen bekannt sind. Wenn das Kollegium in geführte Gruppen untergliedert ist und sich diese Gruppen zu Teams entwickeln, dann können diese Teams die Entwicklung der darin arbeitenden Personen übernehmen. In professionellen Einrichtungen sind in der Tat Teams verantwortlich für Führung und Personalentwicklung. Wenn es in einer Fünfer- oder Sechsergruppe einen „Problemlehrer" gibt, dann kann er den Gruppenansprüchen viel weniger ausweichen als im großen Kollegium, in dem er „Monade" ist. So wie die „Schule als Institution erzieht" (Bernfeld 1925), so führt und entwickelt eine Arbeitsgruppe das Personal. Schulleiter werden dadurch entlastet, aber müssen als „Innenarchitekt" dieses Netzwerk funktionierender Gruppen erst einmal in Gang setzen. Das ist ein Beispiel für indirekte oder strukturelle Führung.

Erfahrungen in Schweden zeigen allerdings, „[...] dass es nicht reicht, einfach nur Lehrergruppen zu bilden und sie selbst machen zu lassen. Zu Beginn der 1980er-Jahre schrieb man in Schweden den Lehrkräften einfach vor, in Klassen- oder Jahrgangsteams zu arbeiten. Die Lehrkräfte blieben skeptisch: Sie akzeptierten äußerlich, dass Schulleiter die Schule in Jahrgangsstufen organisierten und dass auf Konferenzen gemeinsam der Unterricht geplant wurde. Aber in vielen Witzen und ironischen Bemerkungen zeigte sich, dass die Lehrkräfte solche Teams und vor allem die damit verbundenen Konferenzen für sinnlos hielten" (Blossing/Ekholm 2004, S. 49). Dies gilt analog für Fachgruppen.

Wenn die „schlafenden Riesen" aufwachen sollen, muss offenbar über das Organisatorische hinaus noch etwas hinzukommen: Übertragene und akzeptierte Führungsverantwortung, die die Verantwortungsübernahme für die eigene professionelle Entwicklung mit einschließt.

Wenn Führung aufgeteilt wird auf Stellvertreter, Abteilungs-, Stufen- und Didaktische Leiter bis hin zu Fachkonferenzvorsitzenden und Jahrgangsstufensprechern, dann entsteht ein sogenanntes Mittleres Management (vgl. Freimuth 2003 oder Huy 2001).

Sie stellen mittlere Führungskräfte dar, wie sie in der englischsprachigen Literatur auch genannt werden („middle level leaders").

Typologie verteilter Führung

Hargreaves und Fink betonen zu Recht, dass verteilte Führung nicht nur die positive Seite der Beteiligung mehrerer Führungspersonen und damit auch der Entlastung zeigt, sondern auch Fehlentwicklungen und Probleme auftreten können. Sie explizieren die unterschiedlichen Ausprägungen verteilter Führung, indem sie eine Typologie in Form eines „Thermometers verteilter Führung" entwickeln (Hargreaves/Fink 2006, S. 113, vgl. Abb. 2).

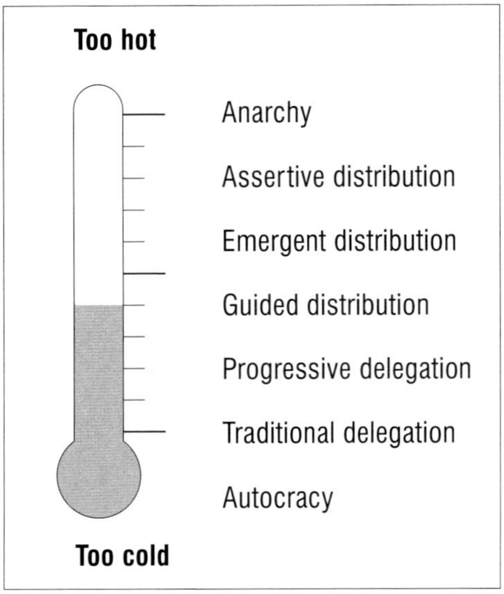

Abb. 2: Thermometer verteilter Führung

Am Fuße des Thermometers platzieren sie „Autokratie", die nichts mit aufgeteilter Führung gemein hat, sondern allein auf Führungsansprüchen des Chefs beruht. In aufsteigender Folge erwähnen sie als nächstes die *traditionelle Delegation*, bei der vor allem dasjenige vom Schulleiter delegiert wird, was allgemein bekannt, uninteressant oder unerfreulich ist.

Davon unterscheiden sie *progressive Delegation*, bei der viel mehr und viel weiter (in das Kollegium) delegiert wird. Hargreaves und Fink nennen als Beispiele Fachgruppen, aber auch Gremien außerhalb der Linienstruktur bzw. der Aufbauorganisation wie „Evaluations-Ausschüsse". Auf diese Weise nimmt – nach ihren Worten – die „Führungs-Dichte" zu.

Die folgende Stufe nennen Hargreaves und Fink (2006) „Guided distribution" oder auch „Distribution by design", was nicht so einfach zu übersetzen ist und vielleicht *geplante* oder *gestaltete* Verteilung heißen könnte. Hierbei arbeitet die Schulleitung ähnlich wie ein Architekt, der sich eine Struktur überlegt und sie dann bewusst gestaltet. Auf die Schule übertragen könnte es sich dabei z. B. um eine „Innenarchitektur" des Qualitätsmanagements oder der Unterrichtsentwicklung handeln oder um eine Architektur, die beides kombiniert. Hargreaves und Fink nennen auch die Umgestaltung der Schule zur „Professionellen Lerngemeinschaft" als Beispiel für gestaltete Verteilung (ebd., S. 121).

Die nächste Stufe bezeichnen sie als „Emergent distribution", was – weil es ebenfalls keine unmittelbare Entsprechung in der deutschen Sprache hat – als *emergente* Verteilung übernommen wird. Hier handelt es sich um eine geradezu ideale Situation für Führung:

> *Führung entsteht (emergiert) auch aus Individuen und Gruppen, die die Initiative ergreifen, um die Kollegen zu inspirieren und zu beeinflussen, Gelegenheiten zu ergreifen, in neue Richtungen zu gehen oder äußeren Druck zu beachten (und zu nutzen) – mit oder ohne Segen des Schulleiters.*
>
> (Hargreaves/Fink 2006, S. 122, Übers. d. Verf.)

Führung in diesem Verständnis kann in der Schule allgegenwärtig sein, im Leitungsbüro, in den Fachräumen oder im Lehrerzimmer, d.h. überall dort, wo Lehrpersonen zusammenkommen und sich auf Lernen, Lehren oder Entwicklung konzentrieren. Emergente Führung kann nicht angeordnet und auch nicht delegiert werden. Sie passiert unvorhergesehen und überraschend.

Schließlich erwähnen Hargreaves und Fink noch *assertive Führung*, was mit anspruchsvoller oder auch anmaßender Führung übersetzt werden könnte. Hiermit ist eine aktivistische Orientierung von Lehrern gemeint, die oft basisdemokratisch orientiert sind und Mitwirkung und Mitentscheidung verlangen, auch gegen „untätige" Schulleiter, ohne durch die Verfassung der Schule legitimiert zu sein. Dies ist eine kritische Konstellation von Führung, bei der Lehrer in unabgestimmter Weise die Agenten des Wandels sind und ihn z. T. erzwingen wollen.

Noch kritischer einzuschätzen ist die letzte Stufe, Anarchie. Anarchie ist per definitionem Führungslosigkeit.

Die Typologie von Hargreaves und Fink macht deutlich, dass verteilte Führung eine komplexe Konstruktion ist, die nach weiterer Klärung durch Forschung verlangt. So wäre es interessant zu untersuchen, wie die unterschiedlichen Versionen von verteilter Führung auf die Qualität von Schule wirken.

2.2 Management

„Führung unterscheidet sich von Management" schreibt Kotter in der Harvard Business Review (1990, S. 37, Übers. d. Verf.), „[...] aber nicht aus den Gründen, an die die meisten Menschen denken. Führung ist nicht mystisch und mysteriös. Sie hat nichts zu tun mit Charisma oder anderen Persönlichkeitsmerkmalen. Sie ist nicht das Gebiet von auserlesenen Wenigen. Noch ist Führung notwendigerweise besser als Management oder ein Ersatz dafür. Vielmehr sind Führung und Management zwei verschiedene und komplementäre Handlungssysteme. Jedes hat seine eigene Funktion und Charakteristiken. Beide sind für Erfolg notwendig."

Management bezieht sich auf Bewältigung von Komplexität. Seine Praktiken und Prozeduren sind weitgehend eine Antwort auf die Entstehung großer und komplexer Organisationen.

Führung handelt demgegenüber von der „Bewältigung des Wandels" (ebd., Übers. d. Verf.).

In der o. g. Zeitschrift präzisiert Zaleznik: „Manager und Führer sind zwei sehr unterschiedliche Typen von Menschen. Die Ziele der Manager entstehen eher aus Notwendigkeiten als aus Wünschen; sie sind hervorragend beim Umgang mit differenten Konflikten zwischen Individuen oder Abteilungen, indem sie alle Seiten beruhigen, um zu sichern, dass die Alltagsarbeit getan werden kann.

Führer, auf der anderen Seite, verbinden persönliche, aktive Einstellungen mit Zielen. Sie achten auf potenzielle Gelegenheiten und Chancen, die auf der Straße liegen, inspirieren Untergebene und befeuern kreative Prozesse [...] Business benötigt beide, Manager und Führer, um zu überleben und Erfolg zu haben" (Zaleznik 1990, S. 61, Übers. d. Verf.).

Führung und Management überschneiden und unterscheiden sich. Führung ist, wie erwähnt, eher auf Personal bezogen, Management eher auf Sachen. Management umfasst Betriebsleitung, Projektmanagement, Budgetmanagement, also eher sachbezogene Domänen, aber auch Konflikt-, Gesundheits- und Changemanagement. Führung bezieht sich eher auf personenbezogene Angelegenheiten wie Personaleinstellung, -beurteilung und -entwicklung.

2.2.1 Schule als Betrieb

Management hat zunächst mit der Leitung der Schule als Betrieb zu tun und mit Büro- und Selbstmanagement. Dabei geht es um Ressourcenbeschaffung und effektive Nutzung derselben wie um die Bewältigung der täglichen Post- und E-Mail-Flut, um Gebäudenutzung und Sicherheit, um Statistik und immer mehr um Zeitmanagement, d. h. z. B.

- wie Zeit für das Wesentliche gewonnen werden kann,
- wie durch eine vorausschauende Planung viel in wenig Zeit zu schaffen ist,
- wie mit dem richtigen Ablagemanagement Unterlagen immer schnell zur Hand sind,
- wie die „Aufschieberitis" erfolgreich zu bekämpfen ist und
- wie der Alltagsstress wirksam abgebaut werden kann.

2.2.2 Co-Management

Auch die Managementaufgaben sind derart expandiert, dass sie nicht mehr von einer Person allein erledigt werden können, jedenfalls nicht in zumutbarer Weise.

Deshalb ist Co-Management angesagt. Dabei werden zwei Varianten von Co-Management unterschieden:

- Variante 1: Die erweiterte Schulleitung betreibt Co-Management. Alle Funktionsstelleninhaber arbeiten beim Management zusammen.
- Variante 2: Der Lehrer- bzw. Personalrat ist am Management beteiligt. Er übernimmt Verantwortung für das Management der Schulentwicklung – oder wirkt nur mit.

Co-Management betrifft im ersten Sinne allein die Zusammenarbeit der befugten Leitungspersonen. Und Co-Management muss zu Entscheidungen kommen können, auch wenn kein Konsens besteht. Es muss zumindest ein transparentes Entscheidungsverfahren geben, wobei es Bereiche geben sollte, in denen der Schulleiter zumindest ein Vetorecht hat.

Ein gutes Beispiel für Co-Management ist eine um die Abteilungs- bzw. Stufenleiter und vielleicht auch Fachkoordinatoren erweiterte Schulleitung bzw. eine kollegiale oder Teamschulleitung. Auch die Zusammenarbeit der Schulleitung mit Fachgruppenleitern ist Co-Management (des Prozesses der Fachunterrichtsentwicklung). Co-Management lässt mittlere Führungskräfte entstehen, was in den Schulen bisher wenig etabliert ist: Selbst Abteilungs- oder Stufenleiter haben sich häufig mit ihrer Leitungsrolle noch nicht identifiziert.

Ein gut funktionierendes Co-Management aufzubauen, gehört zu den vornehmsten Aufgaben eines Schulleiters, welcher die Innenarchitektur seiner Schule zu optimieren versucht und Synergien erzeugen möchte.

Offen bleibt, ob der Personal- bzw. Lehrerrat zum Co-Management zählt und/oder die ganze Lehrerkonferenz. Diese Frage wird für mitbestimmte Betriebe aktuell diskutiert und überwiegend bejaht (vgl. Zeitschrift Organisationsentwicklung 2/2003):

> *Co-Management meint, dass der Betriebsrat in weitaus stärkerem Maße als bislang Mitverantwortung für die Mitarbeiter des Unternehmens übernimmt. Er fördert die Qualifikation und Adaptionsfähigkeit der Arbeitnehmer, er fordert sie aber ebenso von ihnen ab.* (Schneider 2003, S. 82)

Das Problem ist allerdings, dass Betriebs- und Personalräte in der Rolle des Managements leicht in eine Sandwich-Position geraten können zwischen (Schul-)Leitung und Personal, die sie beide zu vereinnahmen geneigt sind. Freimuth et al. (2003, S. 26) nennen diese Personen „Orientierungswaisen" und legen dar, dass das Co-Management insgesamt leicht in einen solchen Rollenkonflikt geraten kann.

2.3 Steuerung

Steuerung betrifft die „dritte Dimension" von Leitung. Der Steuerungsbegriff ist für den Schulbereich erst im Zusammenhang mit Schulentwicklung aufgetaucht, also Ende der 1980er-, Anfang der 1990er-Jahre. Dies ist kein Zufall. Denn erst im Rahmen von Schulentwicklung und dem damit einhergehenden Trend zur selbstständigen Schule erhielten die Schulen Gestaltungsautonomie (vgl. Rolff 2007, S. 50 ff.) und damit die Schulleitungen die Aufgabe, die Weiterentwicklung der Schule zu gestalten und die damit verbundenen Realisierungsprozesse zu steuern.

2.3.1 Steuerung durch Schulleitung

Die Schulleitung steuert die Entwicklungsprozesse in vielerlei Hinsicht: Sie bringt ihre Visionen und Vorstellungen in das Kollegium und hilft umgekehrt dem Kollegium, die eigenen Visionen und Vorstellung zu artikulieren. Die Schulleitung verweist auf neue Gesetzesvorschriften und Erlasse und leitet deren Umsetzung ein. Weil nichts so realisiert wird, wie es geplant wurde, liegt die Umsetzung häufig in der Hand der Lehrpersonen, und diese fühlen sich frei und sind auch faktisch frei, die Umsetzung je nach Situation und Gusto zu variieren. Die Schulleitungen sollten also keiner Steuerungsillusion unterliegen und wissen, dass Steuerung immer auch Intervention ist und die Umsetzung zu einem Großteil in der Hand der „Umsetzer" liegt. Was für das Verhältnis der Schulen zur Behörde gilt, gilt auch innerschulisch; Interventionen verändern die Schulen, aber die Schulen verändern auch die Interventionen.

Die Antwort auf die Steuerungsillusion geht in Richtung Kontextsteuerung. Strukturelle Führung ist die vielleicht wichtigste Form der Kontextsteuerung. Aber auch die Vereinbarung von Zielen gehört dazu, die Vereinbarung von Maßnahmen indes nicht. Maßnahmen gehören in das Umfeld der traditionellen Detailsteuerung, die einen Hang zur Bürokratie hat, und die die Autonomie der Akteure über Gebühr einschränkt und dadurch auch Kreativität und Motivation zuschüttet.

2.3.2 Steuerung durch Steuergruppen

Eine interessante Frage ist, welchen Platz eine Steuergruppe (STG) in diesem Zusammenhang einnimmt. Steuergruppen gehören nicht zum Führungssystem und auch nicht zum Co-Management, weil sie unter anderem aus Mitgliedern bestehen, die über keine institutionell angelegten Entscheidungsbefugnisse verfügen. Steuergruppen entscheiden allerdings über Prozessfragen im Rahmen von Schulentwicklung mit, aber dieses nicht aufgrund gesetzten Rechtes, sondern lediglich ermächtigt durch ein Mandat des Kollegiums bzw. zumindest der Schulleitung.

Dennoch ist die Steuergruppe eine wichtige Einrichtung der Schule: Sie sorgt für die Steuerung der Entwicklung der ganzen Schule auf dem Wege zur lernenden Organisation. Über die Prozess-Steuerung hinaus sorgt sie für die Aktivierung des ganzen Kollegiums und die Erzeugung von Akzeptanz. Sie ist zudem Anreger von Reflexion. Nicht zuletzt bietet sie für die Mitglieder einen Ort der Personalentwicklung: Sie lernen steuern, d.h. Prioritäten setzen, Projekte entwickeln usw. und einige auch leiten. Insofern gibt es doch Überschneidungen zum Co-Management.

Schulentwicklung betrifft alle schulischen Akteure: Schulleitung, Kollegium, Schüler und auch Eltern. Deshalb kann Schulentwicklung auch nicht einfach an die Steuergruppe delegiert werden in dem Sinne, dass die anderen Akteure somit von dieser Aufgabe befreit sind. Die Steuergruppe kann lediglich als Organisations- bzw. Arbeitsausschuss des Kollegiums fungieren, aber der Schulleitung und dem Kollegium nicht die Verantwortung abnehmen.

Auch wenn die Steuergruppe als Organisations- bzw. Arbeitsausschuss des Kollegiums verstanden wird, schließt das nicht aus, dass sie über Entscheidungskompetenzen verfügt. Die Steuergruppe erfüllt ihre Aufgabe nur und trägt ihren Namen erst dann zu Recht, wenn sie Entscheidungen über den Entwicklungsprozess autonom fällen kann und auch fällt. Entscheidungen zu treffen ist aber nur legitim und wird nur dann akzeptiert, wenn die Steuergruppe dafür das Mandat des Kollegiums erhalten hat. Dieses Mandat muss deshalb klar bezeichnet und auch begrenzt werden, sowohl die Aufgaben als auch die zeitliche Dimension betreffend. Geschieht das nicht, entsteht das Problem von Parallelstrukturen und unproduktiver Konkurrenz zwischen formaler, d. h. über Gesetze und Erlasse geregelter Aufbauorganisation einerseits und Prozessstruktur, für die die Steuergruppe zuständig ist, andererseits. Ein Mandat sollte im Kern umfassen:

- den klar definierten Auftrag,
- die klar bezeichnete Entscheidungskompetenz,
- den Zeithorizont und die Befristung des Auftrages und
- die Berichtspflicht mit Aussagen über die Berichtsform.

Positionierung von Steuergruppen

Aus Abbildung 3 ist zu ersehen, dass die Formalstruktur in Form der Schulleitung, der Fach-, Gesamt- und Schulkonferenz selbstverständlich weiterbesteht und in ihrer

Funktion unberührt bleibt. In dieser Formalstruktur werden die inhaltlichen und Ergebnis-Entscheidungen getroffen, im Bereich der Steuergruppe die Prozessentscheidungen. Insgesamt ergibt sich eine komplexe „Innenarchitektur" von Gremien und Entscheidungskompetenzen.

Prozessentscheidungen beziehen sich auf alles, was mit Schulentwicklungsvorhaben zu tun hat. Um den Verdacht von Parallel- bzw. Konkurrenzstrukturen gar nicht erst aufkommen zu lassen, wird die Mitgliedschaft in der Steuergruppe üblicherweise von vornherein auf ca. zwei Jahre limitiert, eine Wiederwahl ist jedoch möglich. Für die Kontinuität der Entwicklung und eine fortlaufende Personalentwicklung ist es günstig, wenn ein Teil der Steuergruppenmitglieder im folgenden Jahr weitermacht und ein anderer neu hinzukommt.

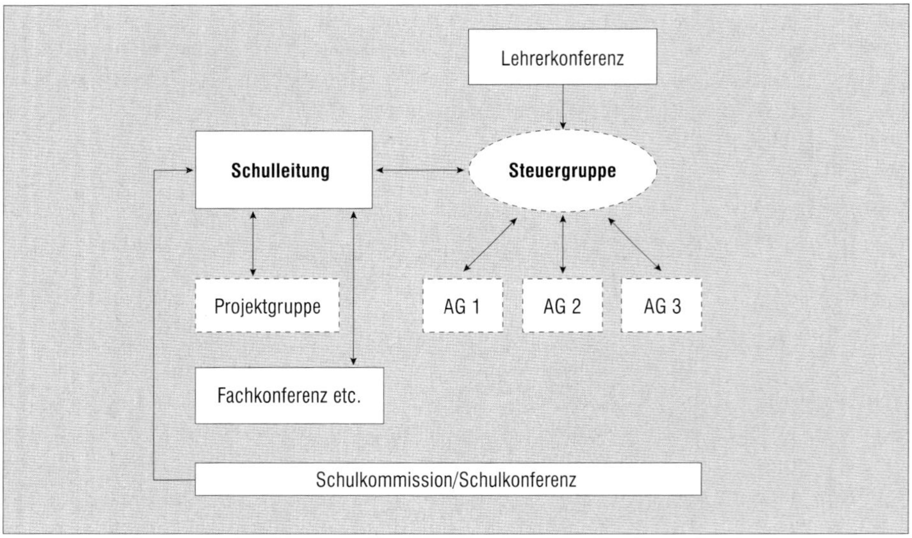

Abb. 3: Positionierung der Steuergruppe in der Aufbauorganisation der Schule

Zu beachten ist schließlich auch, dass die Steuergruppe kein Ersatz für gesetzlich vorgeschriebene Mitbestimmungsgremien ist.

Verhältnis der Steuergruppe zur Erweiterten Schulleitung

Die Koordination der Fachgruppenarbeit unterliegt wiederum der Steuergruppe, kann aber auch Angelegenheit der Erweiterten Schulleitung (ESL) sein. Die ESL kann ohnehin als funktionales Äquivalent zur Steuergruppe angesehen werden.

Das Verhältnis beider zueinander muss jedoch geklärt werden: Unstrittig ist, dass der Vollzug von Unterrichtsentwicklung oder alltägliches Qualitätsmanagement nicht Aufgabe und auch nicht operativer Arbeitsalltag von Steuergruppen ist, sondern in

Fachkonferenzen oder Jahrgangsgruppen von Lehrern stattfindet. Steuergruppen initiieren, entwerfen und koordinieren derartige Projekte nur. Dasselbe gilt aber auch für Leitungsteams mit dem bedeutsamen Unterschied, dass diese auch Entscheidungen treffen über Richtung, Inhalt und Institutionalisierung von Unterrichts- und Qualitätsentwicklungsprozessen. Steuergruppen erarbeiten demgegenüber nur Empfehlungen, die sie an die Leitungen und die Lehrerkonferenz richten. Aber die Konzepte und Vorschläge der Steuergruppen sind in enger Zusammenarbeit und „auf Augenhöhe" mit Lehrerinnen und Lehrern und deren Arbeitseinheiten entwickelt. Sie beruhen also auf Kooperation und Konsens; es gehen nur konsensuelle Empfehlungen an die Schulleitung. Deshalb stellen Steuergruppen, wenn sie entsprechend eingeführt sind, auch keine Parallelstruktur dar, sondern eine andere Qualität von Schulentwicklungsarbeit als eine von der Schulleitung initiierte, von der Steuergruppe koordinierte und vom ganzen Kollegium gestaltete und exekutierte: Die Steuergruppe nutzt die Professionalität des ganzen Kollegiums und erhöht sie gleichzeitig. Fraglos steuern beide Schulentwicklungsprozesse, sowohl die Schulleitung als auch die Steuergruppe. Aber die Steuerung ist unterschiedlich positioniert.

Die Schulleitung, auch die erweiterte und verteilte, führt die Schule und deren Entwicklung und fällt auch die Strategie- und Strukturentscheidungen. Die Steuergruppe ist für beides nicht zuständig: Indes managt und koordiniert sie den Entwicklungsprozess und organisiert Teilhabe und damit auch Akzeptanz und Nachhaltigkeit. Das führt zurück zur Alternative: Erweiterte Schulleitung („distributed leadership") oder kollegiumsweite Gestaltungsverantwortung durch Steuergruppen? Die bisherigen – immerhin über 20-jährigen – Erfahrungen in Deutschland, Österreich und der Schweiz zeigen, dass es sich vermutlich nur scheinbar um eine Alternative handelt. Vieles spricht dafür, dass eine systematische Synthese von erweiterter bzw. verteilter Schulleitung und Steuergruppenarbeit am wirksamsten für Schulentwicklung ist.

Auch wenn die Steuergruppe über Prozesskompetenz und ein Mandat des Kollegiums verfügt, liegt doch die Gesamtverantwortung weiterhin beim Schulleiter bzw. bei der Schulleiterin.

Die Schulleiterin/der Schulleiter sollte Mitglied der Steuergruppe, aber nicht die/der Vorsitzende sein. Es ist im Sinne von Selbstorganisation wie von Personalentwicklung und auch für die Akzeptanz viel sinnvoller, den Sprecher oder die Sprecherin aus dem Kreis der Lehrerinnen und Lehrer zu wählen, die Mitglieder der Steuergruppe sind. Bei großen Steuergruppen empfiehlt es sich, zwei Sprecher bzw. Sprecherinnen zu wählen, am besten eine Frau und einen Mann. Wenn zwei Personen leiten, können sie sich gegenseitig beim Leitenlernen unterstützen. Außerdem wird ein größerer Schritt in der Personalentwicklung getan. Und beide Geschlechter zu berücksichtigen, erhöht zudem die Akzeptanz.

Auch wenn die Schulleitung auf den Vorsitz in der Steuergruppe verzichtet, ist ihre Rolle für die Arbeit derselben hoch bedeutsam. Die Schulleitung muss die Konzepte bzw. Arbeitsergebnisse der Steuergruppe auf Realisierungschancen hin prüfen, und sie ist für die Umsetzung zuständig. Außerdem muss sie die Arbeit der Steuergruppe unterstützen.

Umfassende Schulentwicklungsprozesse ohne aktive Unterstützung der Schulleitung sind ohne Erfolgsaussichten. Schulleiterinnen und Schulleiter müssen eine Vorstellung entwickeln, welche Rolle und welche Funktion sie in dem Prozess schulischer Entwicklung einnehmen wollen, wie sie einerseits Anstöße geben und andererseits auf Initiativen aus dem Kollegium vertrauen können. Zu ihrer wichtigsten Aufgabe gehört es, Arbeitsbedingungen und Entlastung zu schaffen, mit denen das Engagement und die Initiative bei den Kollegen bzw. Kolleginnen erhöht und aufrechterhalten werden kann.

2.4 Schule und Gesundheit: Salutogene Leitung

Seit Längerem ist ein Zusammenhang zwischen Schulleitungshandeln zum einen und Fluktuation, Absentismus sowie Krankenlagen zum anderen bekannt und durch Forschung belegt. Auch konnte gezeigt werden, dass das Erleben sozialer Unterstützung durch Schulleitung mitentscheidend für die Bewertung und Bewältigung der Arbeitsbedingungen durch Lehrkräfte ist. Unklar blieb indes, wie konkretes Leitungshandeln auf das Belastungsempfinden des Kollegiums wirkt. Um hier mehr Klarheit zu gewinnen, wurde ein Forschungsprojekt durchgeführt und vor diesem Hintergrund ein neues Leitungskonzept entwickelt, das wir Salutogene Leitung nennen.

Beim Forschungsprojekt kooperierte das Institut für Schulentwicklungsforschung (IFS) mit der Dortmunder Akademie für Pädagogische Führungskräfte (DAPF). Das dreijährige Projekt startete im März 2007 und wurde von der Unfallkasse NRW sowie der Technischen Universität Dortmund finanziert. Einbezogen waren 125 Schulen in NRW (Berufskollegs, Gymnasien, Gesamtschulen und Grundschulen) mit ca. 3500 Lehrpersonen und 118 Schulleiterinnen und Schulleitern.

Zentrale Ergebnisse

Die Lehrkräfte wurden befragt, wie belastend sie bestimmte Arbeitsbedingungen an ihrer Schule einschätzen:

- Am stärksten belastend wurden Aspekte der Reform- und Verwaltungsarbeit, des Unterrichtsgeschehens und der unterrichtlichen Rahmenbedingungen erlebt.
- Immerhin 24% der Lehrkräfte fühlten sich durch die Schulleitung belastet, aber deutlich mehr, nämlich 52% empfinden sie als entlastend (22% weder/noch).

Die Schulleiterinnen und Schulleiter, die nach den Aussagen der Lehrpersonen entlastend wirken, haben uns besonders interessiert, weswegen wir deren Handeln genauer analysiert haben. Dabei stießen wir auf das Konzept Salutogener Leitung. Salutogene Handlungsweisen werden den Schulleitern von 44% der Lehrkräfte attestiert – an Grundschulen ist dies am stärksten ausgeprägt.

Was heißt Salutogenese?

Unter Salutogenem Leitungshandeln verstehen wir ein gesundheitsförderliches Leitungshandeln, das sich darauf konzentriert, Ressourcen zu stärken und Belastungen nachhaltig zu reduzieren. Zu Grunde liegt bei der Begriffsbildung das Modell der Salutogenese von Anton Antonovsky (lat. salus: Wohlbefinden, Zufriedenheit; griech. Genesis: Entstehung, Herkunft). Salutogene Ansätze stellen die Frage, was Menschen gesund erhält bzw. welche Bedingungen zu schaffen sind, um das Leben dauerhaft bewältigen zu können. Den zentralen Aspekt bildet dabei die Stärkung einer allgemeinen positiven Erwartungshaltung, vor allem das sogenannte Kohärenzgefühl. Dies ist wesentlich für den Umgang mit Belastungen und stellt eine Grundhaltung dar, die Lebensumwelt zusammenhängend und sinnvoll zu erleben.

Das Kohärenzgefühl setzt sich vor allem zusammen aus drei Komponenten:

- *Gefühl von Verstehbarkeit (sense of comprehensibility):* Fähigkeit von Individuen, auch unbekannte Stimuli geordnet, konsistent und strukturiert verarbeiten zu können.
- *Gefühl von Bewältigbarkeit (sense of manageability):* Überzeugung eines Individuums, geeignete Ressourcen zur Verfügung zu haben, um Anforderungen zu begegnen.
- *Gefühl von Bedeutsamkeit (sense of meaningfulness):* Ausmaß, in dem man das Leben als emotional sinnvoll empfindet und die Überzeugung, dass Anforderungen willkommene Herausforderungen darstellen.

Die meisten Konzepte der Gesundheitsförderung beziehen sich auf Antonovsky. Sie unterstreichen dabei verhältnis- und verhaltensorientierte Maßnahmen. Verhältnisorientierte Maßnahmen umfassen die gesundheitsstabilisierende Gestaltung der Arbeitssituation (z.B. ergonomische Verbesserungen, Verbesserung der Organisationsstruktur). Verhaltensorientierte Maßnahmen orientieren sich an der Gesundheit einzelner Individuen durch Entwicklung personenbezogener Ressourcen (z.B. durch Kompetenztrainings).

Von großer Praxisrelevanz ist, dass an Schulen mit geringerem Belastungserleben nach unseren Erkenntnissen eher die folgenden *verhältnisorientierten* Maßnahmen durchgeführt werden:

- Gesundheitsförderung wird als Teil der eigenen Schulentwicklung betrieben.
- Gesundheitsförderung ist im Leitbild sowie Schulprogramm verankert.
- An der Schule gibt es ein Bewusstsein für die Erhaltung und Förderung der Gesundheit.
- Lehrkräfte werden schulweit bei Disziplinproblemen oder Unterrichtsproblemen unterstützt.
- Die Arbeitssituation an der Schule wird systematisch zu verbessern versucht.

An Schulen mit geringerem Belastungserleben werden eher die folgenden *verhaltensorientierten* Maßnahmen durchgeführt:

- Lehrer werden für gesundheitsrelevante Themen wie Bewegung oder Selbstmanagement sensibilisiert.
- Die Entwicklung gesundheitsförderlicher Verhaltensweisen von Lehrern wird befördert.
- Betroffenen wird vermittelt, mit Belastungssituationen umzugehen.

Tipps für die Schulleitung

Auf Basis des Salutogenen Ansatzes wirft Gesundheitsförderung für die Schulleitung die folgenden Fragen auf:

- Was kann ich tun, um das Gefühl von Verstehbarkeit, Bewältigbarkeit und Bedeutsamkeit zu stärken?
- Wie sollte die Arbeitsumgebung gestaltet sein, um das Gefühl von Verstehbarkeit, Bewältigbarkeit und Bedeutsamkeit zu stärken.

  Erste Antworten auf diese Leitfragen sind den Abbildungen 4 und 5 zu entnehmen.

Dimensionen	Handlungsmöglichkeiten
Verstehbarkeit	• Transparenz in Verantwortungsregelung/Entscheidungen herstellen • Informationsfluss fördern • Aufgabenklarheit schaffen • verständliche Erklärungen der Außenanforderungen geben • Begründungen nachvollziehbar machen • usw.
Bewältigbarkeit	• Selbstwert fördern durch Anerkennung und Rückmeldung • individuelle Stärken und Schwächen berücksichtigen • optimale Arbeits- und Organisationsstrukturen schaffen • Kooperationsgelegenheiten ermöglichen • Materialaustausch fördern • Anknüpfen an vorhandene Kompetenzen, Wünsche und Interessen • usw.
Bedeutsamkeit	• zielorientiertes Handeln • vermitteln von Visionen • gemeinsame Zielsetzung • Handlungen erläutern/Zielklarheit • Wichtiges von weniger Wichtigem unterscheiden • usw.

Abb. 4: Tipps für Salutogenes Handeln

Dimension	Kommunikation	Arbeitsorganisation
Verstehbarkeit	Drücke ich mich verständlich und strukturiert aus?	Verfügt die Schule über gute Informationsstrukturen und ist Transparenz gegeben?
Bewältigbarkeit	Wissen die Lehrkräfte, dass sie meine Unterstützung haben?	Sind die Arbeitsabläufe ökonomisch gestaltet und werden Ressourcen optimal eingesetzt?
Bedeutsamkeit	Habe ich eine Begründung gegeben bzw. die Bedeutsamkeit aufgezeigt?	Haben wir ein gemeinsames Ziel bzw. eine Vision, auf die wir konsequent hinarbeiten?

Abb. 5: Tipps für Kommunikation und Arbeitsorganisation

Das Salutogene Leitungshandeln hängt mit der erlebten Beanspruchung zusammen. Zeigen Schulleiterinnen und Schulleiter ein bewusstes Salutogenes Leitungshandeln, indem sie darauf achten, dass in der Kommunikation und in der Zusammenarbeit mit Lehrkräften die Verstehbarkeit, Bewältigbarkeit und Bedeutsamkeit von Aufgaben oder Aufträgen gefördert wird, erleben Lehrkräfte geringe Beanspruchung in der Schule. Die Schulleitung stärkt damit das Gefühl der Lehrkräfte, über genügend Kapazitäten zu verfügen, um die Arbeit zu „meistern". Dies trägt dazu bei, dass die Arbeit tatsächlich als weniger belastend empfunden wird.

2.5 Die Leitungskraft als Person: Moralische Führung

Leitung und insbesondere Führung sind situations- und personenabhängig. Personale Führung ist explizit auf Personen gemünzt, sowohl der geführten wie der führenden Person. Deshalb hängt die erfolgreiche Leitung einer Schule entscheidend von der Person der Führungskraft ab.

Muss diese deshalb ein Held sein oder Charisma besitzen? Die Zeit der Helden ist vorbei, wenn es sie je gegeben hat, und Charisma ist eine überzogene und unrealistische Führungsidee.

Charisma ist ein Begriff aus dem Neuen Testament (Zweiter Korinther-Brief), der „Gnadengabe" meint. Charisma ist ein Anspruch, der kaum zu erfüllen ist: Wer verfügt schon über Charisma? Und kann man Charisma überhaupt lehren und lernen? Vermutlich nicht. Dann ist er auch nicht relevant für Schulleitung.

Richtig und wichtig am Führungs-Begriff ist, dass er stark auf Persönlichkeit verweist; Führung heißt nicht nur Führen von Personen, sondern setzt selbst Persönlichkeit, Führungspersönlichkeit voraus. Nicht jeder kann führen, aber Führung kann man im Unterschied zu Charisma lernen, wenngleich das schon ein Stück Persönlichkeit voraussetzt. Die besten Führungskräfte hören im Übrigen nicht auf, an ihrer Persönlichkeit zu arbeiten, beispielsweise indem sie sich immer wieder fragen:

- Warum bin ich in einen pädagogischen Beruf gegangen?
- Wofür stehe ich (als Führungskraft)?
- Welche Werte vertrete ich?
- Welches Vermächtnis möchte ich einmal hinterlassen?

Wer äußere Entwicklung will, muss auch innere Entwicklung wollen; wer Schule weiterentwickeln will, muss sich auch selbst entwickeln.

Führung ist auch moralische Führung. Das gilt allgemein. Denn wo es Machtunterschiede, d.h. Hierarchien gibt, geht es auch um Moral. Moral ist zudem in der Schule ein Thema, weil es in der Schule um Menschenbildung geht. Ohne Moralvorstellungen kann Schule nicht bilden und ohne Moralvorstellungen kann man den anspruchsvollen Beruf eines Schulleiters nicht überzeugend ausüben. „Führung ist kein Anrecht, sondern eine Verantwortung" (Sergiovanni 2001, S. 14).

Führung ist eine Entwicklungsaufgabe, wobei Schulleiter nicht nur sich selbst im Fokus haben, sondern das ganze Kollegium: Lehrer helfen Schülern beim Lernen und Schulleiter helfen Lehrern bei der (Personal-)Entwicklung.

Führung ist darüber hinaus eine Gestaltungsaufgabe: Schulleiter haben die ganze Schule zum Thema: Strategien, Strukturen und Kulturen. Lehrer haben eher ihre Klasse oder ihr Fach als die ganze Schule im Blick.

2.6 Wie alles zusammengeführt wird: Konfluente Leitung

Damit verteilte Führung nicht zu einer fragmentierten Organisation führt, sind Medien der Integration gefragt. Der allgemeine gesellschaftliche Trend führt allerorts zu mehr Differenzierung, er verlangt aber auch nach mehr Integration. Das Gleiche gilt speziell für Schulleitung. Die bisher wenig diskutierte Frage lautet also, wie die zahlreichen Einzelaktivitäten wieder zu einem handlungsleitenden Ganzen zusammengefügt werden können, für das die Person der Schulleiterin bzw. des Schulleiters letztverantwortlich ist. Die Medien der Integration sind vielfältig:

- Schulleitbild und Schulprofil
- Führungsleitbild
- Feedbackkultur
- Masterplan für die Schulentwicklung
- System des Qualitätsmanagements
- Gesundheitsmanagement
- Erweiterte Schulleitungen
- Steuergruppen
- Konferenzen der Vorsitzenden von Fachgruppen
- Wissensmanagement

Schulleitung muss daraus ein kohärentes Ganzes machen. Etwas systematischer kann man drei Ebenen unterscheiden, auf denen sich das Ganze konstituiert:

- Organisation, z. B. Geschäftsverteilungsplan u. a.;
- Verantwortung und Verbindlichkeit, also Absprachen, Zielvereinbarungen u. a.;
- Kultur, d.h. vor allem Werte, Normen und Symbolik, z. B. Schullogo.

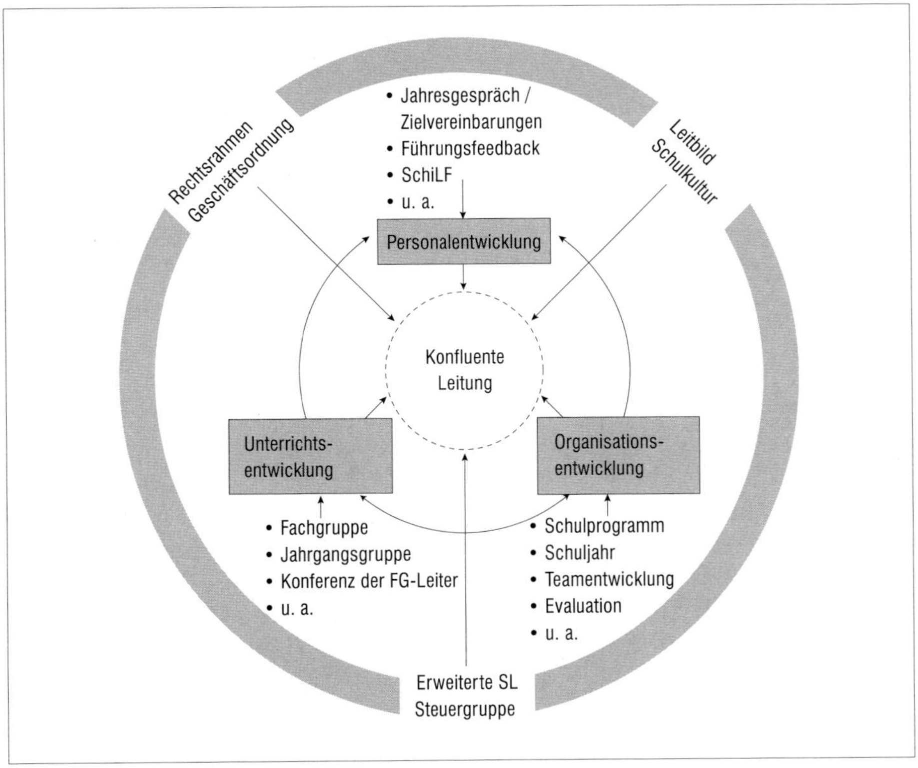

Abb. 6: Modell Konfluenter Leitung

Bleibt die Frage, wie man das komplizierte Geflecht von verteilter Führung, Co-Management und Prozess-Steuerung am besten und unverwechselbar benennen sollte. Eine Möglichkeit wäre „konfigurative Leitung", eine andere „kohärente Leitung". Beides ist bezeichnend, aber vielleicht nicht bezeichnend genug. Man könnte amerikanisch aus dis(tributed) leadership und Co-Management das Kunstwort Disco erstellen, also Disco-Leitung (was ja missverstanden werden könnte).

Kein Kunstwort wäre der Begriff „Konfluente Leitung". Konfluenz bedeutet laut Fremdwörterbuch „Zusammenfluss (mehrerer gleichrangiger Ströme)". Das trifft das hier dargelegte Leitungskonzept recht gut. Und Strom bezeichnet einen Prozess. Außerdem suggeriert das Wort Strom Energie und Synergie. All das ist hier gemeint. Außerdem gab es in den USA eine starke Bewegung, die sich „confluent education" nannte. Also eine gewisse Tradition gibt es auch. Deshalb machen wir den Vorschlag, das zukunftsorientierte Leitungskonzept „Konfluente Leitung" zu taufen.

Nicht gemeint ist hier ein Begriffsverständnis, wie es in der Psychotherapie heimisch ist. Dort bedeutet Konfluenz nicht zusammenfließen, sondern ineinanderfließen. Ineinanderfließen verwischt Grenzen und Abgrenzungen, wird letztlich pathologisch. Konfluente Leitung meint gerade umgekehrt, dass Grenzen definiert und Rollen geklärt werden. Auch geht es um Gegenüberstellungen und unterschiedliche Interessen wie beim Verhältnis von Schulleitung und Personalrat. Konfluenz soll einen gemeinsamen Rahmen schaffen, in dem unterschiedliche Akteure zusammenspielen. Konfluenz ist dann ein System- oder Strukturmerkmal und nicht – wie in der Psychiatrie – auf die einzelne Person bezogen.

Dubs (vgl. 2005, S. 139 f.) hat zwischen Führungs- und Handlungsverantwortung unterschieden und darauf hingewiesen, dass Handlungsverantwortung delegiert werden kann, Führungsverantwortung jedoch nicht. Zuvor schon hatten Lohmann und Minderop (2008, S. 73) die „Ergebnisverantwortung der Lehrerinnen und Lehrer für ihren Unterricht und die unteilbare Qualitäts- und Führungsverantwortung der Schulleiterinnen und Schulleiter" unterschieden und grafisch wie in Abbildung 7 dargestellt. Konfluente Leitung teilt Führung auf, praktiziert Co-Management und bringt alles wieder situationsbezogen zusammen (vgl. Abb. 6). Die Schulleitung muss einschätzen, wie weit man dabei gehen kann, was nicht zuletzt von den im Kollegium vorhandenen Potenzialen abhängt. Die Letztverantwortung verbleibt ohnehin bei ihr.

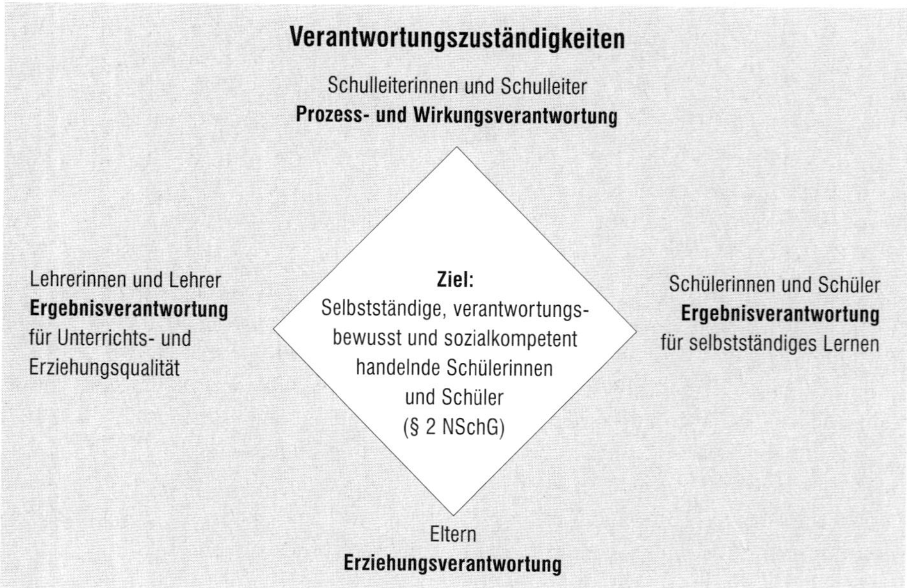

Abb. 7: Verantwortungszuständigkeiten (Lohmann/Minderop 2008, S. 74)

2.7 Fazit

Man kann das neue Leitungsverständnis auf drei Tätigkeits- bzw. Aufgabenbereiche pointieren, wie das zwei der wichtigsten nordamerikanischen Führungsforscher getan haben. Leithwood et. al. (vgl. 2004, S. 23 f.) fassten das Ergebnisse einer intensiven Durchsicht der meisten vorliegenden Studien wie folgt zusammen: Erfolgreiche Schulleiter

- weisen die Richtung (gemeinsame Visionen, Gruppenziele, hohe Leistungserwartungen);
- „entwickeln" Menschen (individuelle Unterstützung, intellektuelle und emotionale Stimulation, Modellbildung) und
- gestalten die Organisation (Kultur der Zusammenarbeit und Schaffung produktiver Beziehungen zu Eltern und der Gemeinde).

Auch für Elmore, Schulleitungsforscher an der Harvard-University, bedeutet Führung eigenverantwortlicher Schulen dreierlei:

- Die Bedingungen zu gestalten, unter denen Schüler und Lehrer besser lernen.
- Organisationen zu schaffen, die unterstützende und kohärente Umgebungen für eine erfolgreiche Praxis darstellen und
- Führungsfähigkeiten und Führungspraktiken bei anderen entwickeln (vgl. Elmore 2004, S. 42 ff.).

Beide „Dreiklänge" ähneln sich.

Man kann dieses Kapitel zusammenfassen, indem man daran erinnert, dass die Ansprüche an Schulleitung im Hinblick auf Erziehung und Unterrichtsentwicklung, Personal- und Gesundheitsmanagement, Fortbildungsplanung, Qualitätsmanagement und Budgetgestaltung rapide zugenommen haben. Dies gilt für große wie für kleine Schulen gleichermaßen. Da keine Leitungsperson die wachsenden Anforderungen auf Dauer alleine bewältigen kann, sind neue Leitungsstrukturen in Schulen notwendig. Wir sehen deren Ausgestaltung vor allem in der Verteilung und Zusammenführung von Führungs-, Management- und Steuerungsaufgaben zu einem Gesamtkonzept Konfluenter Leitung. So sind Schulleiterinnen und Schulleiter gefordert, zu dezentralisieren und gleichzeitig zusammenzuführen, zu lenken, Schulentwicklung zu initiieren und zu unterstützen sowie die schulinterne und -externe Kooperation zu fördern.

Um Schule entwickeln und gestalten zu können, müssen die Kooperation und Motivation der Lehrkräfte gefördert sowie eine kooperative und kommunikative Kollegiumskultur entwickelt werden. Die skizzierten Aufgaben moderner Schulführung beinhalten tiefgreifende Änderungen, die das Rollenverständnis von Schulleitung und Lehrkräften, die mehr oder weniger bewussten Werte, organisatorische und strukturelle Gegebenheiten – kurzum die gesamte schulische Kultur betreffen.

Literatur

Bennis, W.: Führung lernen. Frankfurt 1990.
Blossing, U. und Ekholm, M.: Kooperative Arbeitsstruktur in Schweden. Wie kann Schulleitung den Dialog dirigieren? In: Pädagogik. 7/8, 2004, S. 48–52.
Bonsen, M.: Die Wirksamkeit von Schulleitung. Weinheim 2002.
Bonsen, M. und Rolff, H.-G.: Professionelle Lerngemeinschaften von Lehrerinnen und Lehrern. In: Zeitschrift für Pädagogik. 2, 2006, S. 167–184.
Buchen, H. et al. (Hrsg.): Schulleitung und Schulentwicklung. Berlin 1995 ff.
Buchen, H. und Rolff, H.-G. (Hrsg.): Professionswissen Schulleitung. Weinheim 2006, 2. Auflage 2009.
Buhren, C. und Rolff, H.-G.: Personalentwicklung in der Schule. Weinheim 2002.
Dubs, R.: Die Führung einer Schule. Stuttgart 1994, 2. Auflage 2005.
Elmore, R. F.: School reform from inside out. Cambridge, Ma. 2004.
Evans, R.: The human side of school change. San Francisco 1996.
Freimuth, J. et al.: Orientierungsweisen und -waisen im mittleren Management. In: Organisationsentwicklung. 1, 2003, S. 24–35.
Hargreaves A. und Fink, D.: Nachhaltige Entwicklung durch nachhaltige Schulleitung. In: Journal s.e. 2, 2005, S. 19–29.
Hargreaves A. und Fink, D.: Sustainable Leadership. San Francisco 2006.
Fullan, M.: Leading in a culture of change. San Francisco 2001.
Fullan, M.: The moral imperative of school leadership. London 2003.
Harazd, B. et al.: Gesundheitsmanagement in der Schule. Lehrergesundheit als Aufgabe der Schulleitung. Köln 2009.
Harvard Business Review: On Leadership. Boston 1990.
Holtappels, H. G. et al. (Hrsg.): Schulentwicklung durch Gestaltungsautonomie. Münster 2008.
Huy, Q. N.: Ein Loblied auf die mittleren Manager. In: Harvard Businessmanager. 2, 2001, S. 32–80.
Kotter, J. P.: What leaders really do. In: Harvard Business Review on Leadership. Boston 1990, S. 37–60.
Leithwood, K. et. al.: How Leadership influences student learning. New York 2004.
Liebermann, A. und Miller, L.: Teacher Leadership. San Francisco 2004.
Lohmann, A. und Minderop, D.: Führungsverantwortung der Schulleitung. 3. Aufl. Köln 2008.
Malik, F.: Führen-Leisten-Leben. Stuttgart/München 2000.
OECD (Ed.): Improving School Leadership. Vol. 1+2, Paris 2008.
Philippeit, T.: Stuck in the Middle. Anforderungen an das mittlere Management in Veränderungsprozessen. In: Organisationsentwicklung, H.Z., Bd. 28, 2009.
Rolff, H.-G.: Konfluente Führung. In: Rolff, H.-G.: Studien zu einer Theorie der Schulentwicklung. Weinheim 2007, S. 79–93.
Rolff, H.-G.: Steuergruppen als Basis von Schulentwicklung. In: Rolff, H.-G.: Studien zu einer Theorie der Schulentwicklung. Weinheim/Basel 2007, S. 94–112.
Schneider, W.: Betriebsräte als Co-Manager? In: Organisationsentwicklung. 1, 2003, S. 80–83.
Seitz, H. und Capaul, R.: Schulführung und Schulentwicklung. Bern 2005.
Spillane, J. P.: Distributed Leadership. San Francisco 2006.
Sergiovanni, Th. J.: Leadership – What`s in it for schools? London 2001.
Wunderer, R.: Führung und Zusammenarbeit. Neuwied 2006.
Zaleznik, A.: Managers and Leaders – Are they different? In: Harvard Business Review 1990. S. 61–88.

3 Delegation und System Leadership

von Stephan Gerhard Huber/Hans-Günter Rolff

Es gibt in Amerika eine sehr schöne Unterscheidung zwischen dem alten Chef-Gebahren und dem, was wir heute unter Leadership verstehen. Der Unterschied, so sagen die Amerikaner, ist folgender: A boss says „Go!" – A leader says „Let's go!"
(Unbekannt)

Im folgenden Kapitel geht es um Ausweitung von Führung, sowohl nach innen als auch nach außen. Ausweitung nach innen wird gemeinhin als „Delegation" bezeichnet. Ausweitung nach außen ist verhältnismäßig neu und trägt bisher noch keine deutschsprachige Bezeichnung; international spricht man von „System Leadership".

3.1 Ausweitung nach innen: Delegation[1]

In den vorausgehenden Kapiteln wurden die hohe Arbeitsbelastung der Schulleitungen beschrieben und neue Leitungskonzepte diskutiert, die auf „verteilter Führung" („distributed leadership") beruhen (Spillane 2006), die dem Konzept der Delegation sehr ähnlich sind. Dabei wird Führung verteilt auf Stellvertreter, Abteilungs-, Stufen- und didaktische Leiter bis hin zu Fachkonferenzvorsitzenden und Jahrgangsstufensprechern (vgl. Rolff 2007). Aber auch offiziell nicht designierte Personen, wie z.B. Klassenlehrer, übernehmen Führungsaufgaben (vgl. Spillane 2006). Delegiert werden dabei Aufgaben, Verantwortung, Ressourcen und Risiken.

Die Organisationstheorie beschäftigt sich seit den 1960er-Jahren mit Delegation bzw. delegativer Führung. Das lateinische Verb „delegare" bedeutet zuweisen, übertragen, anvertrauen und bezeichnet im weitesten Sinne das Übertragen von Rechten und Pflichten (vgl. Wunderer 2003). Delegation im Kontext einer Organisation oder Schule bezieht sich daher auf eine Übertragung von Aufgaben und Handlungsverantwortung. Verteilte Führung setzt das Abgeben von Handlungsverantwortung und die Übertragung von Aufgaben an Mitarbeiter voraus. Dies wird in der Führungsliteratur als Delegation bezeichnet bzw. kennzeichnet ein bestimmtes Führungsverhalten: „delegative Führung" (Wunderer 2003). Verteilte Führung betont, dass mit dem Abgeben von bestimmten Aufgaben weitere Personen über den Schulleiter hinaus Führungsfunktionen wahrnehmen.

Im Rahmen der Delegation wird zwischen Führungs- und Handlungsverantwortung unterschieden (vgl. Dubs 2005, S. 139): Der Vorgesetzte trägt die Führungsverantwortung und bleibt für die Führung der Delegation verantwortlich. Dies bedeutet, dass er für die Auswahl der Mitarbeiter, deren Ausbildung, Unterweisung durch notwendige Informationen, Festlegung des Entscheidungsspielraums, Zielformulierungen und den Fortgang der Arbeit zuständig ist. Der Mitarbeiter hingegen übernimmt die Handlungsverantwortung und ist damit für die werkgetreue Ausführung der Arbeiten, die regelmäßige Inkenntnissetzung des Vorgesetzten über die Arbeit und Berichte über außergewöhnliche Fälle verantwortlich. Zentrale Anforderung an die Führungskraft bzw. den Schulleiter ist also die Koordination und Zusammenführung der verantwortlichen Bereiche und delegierten Aufgaben zu einem in sich stimmigen Ganzen, was wir „Konfluente Leitung" nennen.

3.1.1 Vorteile von Delegation

Schon in länger zurückliegenden empirischen Untersuchungen zu Arbeitsbelastungen von Führungskräften konnte gezeigt werden, dass die hohen Arbeitsbelastungen auch ein Resultat geringer Delegation sind. Die Studie von Grochla et al. (vgl. 1981) belegt, dass Führungskräfte bei Weitem nicht ihre Delegationsmöglichkeiten ausschöpfen, und Luijk (vgl. 1963) konnte zeigen, dass Führungskräfte zu viele einfache Tätigkeiten selbst erledigen, statt sie zu delegieren.

Neben dem Entlastungspotenzial für Führungskräfte birgt delegative Führung ein hohes Motivationspotenzial für Mitarbeiter. Die Übertragung fest umrissener Aufgabenbereiche, inklusive der dazugehörigen Kompetenz und Verantwortung, schafft Autonomie und Handlungsspielräume für Lehrkräfte. Die positive Auswirkung von Autonomie bzw. Handlungsspielraum auf die Motivation und Arbeitszufriedenheit von Mitarbeitern ist mehrfach belegt (vgl. Hackmann und Oldham 1980; Kleinbeck 1996).

Weitere Argumente für eine delegative Führung sind die Befunde, dass eine stärkere Mitwirkung die Akzeptanz von Beschlüssen und Entscheidungen (vgl. Wilpert 1987) erhöht und die Dezentralisierung mit einer qualitativ besseren Aufgabenerledigung einhergeht (vgl. Grün 1987).

Anders als „top-down"-Strategien hat Delegation den Vorteil, dass flexibler reagiert werden kann. Vor Ort können Entscheidungen von beteiligten Lehrkräften situationsbezogen getroffen werden.

3.1.2 Herausforderungen delegativen Handelns

Vielen Führungskräften fällt es schwer, Aufgaben „aus der Hand zu geben". Aber auch wenn sie Aufgaben abgeben, so delegieren sie häufig zu wenig Verantwortung, sodass sie daher bei vielen Entscheidungen gefragt und einbezogen werden. Es kommt vor allem auf den Prozess der Delegation, also das „Wie" an: Wird nicht optimal delegiert, kommt es zu keiner Arbeitsentlastung auf beiden Seiten. Häufige Delegationsfehler sind laut Luijk (vgl. 1963) unklare Anweisungen, die häufige Rücksprachen zur Folge haben sowie unzureichende Informationen der Mitarbeiter, die die Arbeitseffizienz behindern und eine geringe Arbeitszufriedenheit der Mitarbeiter bedingen. Auch die Organisation und formale Regelungen sind häufig unzureichend, sodass es keine vereinbarten Zeiten für Rücksprachen gibt, die es beiden Seiten ermöglichen, zu planen und sich vorzubereiten.

Grün (vgl. 1987) nennt in diesem Zusammenhang das Problem der Rückdelegation und Rücknahme der Delegation. Rückdelegation bezeichnet die Rückgabe der Aufgaben an die Führungskraft. So wird diese um Mitzeichnung gebeten oder es wird ihre Meinung eingeholt. Rückname der Delegation hingegen meint den ungerechtfertigten Eingriff des Vorgesetzten oder der Führungskraft in den Aufgabenbereich des Mitarbeiters. Dies zeigt sich durch häufige Aufforderungen der Berichterstattung oder eine sehr enge Auslegung des „Normalfalles".

Als eine weitere Schwierigkeit im Prozess der Delegation hat sich die Wahrnehmung der Führungsverantwortung durch die Führungskraft erwiesen. Insbesondere hinsichtlich der Information und Unterweisung des Mitarbeiters, der Zielformulierung, einer adäquaten Kontrolle, aber auch Unterstützung zeigen Führungskräfte etliche Defizite (vgl. Grün 1987). Ebenfalls kollidiert das zugrundeliegende Führungsverständnis in vielen Fällen mit Auffassungen von Führungskräften in Profit- und Non-profit-Organisationen. Delegation setzt ein kooperatives Führungsverständnis voraus (vgl. Grün 1987). So muss bei der Entscheidung für mehr delegatives Handeln zunächst auch das eigene Verständnis überprüft und gegebenenfalls verändert werden. Auch die Entscheidung, welche Aufgaben delegiert werden sollen und welche nicht, ist ganz und gar nicht trivial (vgl. ebd.). In der wissenschaftlichen Literatur wird empfohlen, häufig wiederkehrende Entscheidungen zu delegieren und komplexe, stark arbeitsteilige und zeitaufwendige Entscheidungsprozesse, insbesondere solche mit Innovationscharakter, selbst zu bearbeiten. Letztendlich kommt es auch auf die richtige Personalauswahl und -fortbildung an. Dies fällt vielen Führungskräften nicht leicht und die Passung von Aufgabe und Person stellt im Schulkontext sicherlich eine besondere Herausforderung dar.

Insbesondere in den Einführungsphasen neuer Organisations- und Führungsmodelle kommt es zu erhöhtem Zeitaufwand für die Beteiligten, aber dies betrifft jede Umorientierung des Führungsverhaltens. Nur sollte dies ins Bewusstsein rücken, wenn Schulen und andere Organisationen hinsichtlich delegativer Führung untersucht werden, denn in vielen Schulen scheint sich dieser Wandel, darauf weisen unsere Daten hin, gerade erst zu vollziehen.

3.1.3 Aktuelle Forschungsergebnisse

Die Daten stammen aus einem Forschungsprojekt mit dem Titel „Wirkungen neuer Leitungskonzepte auf die Qualität von Schulen", das Harazd et al. 2008 bis 2010 durchgeführt haben.

Aus diesem Forschungsprojekt werden Ergebnisse berichtet über die Quantität und Qualität der Aufgabendelegation, über die Personengruppen, an die delegiert wird, und anschließend über den Zusammenhang von Personengruppe und Aufgabe.

Welche Aufgaben werden an wen delegiert?

Mit der offenen Frage „Wenn Sie Schulleitungsaufgaben bzw. -bereiche delegieren, welche sind dies und an wen verteilen Sie diese?" konnte der Zusammenhang von Personen, Gruppen und Schulleitungsaufgaben hergestellt werden. In einer weiteren Erläuterung baten wir die Schulleiter, nur die vier wichtigsten Schulleitungsaufgaben zu nennen. Zu dieser Frage äußerten sich insgesamt 225 Schulleiter aus dem Modellvorhaben „Selbstständige Schule" in Nordrhein-Westfalen in der Weise, dass nicht nur eine Aufgabe, sondern mehrere Aufgaben einer Person/Personengruppe zugeschrieben wurden. Insgesamt konnten 909 Aufgaben 764 Personen bzw. Gruppen zugewiesen werden. Vier Angaben der Schulleitungen konnten nicht für einen Kreuzvergleich genutzt werden, da entweder die Personen bzw. Gruppen oder die Aufgabe fehlte. Auch wurden Angaben in den qualitativen Analysen ausgeschlossen, die unverständlich und daher nicht zuzuordnen waren. Im Durchschnitt nannten die Schulleiter 4,15 Aufgaben und im Mittel 3,46 Personengruppen, an die sie Schulleitungsaufgaben delegieren. Das Maximum der Anzahl der genannten Aufgaben betrug neun Aufgaben und das Minimum nur eine Aufgabe.

Wie viele Aufgaben werden delegiert und wovon ist dies abhängig?

Bevor wir darstellen, welche Schulleitungsaufgaben delegiert werden, berichten wir von Auswertungen, die die Gesamtzahl der delegierten Aufgaben in Bezug zu schulischen Rahmenbedingungen und Merkmalen des Schulleiters setzen.

Die Auswertung zeigt, dass die Anzahl der delegierten Aufgaben an den untersuchten Schulen nicht mit der Kollegiumsgröße zusammenhängt. Dieser Befund ist zwar erwartungswidrig, kann aber möglicherweise durch den Befund von Grochla et al. (vgl. 1981) erklärt werden, dass Vorgesetzte die Delegationsmöglichkeiten bei Weitem noch nicht ausschöpfen. So wird auch an großen Schulen, an denen die Abgabe von Aufgaben und Verantwortung möglicherweise notwendiger erscheint, nicht mehr delegiert als an kleineren Schulen.

In Abbildung 1 sind die durchschnittliche Anzahl der delegierten Aufgaben nach Berufsjahren dargestellt. Die Tendenz der Daten in „Selbstständigen Schulen" entspricht unserer Annahme: Je länger die Schulleiter an der Schule im Amt sind, desto häufiger delegieren sie Leitungsaufgaben. Allerdings zeigt die verfeinerte Auswertung, dass es keine signifikanten Unterschiede in Abhängigkeit von der Berufserfahrung an der Schule gibt.

Berufsjahre	Häufigkeit	Durchschnittliche Aufgabendelegation
bis 2 Jahre	33	3,9
bis 5 Jahre	36	4,2
bis 10 Jahre	65	4,1
über 10 Jahre	91	4,3
gesamt	225	4,2

Abb. 1: Berufsjahre an der Schule (absolute und relative Häufigkeiten) und durchschnittliche Aufgabendelegation

Was wird delegiert?

Wir haben 11 Aufgabentypen unterschieden. Wie Abbildung 2 entnommen werden kann, wurden vielfältige Aufgaben genannt, deren Zuordnung zu Leitungsaufgaben schwierig erscheint. Im Schulgesetz NRW (§59) werden Leitungsaufgaben zwar näher umrissen, diese bleiben jedoch abstrakt oder auf bestimmte Bereiche bezogen. So scheint es für Schulleitungen schwierig zu sein, diese Zuordnung zu treffen. Dies ist vermutlich eine Folge des von Dubs (vgl. 2005) thematisierten Fehlens von Führungsrichtlinien, die Führungshandeln stärker umreißen.

Kodierung	Aufgabenbereich mit Beispielaufgaben
1	*Entwicklungsaufgaben:* Konzepterstellung, Qualitätsentwicklung, Schulentwicklung, Unterrichtsentwicklung, Lehrplanentwicklung
2	*Schulverwaltung:* Etat, Sachmittelbewirtschaftung, Haushalt, Stellenberechnung, Schulbudget
3	*pädagogische Arbeit:* Einzelprojekte, Schulfest, Unterrichtsarbeit, Medienerziehung, Schülerberatung, Erziehungsarbeit
4	*Leitung, Koordination, Planung, Organisation:* Leitung von Jahrgangsteams, Erprobungsstufenkoordination, Leitung der Bildungsgänge, didaktische Jahresplanung, Fachkoordination, Nachmittagsangebote
5	*Konferenzarbeit:* Vorbereitung von Konferenzen, Fachkonferenzleitung, Zeugniskonferenzen, Bildungsgangkonferenzen
6	*Personalentwicklung und -führung:* Fortbildungsplanung, Bildungsangebot, Weiterbildung, Mitarbeitergespräche, Personalbeurteilung, Referendarausbildung, Unterrichtsbesuche
7	*Personalentscheidungen:* Personaleinstellung, Mitbeurteilung von Lehrkräften, Personalplanung, Personalauswahl, Verwaltung des nicht-pädagogischen Personals
8	*Öffentlichkeitsarbeit:* Außenvertretung, Kontakte mit Kooperationspartnern, Elternarbeit, Elterninformationsabende, Pressearbeit, Kontakt zu Ausbildungsbetrieben
9	*Schul- und Unterrichtsorganisation:* Buchbestellung, Lernmittelüberwachung, Materialverwaltung, Stundenplanerstellung, Vertretungsplanerstellung, Klassenaufteilung, Unterrichtseinsatz, Kursbildung, Aufsichtsplanerstellung
10	*schulorganisatorische Rahmenbedingungen:* Gesundheits- und Arbeitsschutz: Sicherheitsüberwachung, Belastungsprofil, Pflege des Schulgebäudes: Gebäudemanagement, Gestaltung des Schulgebäudes, Raumüberwachung, Bauangelegenheiten, Rahmenbedingungen: Schulbücherei, Busplan, EDV-Unterstützung, Mensa
11	*Leistungskontrolle und -organisation:* Abiturorganisation, zentrale Prüfungen, Kontrolle der Klassenarbeiten, Lernstandserhebungen, Parallelarbeiten, Sprachstand, Leistungskontrolle und Dokumentation

Abb. 2: Aufgabenkategorien (Harazd et al. 2008, S. 241)

Das unterschiedliche Verständnis von Leitungsaufgaben erschwert die Interpretation der Daten. Entfallen auf eine Kategorie wenige Nennungen, kann dies darauf zurückgeführt werden, dass diese Aufgaben selten delegiert oder aber diese von vielen Schulleitern nicht als Leitungsaufgaben gewertet werden.

Aus den elf induktiv gewonnenen Kategorien lassen sich insgesamt die folgenden elf Führungsaufgaben herleiten: Entwicklungsaufgaben (1), Personalentscheidungen (7) und Personalführung und -entwicklung (6), eigenverantwortliche Leitung und Koordination spezifischer Schulbereiche (4) sowie Managementaufgaben der Schulverwaltung (2), Schul- und Unterrichtsorganisation (9), schulorganisatorische Rahmenbedingungen (10), Leistungskontrolle und -organisation (11). Hier werden demnach auf der einen Seite eher planerische, strukturierende, organisationale Leitungsaufgaben und auf der anderen Seite eher personale und interaktionale Aufgaben, die mit der Vermittlung von Visionen und Entwicklungen gekoppelt sind, gegenübergestellt.

Die pädagogische Arbeit (3) umfasst Einzelprojekte und Aufgabenbereiche, die eigenverantwortlich durchgeführt werden und vornehmlich unterrichtliche Arbeit oder pädagogische Arbeit mit Schülern betreffen (z.B. Betreuung auffälliger Schüler, Sprachförderung, Medienerziehung etc.). Die Aufgaben, die im Zusammenhang mit der Konferenzarbeit (5) delegiert werden, beziehen sich meist auf vorbereitende, organisatorische Tätigkeiten oder die Übernahme der Leitung bestimmter Konferenzen (z.B. Vorbereitung von Konferenzen, Bildungsgangkonferenzen, Konferenzplanung, Erstellung der Tagesordnung). Die Öffentlichkeitsarbeit bzw. Vertretung der Schule nach außen (8) beinhaltet Aufgaben wie Elternabende gestalten, Stadtteilanbindungen schaffen, Homepage pflegen, Kooperationen mit Betrieben, Kindergärten etc. eingehen.

An wen wird delegiert?

Ebenso wie die Aufgaben wurden auch den Personen Kategorien zugeordnet. Die genannten Personengruppen wurden in zehn Personenkategorien eingearbeitet, die eine hierarchische und inhaltliche Unterscheidung ermöglichen. Es wird deutlich, dass Schulleitungsaufgaben vor allem an den stellvertretenden Schulleiter bzw. Konrektor delegiert werden. Der Abbildung 3 kann entnommen werden, dass der Schulleiter die Aufgaben, die er laut Gesetzgebung delegieren kann, vor allem an Funktionsstelleninhaber abgibt. Ein wichtiger Aufgabenempfänger ist auch die Steuergruppe. Etwa 20% der delegierten Leitungsaufgaben werden durch sie bearbeitet. Aber auch 10% der Leitungsaufgaben werden direkt an Lehrkräfte abgegeben, die keine offizielle Führungsposition einnehmen. Diese Befunde stützen die Ergebnisse von Spillane (2006) zur „verteilten Führung" und zeigen, dass Leitungsaufgaben von offiziell designierten und nicht offiziell ausgewiesenen Personen und Gruppen übernommen werden.

Die Kategorie Kooperationen nimmt einen Sonderstatus ein. Gruppen oder Teams, die gemeinsam Aufgaben bearbeiten, sind selten. Zwar gibt es Zusammenarbeit zwischen bestimmten Gremien (Steuergruppe und Lehrkraft) oder Funktionsstelleninhabern (Abteilungsleiter und Stellvertreter), aber die gemeinsame Bearbeitung einer Aufgabe im Team ist vergleichsweise selten (2,75%).

Personenkategorien	Beispielzuordnung	Häufigkeit	Prozent
Stellvertreter/Konrektor	Stellvertreter, Konrektor	195	25,52
Leitung	Erweiterte Schulleitung, Abteilungsleiter, Leitungsteam, Oberstufenkoordinator	172	22,51
Steuergruppe	Steuergruppe	159	20,81
Kooperationen	Kombination zwischen den oben genannten Personenkategorien: z. B. Stellvertreter und Lehrkraft, Steuergruppe und Abteilungsleiter	108	14,14
Kollegium	Lehrkraft, Lehrkräfte, Kollegium	81	10,60
Gruppen und Teams	Arbeitskreis, Fachgruppen, Team, Projektteam	21	2,75
Lehrerrat, Berater	Lehrerrat, Beratungslehrer, Berater	10	1,31
Konferenzen	Lehrerkonferenz, Bildungsgangkonferenz, Fachkonferenz	8	1,05
Verwaltung	Sekretariat, Verwaltungsassistent, Organisations-assistent	6	0,79
nicht-lehrendes Personal	Sozialarbeiter, Psychologe, Hausmeister	4	0,52
gesamt		764	100,00

Abb. 3: Personenkategorien mit Beispielzuordnungen (absolute und relative Häufigkeiten) (Harazd et al. 2008, S. 243)

Die Aufgaben, die Schulleiter delegieren, betreffen ebenso Managementaufgaben wie die schulorganisatorischen Rahmenbedingungen, die Unterrichtsorganisation, die Schulverwaltung aber auch Führungsaufgaben: Entwicklungsaufgaben, Personalentscheidungen, Personalentwicklung und -führung. Am häufigsten werden schul- und unterrichtsorganisatorische Aufgaben delegiert (197 Nennungen), wohingegen Personalentscheidungen durch die Schulleitung nur in wenigen Fällen an andere übergeben werden (13 Nennungen). Nach allen Erfahrungen sollten Personalentscheidungen ohnehin nicht delegiert werden.

An wen wird was delegiert?

Interessant ist vor allem das Zusammenspiel von Personen, Gruppen und Aufgabenbereich. Der Stellvertreter/Konrektor nimmt Aufgaben jedes Aufgabenbereiches wahr. Der Schulleiter arbeitet in acht von elf Aufgabenbereichen am engsten mit dem Stellvertreter/Konrektor und Personen in Leitungspositionen zusammen; selbst Aufgaben der Öffentlichkeitsarbeit und Personalentscheidungen werden auf diese Personen übertragen. In den weiteren drei Aufgabenbereichen wird am stärksten mit der Steuergruppe zusammengearbeitet. Die Steuergruppen bearbeiten vor allem Entwicklungsaufgaben (80 Nennungen) und Aufgaben der Personalführung und -entwicklung (32 Nennungen) sowie der pädagogischen Arbeit (15 Nennungen). Auch durch das

Kollegium werden fast alle Aufgabenbereiche – nur deutlich seltener als durch Leitungspersonal bzw. durch den Stellvertreter/Konrektor – bearbeitet, ausgenommen sind Personalentscheidungen. Wenn an Lehrkräfte delegiert wird, dann meist schul- und unterrichtsorganisatorische Aufgaben (21 Nennungen) wie Buchbestellungen oder Aufsichtsplanerstellungen. Wie erwartet, bearbeitet das Verwaltungspersonal (Sekretariat, Verwaltungsassistenz etc.) nur Schulverwaltungsaufgaben (3 Nennungen) und schul- und unterrichtsorganisatorische Aufgaben (5 Nennungen).

Die Delegation von Aufgaben kann ganz unterschiedlich praktiziert werden. Manche Schulleiter verteilen nur Aufgaben, ohne letztendlich die Entscheidung abzugeben, oder sind so stark in den Arbeitsprozess involviert, dass sie die Aufgabe gemeinsam erarbeiten.

3.1.4 Fazit

Es konnte gezeigt werden, dass vielfältige Aufgaben bzw. Aufgabenbereiche vor allem an Funktionsträger wie den Stellvertreter/Konrektor, Abteilungsleiter und Fachkoordinatoren etc. delegiert werden. Auch die Steuergruppe übernimmt vielfältige Aufgaben – am stärksten Entwicklungsaufgaben. Seltener ist die direkte Delegation an Lehrkräfte. Hier wären vertiefende Analysen in Abhängigkeit der Schulgröße interessant, da an kleineren Schulen weniger Leitungspositionen vorhanden sind. Auch weitere Analysen, welche, über die inhaltlichen Aufgabenbereiche hinaus, Aspekte wie Aufgabenkomplexität, Routine oder Reichweite berücksichtigen, sind wünschenswert. Aufgaben werden kaum an Teams, Gruppen oder Arbeitskreise delegiert, die diese gemeinsam bearbeiten. Dies scheint immer noch eine seltene Arbeitsform an Schulen zu sein.

Mit der erhöhten Selbstständigkeit der Einzelschule in dem Modellvorhaben „Selbstständige Schule" müssen Schulleiter vielfältigere sowie zahlreichere Aufgaben übernehmen und zunehmend Elemente delegativer Führung in ihr Leitungshandeln integrieren. Dabei sehen sie sich den in der Führungsliteratur benannten Schwierigkeiten und Herausforderungen gegenübergestellt. Aber auch weniger thematisierte und vielleicht schulspezifische Gegebenheiten im Zusammenhang mit der Übertragung von Leitungsaufgaben ergaben unsere Auswertungen. Das vertrauensvolle Verhältnis zwischen Lehrkraft und Schulleiter wird in unseren Interviews immer wieder als Voraussetzung für die Abgabe von Leitungshandeln genannt. Dies wird in der Literatur kaum thematisiert und ist ein weiterer Hinweis auf einen Wandlungsprozess des Verhältnisses zwischen Schulleitern und Lehrkräften. Neue Elemente kennzeichnen das Leitungshandeln, neue Situationen entstehen, die beiden Seiten unbekannt sind, und so wird eine vertrauensvolle Basis als unabdingbar empfunden. Ein weiterer Bereich betrifft die eigene Einstellung zur Abgabe von Leitungshandeln. Viele Schulleiter thematisieren, dass es ihnen schwerfällt „loszulassen" und Vertrauen in die Fähigkeiten und Arbeit anderer zu haben. Auch dies sehen sie als notwendige Voraussetzung, die sie immer wieder herausfordert.

Zwei weitere große Themenbereiche betreffen einerseits die Führungsverantwortung im Delegationsprozess und andererseits das delegative Führungsverhalten. Im Prozess der Delegation werden Herausforderungen angesprochen, die sich für die Schulleitung im Zusammenhang mit dem Prozess der Aufgabenübertragung stellen. Problematisch ist es für viele Schulleiter, eine angemessene Kontrolle zu gewährleisten, ohne zu stark zu kontrollieren, die Lehrkraft ausführlich zu unterweisen und in diesem Zusammenhang auch Zielvereinbarungen zu treffen und die notwendige Unterstützung anzubieten z. B. mit dem Ziel, die Akzeptanz im Kollegium zu erreichen.

Das delegative Führungsverhalten konzentriert sich durch die Abgabe von Aufgaben stärker auf deren Koordination und Kommunikation im Kollegium. Insbesondere in diesen Bereichen sehen Schulleitungen Herausforderungen. Auch muss mehr Zeit für die Unterweisung und Betreuung der Lehrkräfte aufgewendet werden. Ein Zeitproblem wird immer wieder im Zusammenhang mit der Umstellung kommuniziert: Hier fällt es vielen Schulleitern schwer, den erhöhten Zeitaufwand zu akzeptieren. Ein weiteres schulspezifisches Problem, das sich ergibt, wenn stärker delegativ geführt werden soll, sind die rechtlichen Rahmenbedingungen. Eine Entlastung für besonders engagierte Lehrkräfte bzw. ein gerechtes Anreizsystem in der Einzelschule scheint für delegatives Leitungshandeln unterstützend, wenn nicht notwendig. Da die „Selbstständigen Schulen" eine Vorreiterrolle einnehmen, ergibt sich hier die Chance, durch die empirisch aufgezeigten Handlungsbedarfe sowohl auf administrativer Ebene als auch in der Ausbildung und Weiterqualifikation von Schulleitungen rechtzeitig geeignete Maßnahmen einzuleiten. Wenn die Übertragung von Leitungsaufgaben angeregt wird, dann müssen auch entsprechende Rahmenbedingungen geschaffen werden. Die hier angesprochenen Veränderungen betreffen Reformen auf der Leitungsebene, welche zentral für Schulqualitätsmerkmale und letztendlich auch für Schülerleistung sind, wie Befunde der Schuleffektivitäts- und Schulqualitätsforschung belegen konnten.

Praktische Tipps

Insgesamt ergibt sich, dass Delegation voraussetzungsvoll ist.
Maja Damman nennt die folgenden Voraussetzungen:

- Die Aufgabe berührt nicht den Dienstvorgesetztenstatus (alle anderen Vorgesetztenaufgaben können problemlos delegiert werden),
- die Aufgabe ist klar beschrieben,
- die Zeitdauer der Delegation ist geklärt,
- die Zeitressource für die Erledigung der Aufgabe ist vorhanden,
- die Delegation ist gegenüber dem Kollegium kommuniziert,
- die Delegation hat Bestand, d.h. der Schulleiter/die Schulleiterin mischt sich nicht spontan in den delegierten Aufgabenbereich ein, und
- die Art der Rückmeldung zur Erledigung der Aufgaben und das Verfahren beim Beenden der Delegation sind klar vereinbart (Vortrag am 14.02.2008 in Celle).

3.2 Ausweitung nach außen: System Leadership

System Leadership ist gleichsam die Kehrseite von Delegation. Sie geht über die Leitung einer Einzelschule hinaus. Sie ist eine Ausweitung nach außen und dient der Systemoptimierung auf regionaler Ebene.

Schulleitungen von Einzelschulen werden dabei über ihre eigene Schulgrenze hinaus tätig, damit das Schulsystem als Ganzes davon profitiert. Die dahinterstehende Annahme ist, dass das bildungspolitisch propagierte Ziel, jede Schule zu einer guten Schule werden zu lassen, nur erreicht wird, wenn sich die bildungspolitischen Maßnahmen und die Praxis auf eine Verbesserung und Weiterentwicklung des ganzen Schulsystems ausrichten. Mit anderen Worten: Es wird davon ausgegangen, dass eine nachhaltige Entwicklung der Schulen nicht möglich ist, wenn sich nicht das ganze System entwickelt. Dabei ist meist das System in der Region gemeint, manchmal auch im ganzen Land (vgl. dazu Fullan 2010).

Gemäß Hopkins (vgl. 2008), einem prominenten Vertreter des Konzepts von System Leadership in England, sind System Leaders jene Schulleiter, die bereit sind, auf Systemebene Führungsaufgaben zu übernehmen, indem sie auch für andere Schulen arbeiten und sich darum bemühen, dass andere Schulen ebenso wie ihre eigene Schule Erfolg haben.

Folgt man Hopkins` „Realising the potential of system leadership" (2008, S. 21 f.), so fokussieren System Leaders drei Bereiche der Schule:

- das Management der Lehr-Lernprozesse,
- die professionelle Weiterentwicklung von Personen und
- die Weiterentwicklung der Organisationen.

Hopkins (vgl. ebd.) führt aus, dass traditionelle Leitungs- und traditionelle Managementansätze sich durchaus als fähig erwiesen haben, organisationstechnische Probleme mit entsprechenden Techniken zu lösen. In der Zukunft jedoch würden sich Leitungspersönlichkeiten grundlegenderen Problemen gegenübersehen, für die es keine unmittelbare Lösung gibt, und würden die Fähigkeit bei sich ausbilden müssen, mit solchen völlig neuartigen Problemen fertig zu werden. Dies erfordere eine andere Art von Leitung.

3.2.1 Nachhaltige Veränderung durch System Leadership

Hopkins Arbeit ist (vgl. ebd.) im Rahmen einer größeren OECD-Studie (vgl. 2008) entstanden, die er selber stark geprägt hat. System Leadership ist laut OECD (vgl. ebd.) die treibende Kraft bei dem Bemühen, sicherzustellen, dass jede Schülerin und jeder Schüler ihr Potenzial zeigen können und dass jede Schule eine gute Schule wird.

Reformbemühungen gelingt es oft nicht, einen systemweiten Einfluss zu entwickeln, weil das Schulsystem in hohem Maße segmentiert ist. Hier kann laut OECD (vgl. ebd.) System Leadership ihren größten Einfluss entfalten. In allen Ländern gibt es große Gruppen von Schulen in sehr unterschiedlichen Stadien des Leistungszyklusses – zwischen niedrig- und hochleistend. Wenn jede Schule eine gute Schule sein soll, muss man laut OECD-Studie (vgl. ebd.) diese Verschiedenheit dazu nutzen, in das gesamte System hinein ein höheres Niveau an Leistungsfähigkeit zu transportieren.

Dabei ist es jedoch wichtig zu erkennen, dass aufgrund des großen Ausmaßes an Segmentierung, das im System existiert, eine Systemveränderung nur dann ermöglicht wird, wenn bestimmte Bedingungen vorhanden sind, dass nämlich

- eine wachsende Klarheit über die Art der benötigten Intervention und der Unterstützung für die jeweiligen Schulen herrscht (Was braucht jede Schule in der jeweiligen Phase des Leistungszyklusses, in dem sie gerade ist?) und dass
- zunehmend Klarheit in jeder Phase der Zusammenarbeit von Schulen entsteht, was die produktivste Art der Kooperation ist, sodass jede Schule Nutzen aus ihrer Verschiedenheit ziehen kann.

Führungs-Leitbild

Laut Hopkins (2008) haben Sytem Leaders einen ausgeprägten ethischen Anspruch an ihre Arbeit. Dieser zeigt sich darin, dass diese Führungspersönlichkeiten

- ihren eigenen Erfolg abhängig machen davon, ob es gelingt, das Lernen von Schülerinnen und Schülern so zu gestalten, dass sich ihre Leistungen wirklich verbessern, sodass man zugleich das Gesamtniveau heben und die Unterschiede zwischen leistungsstarken und -schwachen Gruppen verringern kann;
- sich intensiv mit der Weiterentwicklung und Verbesserung von Lehr- und Lernprozessen beschäftigen;
- sich bemühen, die Schulen als professionelle Lerngemeinschaften zu gestalten und zu entwickeln und Beziehungen auszubilden innerhalb der Schule und über die Schule hinaus, damit eine möglichst große Bandbreite an Lernmöglichkeiten und Bildungsangeboten zur Verfügung gestellt werden kann;
- sich stark für Bildungsgleichheit engagieren und dafür, keine Kinder bzw. Jugendlichen auszuschließen, sondern einen integrativen Ansatz zu verfolgen, indem sie auf Kontext und Schulkultur einwirken;
- sich bewusst sind, dass Unterricht, Schule und Schulsystemebenen sich wechselseitig beeinflussen und wechselseitig voneinander abhängen. Sie haben verstanden, dass man das gesamte System weiterentwickeln muss, und engagieren sich über ihre eigene Schule hinaus.

Hopkins (vgl. ebd.) geht davon aus, dass diese Haltungen bzw. Faktoren zunehmend ein Teil der Vorstellung von einer pädagogischen Führungskraft sein müssen. Sie stellen gleichsam ein Führungsleitbild dar.

In England gibt es etliche Führungskräfte, die erfolgreiche Schulentwicklungspartnerschaften mehrerer Schulen leiten. Solche Partnerschaften sind oft auf mehr Ziele fokussiert, als eine einzige Institution für sich alleine erreichen könnte. Sie beinhalten z.B. konkrete Partnerschaften im Hinblick auf die Erstellung von Kerncurricula und Spezialisierungen im Fächerkanon. Diese Lehrplanerneuerungen reagieren auf die neuen Herausforderungen einer veränderten Schülerschaft und eines gewandelten sozialen Umfelds. Dort, wo das Sozialverhalten von Schülerinnen und Schülern schwierig ist, arbeiten sie zusammen. Während viele dieser Partnerschaften eine „weiche" bzw. lockere organisatorische Zusammenarbeit pflegen, sind andere bereits zu formalisierten Arrangements in Form von Föderationen oder formellen Bildungspartnerschaften übergegangen. Inzwischen gibt es für Schulen und Schulleiter eine große Bandbreite an Möglichkeiten, mit anderen zu kooperieren, und zwar sowohl auf individueller als auch auf institutioneller Ebene. Viele von diesen Strategien wurden in den letzten Jahren aus dem Bemühen heraus entwickelt, eine systemweite Schulentwicklung zu fördern. In der Praxis lassen sich unterschiedliche Formen und verschiedene Grade an Formalisierung und Intensität der Zusammenarbeit oder der Partnerschaften unter Schulen beobachten.

3.2.2 Kooperationsformen von Schulen

Die Kooperationsformen können in einerseits formale und andererseits eher informelle differenziert werden. Die formalen Formen (und entsprechend die Rollen, die die Schulleitungen dabei übernehmen) sind aus landesweiten Initiativen und Programmen entstanden. Die eher informellen Rollen haben sich ad hoc vor Ort entwickelt, sind eher organisch und erheblich variabler. Sie zeichnen sich oft durch eine große Flexibilität aus.

Unter diesen verschiedenen Kooperationsmöglichkeiten und Rollen von System Leaders hebt die OECD-Studie (vgl. 2008) die folgenden hervor:

- **Bildungspartnerschaft:** System Leaders, die eine Schulentwicklungspartnerschaft zwischen mehreren Schulen initiieren und aufbauen, übernehmen in der Regel deren Leitung. Oft werden bei solchen Kooperationsformen spezifische Themen fokussiert, die das Bildungsangebot vergrößern. Hierzu gehören zum Beispiel die Entwicklung eines schulinternen Lehrplans oder eines schulspezifischen Profils, von Interventionskonzepten zur Verbesserung von Schülerverhalten und Schuldisziplin oder von Betreuungskonzepten für Schülerinnen und Schüler mit Schwierigkeiten beim Übergang in den Arbeitsmarkt. Viele dieser Partnerschaften haben eine lose, lockere bzw. weiche Form der Zusammenarbeit gewählt. Es gibt aber auch Bildungspartnerschaften, die sich zu formalen Arrangements in Form von Föderationen weiterentwickelt haben. Sie haben eine gemeinsame Leitung und pflegen Formen gemeinsamer Rechenschaftslegung.
- **Zugewinngemeinschaft:** Gerade Schulen in einem extrem herausfordernden Umfeld bemühen sich darum, die örtlichen Gegebenheiten so zu verändern, dass eine „Kultur des Erfolgs" entstehen kann, um eher schwache Schulen auf einem höher angestrebten Niveau weiterzuführen. Es handelt sich also um Institutionen, die in besonderem Maße kompensatorisch und somit „gewinnbringend" auf eine Schülerschaft aus einem wenig förderlichen sozialen Umfeld wirken.

- **Entwicklungspartnerschaft oder Schulföderation:** Hier geht es um den Aufbau einer Partnerschaft mit anderen Schulen zum Zweck der Weiterentwicklung. Der System Leader übernimmt die Leitung dieser Schulföderation oder – in der eher informellen Variante – dieses Schulentwicklungsarrangements. Solche Kooperationsarrangements zwischen zwei oder mehr Schulleiterinnen und Schulleitern leben vom Vorbildcharakter der erfolgreicheren Schule. Hier werden effektiv und effizient sinnvolle Maßnahmen identifiziert und gegenseitig ausgetauscht.
- **Community-Leadership:** Hier bauen System Leaders Partnerschaften oder Netzwerke mit vielfältigen Beziehungen über Gemeindegrenzen hinweg auf und übernehmen deren Leitung. Es handelt sich dabei um Bildungsregionen, in denen verschiedene Institutionen und Handlungsträger vernetzt sind, um gemeinsam die Situation von Schülerinnen und Schülern zu verbessern. Community-Leaders betonen eine gemeinsame kommunale Verantwortung für den Erfolg der Schülerinnen und Schüler in ihrer Region.
- **System Leaders als Veränderungsagenten:** Hier übernehmen Schulleiter innerhalb des Systems die Rolle von „Change Agents". Dazu eignen sich nur Schulleiterinnen und Schulleiter mit der besonderen Expertise, wie „good practice" in andere Schulen zu tragen ist. Diese Kategorie von System Leaders ist am verbreitetsten. Zu ihr gehören: Schulleiterinnen und Schulleiter, die als Mentoren innerhalb eines Netzwerks von Schulen arbeiten und dabei ihre Motivation und praktischen Kenntnisse in andere Schulen einbringen, und Schulleiterinnen und Schulleiter, die mit ihrem Kollegium exemplarische Curricula und Lehr-Lern-Programme für besondere Gruppen von Schülerinnen und Schülern entwickelt haben, die damit bessere Lernergebnisse erreichten. Diese Erfolgskonzepte übertragen sie mit angepassten Konzepten auf andere Schulen.

System Leadership ist ein relativ neues Konzept. Es hat sich organisch aus den Herausforderungen, die die Reformen des Schulsystems eröffnen, sowie aus den pragmatischen und von einem ethischen Anspruch getragenen Handlungsweisen erfolgreicher Schulleiter entwickelt. Letztlich zeigt der Prüfstein für System Leadership zwei Aspekte:

- Hat das Konzept Einfluss?
- Können Schulleiter die anspruchsvollen Fragen, die sich ihnen stellen, als System Leader besser beantworten bzw. auf sie reagieren?

Hopkins (vgl. 2008, S. 34) berichtet, dass es mittlerweile in englischen Sekundarschulen zunehmend Hinweise gibt, dass der Ansatz von System Leadership messbaren Einfluss hat und eine positive Wirkung entfaltet.

Erfolgserwartungen

Laut OECD-Bericht (vgl. 2008, S. 263 ff.) werden durch Verbreitung und Intensivierung von System Leadership folgende Ergebnisse vermerkt bzw. erwartet:

- Größere und breit angelegte Ressourcen für Schulentwicklung: Die Übertragung von „good practice" in andere Schulen wird möglich.
- Bessere Chancen der Besetzung von Leitungsstellen in sogenannten „failing schools": Diese Schulen sind in der Regel für Bewerberinnen und Bewerber auf Schulleitungsstellen am wenigsten attraktiv.
- Eine Gegenstrategie zu ausblutenden Schulen durch sinkende Anmeldungen: Der Spagat zwischen der politischen Verpflichtung, einerseits bestimmte Schulen anzubieten und eine ausreichende schulische Versorgung in England sicherzustellen, andererseits die freie Schulwahl zu gewährleisten, kann durch System Leaders am ehesten geleistet werden.
- Ein nachhaltiges Konzept, das Schulleiteramt attraktiv zu gestalten und neue Schulleiter anzuwerben: Ein Bericht des *General Teaching Council* aus dem Jahr 2006 prognostizierte, dass 40 Prozent der frei werdenden Schulleitungsstellen nur mit großer Mühe besetzt werden können. Das Konzept der System Leaders bietet hier die beste Chance, mit neuen Gestaltungs- und Gehaltsanreizen dem Trend entgegenzuwirken.

In England gibt es mittlerweile eine große Gruppe von Schulleitern, die nach diesem Konzept handeln und dadurch Schritt für Schritt die Vorstellung von Schulleitung einerseits und von Verbesserungen im Bildungssystem andererseits erweitern. Dies stellt einen Kontrast dar zu der eher wettbewerbsorientierten Philosophie von Schulleitung, die in den 1990er-Jahren vorherrschend war.

System Leaders gehen davon aus, dass es nicht möglich ist, wirklich effektiv zu handeln, wenn sie nicht ihre eigene Schule als Teil eines größeren Systems sehen. Dieses größere System beinhaltet die Eltern und die politische Gemeinde, in der die Schule arbeitet, andere Schulen in dieser Gemeinde und sogar über sie hinaus sowie auch das Ministerium und andere Organisationen mit dem Ziel, Schulentwicklung zu inspirieren und zu unterstützen.

3.2.3 Fazit

System Leaders wenden dieselben Praktiken großräumig an, die sie innerhalb ihrer eigenen Schulen ausüben. Sie haben eine Vorstellung von dem Weg, der zu ihrer Schule passt, und beziehen das größere System mit ein. Sie widmen sich der Aufgabe, die Gemeinschaft darin zu unterstützen, eine Zielvorstellung für sich durchzusetzen. Sie bemühen sich, eine kooperative Schulkultur zu schaffen. Sie vermitteln anderen die Fähigkeiten und die Haltungen, die für diese neue Aufgabe nötig sind bzw. schaffen Arrangements, dass dies anderen vermittelt wird. Sie etablieren eine unterstützende emotionale und intellektuelle Umgebung.

System Leaders waren in aller Regel erfolgreich in ihren eigenen Schulen. Allerdings sind keine zwei Systeme gleich und keine Schule kann Erfolg haben, wenn sie einfach die erfolgreichen Praktiken einer anderen Schule übernimmt. Erfolgreiche

Praktiken müssen an den jeweiligen Kontext angepasst werden. System Leaders müssen in der Lage sein, den Kontext zu verstehen *(contextual literacy)* und zudem Problemlösekapazität besitzen.

Literatur

Dubs, R.: Die Führung einer Schule. Leadership und Management. Zürich 2005.

Fullan, M.: All Systems Go. The change imperative for whole system reform. Thousand Oaks, ca. 2010.

Grochla, E. et al.: Entlastung durch Delegation. Leitfaden zur Anwendung organisatorischer Maßnahmen in mittelständischen Betrieben. Berlin 1981.

Grün, O.: Delegation. In: Kieser, A. et al. (Hrsg.): Handwörterbuch der Führung. Stuttgart 1987, Sp. 137–146.

Hackmann, J.R. und Oldham, G. R.: Work redesign. Reading 1980.

Harazd, B.; Gieske, M. und Rolff, H.-G.: Verteilung von Verantwortung und Aufgaben. In: Bos, W. et al. (Hrsg.): Jahrbuch der Schulentwicklung. Band 15. Weinheim 2008, S. 225–256.

Hopkins, D.: Realising the potential of System leadership. In: Pont, B. et. al. (Hrsg): Improving School Leadership, Vol. 2, Paris 2008, S. 21–35.

Huber, S. G. und Lohmann, A.: Systemische Schulentwicklung durch schulische Kooperation. Studienbrief für den Fernstudiengang Schulmanagement der Universität Kaiserslautern 2009.

Huber, S. G.: System Leadership. Journal für Schulentwicklung. 2/10, 2010.

Huber, S. G. et al.. The English Approach to System Leadership. In: Pont, B et. al. (Hrsg.): Improving School Leadership. Volume 2, Paris 2008, S. 111–152.

Kleinbeck, U.: Arbeitsmotivation: Entstehung, Wirkung und Förderung. Weinhein/München 1996.

Luijk, H.: How Dutch executives spend their day. London 1963.

Rolff, H.-G.: Konfluente Leitung – Führung aufteilen, Co-Management praktizieren und Prozesse gemeinsam gestalten. In: Rolff, H.-G. (Hrsg.): Studien zu einer Theorie der Schulentwicklung. Weinheim 2007, S. 79–93.

Spillane, J. P.: Distributed Leadership. San Francisco 2006.

Spillane, J. P. und Camburn, E.: The Practice of Leading and Managing: The Distribution of Responsibility for Leadership and Management in the Schoolhouse. American Educational Research Association. San Francisco 2006.

Wilpert, B.: Führungstheorien – Entscheidungstheoretische Ansätze. In: Kieser, A. et al. (Hrsg.): Handwörterbuch der Führung. Stuttgart 1987, Sp. 756–766.

Wunderer, R.: Führung und Zusammenarbeit. Eine unternehmerische Führungslehre. 5. überarb. Aufl. München 2003.

[1] Der Abschnitt 3.1 beruht weitgehend auf einem Aufsatz von Harazd, B.; Gieske, M. und Rolff, H.-G.; a. a. O. 2008.

4 Schulleitung als Leadership

von Michael Schratz

Wenn das Leben keine Vision hat, nach der man strebt,
nach der man sich sehnt, die man verwirklichen möchte,
dann gibt es auch kein Motiv, sich anzustrengen.
(Erich Fromm)

In der Managementliteratur gibt es im deutschen Sprachraum eine kontrovers geführte Diskussion über den Leadership-Begriff. Für Fredmund Malik (2004) gehört er zu den „gefährlichen Managementwörtern", die man – wegen der Gefahr der Hochstilisierung zum „charismatischen Führer" – vermeiden sollte. Hans Hinterhuber (2003, S. 10) hingegen zeigt historisch auf, dass „[...] Leadership eine existenzielle Entscheidung für einen Lebensstil ist". Zwischen diesen beiden Positionen lassen sich unterschiedliche Diskursmuster ausmachen, die einerseits die Attraktivität des Begriffs bzw. die damit verbundene schöpferische Kraft erkennen, ihn andererseits aber aufgrund des anglo-amerikanischen Begriffsumfelds ablehnen. Daher wird im deutschen Sprachraum eher der Begriff „Führung" verwendet.
Dieser Beitrag geht der Frage nach, wie Leadership im komplexen System Schule als Haltung zum Musterwechsel beitragen und Entwicklungsimpulse zur Schul- und Unterrichtsentwicklung setzen kann.

4.1 Was ist Leadership?

Meine eigene Position ist stark von der pädagogischen Prämisse Hartmut von Hentigs (vgl. 1993) geprägt, Schule *neu zu denken* und nicht nur zu verbessern oder zu verändern. Während Management stark dem Optimierungsgedanken nahe steht, ist für mich Leadership erforderlich, um in einem Gestaltungsprozess von der *Best Practice* zur *Next Practice* (vgl. Kruse 2004; Schley/Schratz 2007) zu gelangen.

Führungspersonen agieren vielfach nach einem klassischen Schulmanagement-Konzept: Ziele setzen – Aktionen starten – Ergebnisse überprüfen. Die Erfahrung zeigt, dass eine systemische Entwicklung dadurch nur beschränkt erreicht werden kann: Die Aktivitäten sind strukturell nur lose gekoppelt und selten systematisch aufeinander bezogen. Im Zusammenhang mit Entwicklung spielt die Beziehung zwischen den betroffenen Akteuren eine zentrale Rolle. Leadership als Zusammenspiel von Einstellung, Handlung, Wirkung und Reflexion bezeichnet eine Haltung und eine bestimmte Gestalt der Rollenwahrnehmung, welche die Persönlichkeit im Mittelpunkt sieht und weniger die Funktion und die Aufgaben.

Pechtl (vgl. 2001) vergleicht die Schule mit einem Organismus, für Sergiovanni (vgl. 2005, S. 53) ist der Herzschlag von Leadership eine Beziehung – und nicht eine Person oder ein Prozess. Demnach ist erfolgreiche Leadership eine wirksame Beziehung, die auf Resonanz baut, um schulbezogene Leistungsfähigkeit zu erzeugen und das individuelle Engagement aller mobilisiert, die gemeinsam angestrebten Ziele von Schule und Unterricht zu erreichen – um die Bildungsprozesse zu verbessern.

Für erfolgreiche Schulleitung ist immer beides erforderlich: das Wahrnehmen der Funktion und der damit verbundenen Aufgaben (Management) und eine wirksame Beziehung zwischen den Menschen mit der Absicht auf Entwicklung und Reflexion der damit verbundenen Prozesse (Leadership). Um dieses Zusammenspiel sichtbar zu machen, verwendet Hans Hinterhuber (vgl. 2003) das folgende Yin-Yang-Modell (siehe Abb. 1).

Abb. 1: Die Einheit von Management und Leadership (Hinterhuber 2007, S. 20)

In der Einheit von Yin & Yang gibt es keine klar definierte Grenze, da immer der Anteil des einen (Management) im anderen (Leadership) enthalten ist und keines ohne das andere möglich ist. Erfolgreiche Schulleitung lebt von starker Ausprägung beider. Die Unterschiede lassen sich aber verdeutlichen, wenn man sich die jeweiligen Charakteristika als Extreme denkt. So ist Management das kreative Lösen von Problemen, d.h. die Optimierung von etwas Bestehendem, etwa die kluge Organisation eines Vertretungsplans, wenn eine Lehrperson nicht an der Schule ist. Bei Leadership geht es um das Entdecken neuer Möglichkeiten, etwa das Erfinden einer Struktur, die den Ausfall einer Lehrperson gar nicht zum Problem macht (z.B. durch Einführung eines Team-Kleingruppen-Modells). Management ist immer Arbeit innerhalb eines Paradigmas (derzeit Evidenzbasierung im Paradigma von nationalen und internationalen Vergleichsstudien à la PISA). Leadership arbeitet in Richtung eines neuen Paradigmas (Was kommt nach PISA?).

Management wird durch die Arbeit im (öffentlichen Bildungs-)System bestimmt. Dazu sind, ob gewollt oder nicht, bestimmte Abläufe vorgegeben und entsprechende Aufgaben von Schule möglichst effizient zu erfüllen. Zur Erfüllung dieser Aufgaben benötigt die Schulleitung Lehrpersonen und sonstiges Personal, die sie entsprechend „managen" und deren Leistung kontrollieren müssen. Entscheidungen müssen meist rasch und situationsadäquat getroffen und von den Mitarbeitenden umgesetzt werden. Leadership hingegen ist Arbeit *am* System: Für bestimmte Systemtheoretiker (z.B. Luhmann, Willke) ist die Lenkbarkeit des ganzen (Schul-)Systems nicht mehr möglich, weshalb Schulleitungen mit Unabwägbarkeiten, Ambivalenzen, Unsicherheiten u.ä. konstruktiv umgehen müssen, um ihren Lehrerinnen und Lehrern entsprechende Entfaltungsmöglichkeiten sicherzustellen. Dazu benötigen sie kluge Lösungen, für die es oft noch keine (rechtliche) Vorgabe gibt, sowie Ehrfurcht vor den Untergebenen und Vertrauen. In dieser Hinsicht ist Leadership immer eine „dienende" Aufgabe im Sinne von „Servant Leadership" (Greenleaf/Spears 2002).

Managementkompetenz lässt sich leichter aneignen als Leadership, da es im Bereich des Managens erlernbare Techniken gibt (vgl. etwa die Literatur zu Problemlösung, Entscheidungstraining, Techniken der Konferenzführung u.ä.) Im Bereich Leadership geht es um Aspekte wie Persönlichkeit und Haltung sowie um eine wirksame Beziehung, die nicht so einfach (an)gelernt werden können. Das hat nicht zuletzt damit zu tun, dass Leadership nie ein Soloakt ist, sondern eine soziale Aktivität, über welche andere Menschen befähigt werden sollen, sich den jeweiligen Herausforderungen zu stellen und entsprechende Entwicklungsmaßnahmen zu setzen. Gerade die Schulleitung hat mit sehr vielen unterschiedlichen Anspruchsberechtigen (*Stakeholders*) zu tun, die alle ihre eigenen Interessen anmelden (z.B. Eltern, Schülerinnen und Schüler, Lehrerinnen und Lehrer, Gemeinde, Politikerinnen und Politiker, Öffentlichkeit etc.). Leadership kann nur über andere wirksam werden, die alle ihre eigenen Wertvorstellungen und (politischen) Agenden haben. Dem gemäß ist Leadership stark mit (gelebten) Werten verbunden, weshalb im Englischen von „Moral Leadership" gesprochen wird (Sergiovanni 1992). Wirksame Schulleitung braucht beides und lebt von ausgeprägter Managementkompetenz und starker Leadership (vgl. Abb. 2).

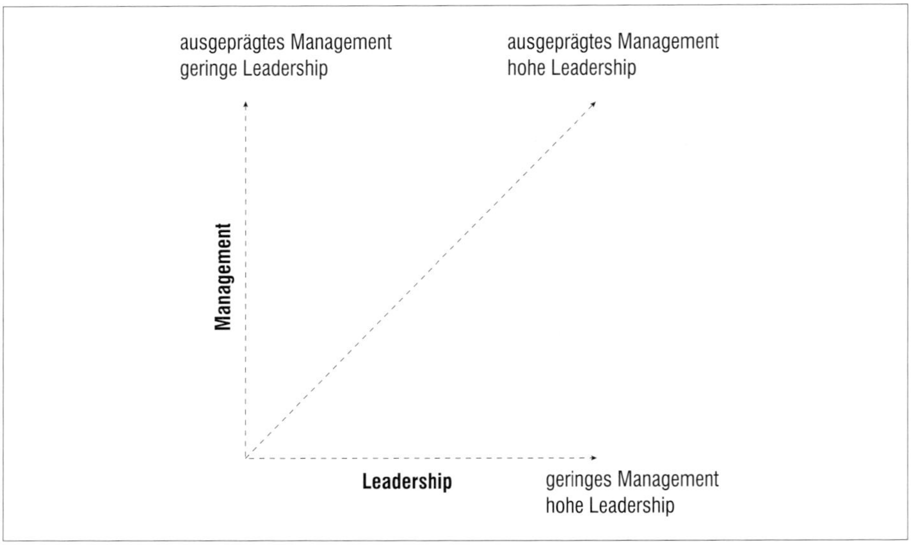

Abb. 2: Beziehungskonstellationen zwischen Management und Leadership

Sind (vgl. Abb. 2) beide Kompetenzen schwach (wenig ausgeprägtes Management, geringe Leadership) wird Schule weder administrativ noch pädagogisch geleitet, man spricht in der Fachliteratur von „Failing Schools“ (Gather Thurler/Holtappels 2008). Eine einseitige Ausrichtung auf der Management-Seite (ausgeprägtes Management, geringe Leadership) führt zu einer gut verwalteten, aber wenig gestalteten Schule. Umgekehrt bewirkt hohe Leadership bei geringem Management eine starke Mobilisierungskultur, aber geringe Rollenklarheit und wenig funktionierende Abläufe. Für den Erfolg von Schule sind Management und Leadership als Einheit zu sehen, denn „[...] [g]ute Schulen nehmen ihre Verantwortung für Kinder und Jugendliche nicht segmentär, sondern ganzheitlich wahr und sie verantworten sich aktiv gegenüber den Beteiligten und der Öffentlichkeit.“ (Fauser et al. 2008, S. 27).

EINLADUNG ZUM REFLEKTIEREN

Analysieren Sie ihre einschlägigen Fähigkeiten und ordnen Sie sich an der für Sie zutreffenden Stelle in der Beziehung von Management und Leadership ein.

Eine Analyse der Tätigkeiten von Schulleitung lässt vielfach eine stärkere Ausprägung der Fähigkeiten im Management erkennen, Kompetenzen im Bereich Leadership sind eher schwächer ausgeprägt. Aufgrund der historisch stark zentralistischen Prägung der Schule wird die Führungsaufgabe von Schulleitung vielfach stärker als *Management* denn als *Leadership* wahrgenommen. Dies hängt nicht zuletzt mit den widersprüchlichen Aufgaben der Institution Schule als gesellschaftlicher Bildungseinrichtung zusammen, da sie auf der einen Seite Ort der Bewahrung (von Tradition) ist, auf der anderen auch der gesellschaftlichen Veränderung Rechnung tragen muss. Mit diesen einander im Grunde ausschließenden Forderungen sind Führungspersonen im staatlichen Bildungsbereich permanent konfrontiert, was die Leitung von Schulen unter den vorherrschenden strukturellen Bedingungen schwierig macht.

EINLADUNG ZUM MITMACHEN

Schreiben Sie fünf Maßnahmen, die Sie als Schulleiterin bzw. Schulleiter in den letzten Tagen gesetzt haben, in die folgenden Zeilen. Dann kreuzen Sie rechts an, ob sie eher einer M(anagement)- oder einer L(eadership)-Aktivität zugeordnet werden können.

		M	L
1		○	○
2		○	○
3		○	○
4		○	○
5		○	○

Falls Sie Schwierigkeiten in der Zuordnung haben, vergleichen Sie die Aktivitäten mit den Zuordnungen in Abbildung 1. Die Abgrenzung ist nicht immer leicht vorzunehmen, was im Yin-Yang-Modell angedeutet ist. Sie ist tendenziell aber hilfreich, um dem eher vernachlässigten Leadership-Gedanken eine stärkere Beachtung zu verleihen. Während ein Manager idealerweise Leadership-Fähigkeiten aufweisen sollte und umgekehrt, ist dies in der Realität nicht immer der Fall. Ein Manager kann noch so gute Pläne erstellen, die notwendigen Ressourcen freisetzen, das Tagesgeschäft organisieren und effektive Kontrollsysteme implementieren – und dennoch nicht in der Lage sein, Leadership so auszuüben, dass die Mitarbeiterinnen und Mitarbeiter bereit sind, die ihnen zugedachten Funktionen zu übernehmen und die damit zusammenhängenden Aufgaben zufriedenstellend zu erfüllen, wenn er keine organisationsbezogene Leistungsfähigkeit erzeugen und Gemeinschaft fördern kann, die Visionen in Handlungen umzusetzen vermag.

4.2 Schule neu denken lernen

Eine der wichtigsten Aufgaben von Schulleitung besteht heute darin, die Schule so weiter zu entwickeln, dass die Potenziale aller Schülerinnen und Schüler bestmöglich gefördert werden. Dies erfordert ein Zusammenspiel aller daran Beteiligten:

> *Gute Schulen setzen vielfältige diagnostische Mittel ein. Sie erfassen Lernen und Leistung aus mehreren Perspektiven; sie berücksichtigen dabei verschiedene Bezugskriterien ebenso wie die Blickwinkel und Urteile der Beteiligten – der Schülerinnen und Schüler selbst, ihrer Eltern und der Lehrerinnen und Lehrer. Sie schaffen Gelegenheiten, bei denen Kinder ihre Talente und Interessen entwickeln können.* (Fauser et al. 2007, S. 10)

Entwicklungsprozesse lassen sich in der jeweiligen Situation des Hier und Jetzt nicht nach einem vorgefertigten (Master-)Plan umsetzen, da sie in einem komplexen Beziehungsgefüge zwischen (bekannter) Vergangenheit und (unbekannter) Zukunft erfolgen. Claus Otto Scharmer (2009) unterscheidet zwischen unterschiedlichen Formen von Komplexität und stellt darauf bezogen vier Ebenen von Veränderungsprozessen vor (siehe Abb. 3).

Die erste Ebene ist das Reagieren auf der Basis von Routinen. Handlungen erfolgen habitualisiert, d. h. sie sind aus den Erfahrungen der Vergangenheit gespeist. Die zweite Ebene des Lernens in einem Veränderungsprozess schließt Prozesse und Strukturen mit ein. Er spricht von einer „dynamischen Komplexität", wenn Ursache und Wirkung nicht nahe beieinander liegen bzw. räumlich und zeitlich getrennt sind. Diese dynamische Komplexität zeigt sich in hohem Maße in der Schule, da sich der *Outcome*, d.h. das Ergebnis von Bildungsprozessen, erst viel später zeigt (z.B. in weiterführenden Schulen, an Universitäten, im Lebens- und Berufsalltag). Wenn Schülerleistungen als Output über Tests, Klassen- bzw. Vergleichsarbeiten u. ä. „gemessen" werden, sind

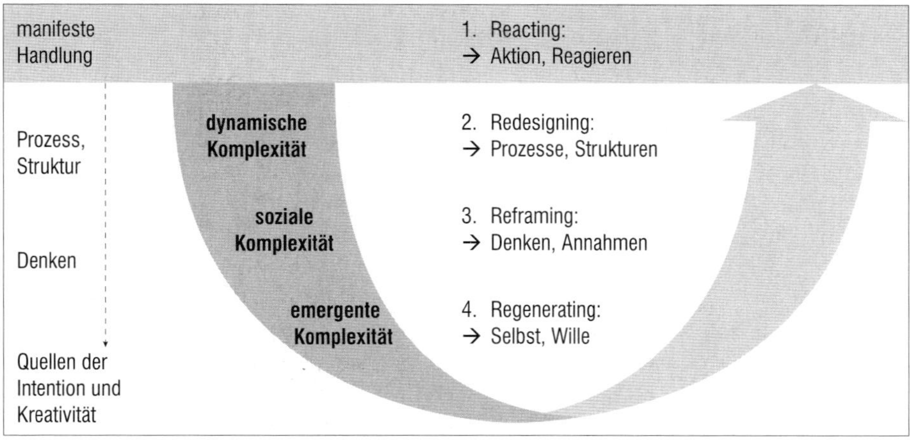

Abb. 3: Vier Ebenen von Lernen und Veränderung (Scharmer 2009, S. 72)

sie Momentaufnahmen überprüften Wissens bzw. bestimmter Kompetenzen. Je größer die dynamische Komplexität, desto stärker sind Teilkomponenten eines Systems miteinander vernetzt und beeinflussen sich gegenseitig und desto wichtiger werden systemumfassende oder ganzheitliche Lösungsprozesse. Daher ist es eine wichtige Aufgabe von Schulleitung, die einzelnen Lehreraktivitäten („Ich und mein Unterricht") mit dem ganzheitlichen Bildungsauftrag („Wir und unsere Schule") zu verbinden, was üblicherweise über die Arbeit an gemeinsamen Visionen, Leitbildern und darauf aufbauenden Schulprogrammen sowie der schuleigenen Curriculumarbeit erfolgt (vgl. Schratz 2003, Schratz/Westfall-Greiter 2010).

Auf der dritten Ebene finden sich die Denkmuster *(scripts)*, die dahinter liegen und das Handeln in hohem Maße bestimmen. Sie werden auch „Glaubenssätze" genannt, da Menschen daran glauben, das Richtige zu tun, worin sich der Sinn für menschliches Tun konstituiert. Scharmer (2009) spricht von der „sozialen Komplexität", die sich aus den unterschiedlichen Deutungsmustern bzw. Glaubenssätzen im Miteinander von Menschen in sozialen Organisationen ergibt. Darauf nimmt H. v. Hentig (vgl. 1993) Bezug, wenn er dafür plädiert, die Schule neu zu denken, d.h. unsere Annahmen über das, wie wir Schule sehen und gestalten, neu zu definieren. Für die Gestaltung von Veränderungsprozessen heißt das, je höher die soziale Komplexität, umso eher ist ein Prozess gefragt, „[...] der die Beteiligten in die Problemlösung mit einbezieht und sie beteiligt, sodass alle relevanten Stimmen gehört [...]" werden (Scharmer 2009, S. 80). Serena, Schülerin und Hauptfigur des Buches „Wie Menschen ihre Schule verändern" (Schratz et al. 2002, S. 33) bringt es auf den Punkt: „Jeder von uns rennt umher und tut irgendetwas. Wenn wir gemeinsam darüber nachdenken würden, was wir tun, wie wir es tun und warum wir das tun, dann könnte unsere Schule besser werden." Sie drückt in einfachen Worten aus, worum es beim organisationalen Lernen geht, nämlich darum „[...]

wie Lernprozesse initiiert, verbessert und nachhaltig gemacht werden. Die Lernprozesse basieren auf einer Reflexion zurückliegender Erfahrungen." (Scharmer 2009, S. 71)

Scharmer hat in seiner Arbeit mit Veränderungsprozessen beobachtet, dass es Herausforderungen gibt, „[...] die nicht durch eine Reflexion von Erfahrungen, also nicht durch eine Reflexion der Vergangenheit beantwortet werden können. Diese Herausforderungen sind komplex und schnelllebig, und will man auf sie eine Antwort finden, ist es notwendig, das in der Situation verborgene Zukunftspotenzial wahrzunehmen und damit auch die Ebene 4 in den Veränderungsprozess mit einzubinden." (ebd.) Die vierte Ebene ist für ihn die Quelle der Intention und Kreativität, das Lernen aus der im Entstehen begriffenen Zukunft. In Veränderungsprozessen geht es daher vielfach um eine *emergente Komplexität*, da die Problemstellungen durch nichtlineare Veränderungen gekennzeichnet sind, wodurch wir uns nicht auf die Erfahrungen aus der Vergangenheit verlassen können. Scharmer (2009, S. 74) nennt den Prozess des Lernens aus der entstehenden Zukunft „Presencing". Damit bezeichnet er „[...]die Fähigkeit einzelner Menschen oder kollektiver Einheiten, sich direkt mit ihrer höchsten zukünftigen Möglichkeit zu verbinden und von dort aus unmittelbar zu handeln. Von einer zukünftigen Möglichkeit her handeln heißt von einer authentischen Präsenz des Augenblicks her handeln – aus dem Jetzt."

Soll Leadership, wie in Abbildung 1 dargestellt, Arbeit am System sein, um Schule neu zu denken und Möglichkeiten für deren Entwicklung zu entdecken, ist dieses „Presencing" für Schulleiterinnen und Schulleiter von großer Bedeutung. Grundlegende Veränderung braucht nach Kruse (2004, S. 62) „[...] keine Vordenker einer neuen Lösung. Veränderung entsteht in erster Linie aus der Bereitschaft der Träger der alten Ordnung, sich auf Instabilität einzulassen." Da Schule als gesellschaftlicher Ort der Reproduktion eher dem Typus des Bewahrens nahesteht (vgl. Schratz 2003, S. 8), wirkt sich Instabilität für viele als bedrohlich aus, was bei den Lehrpersonen vielfach über unterschiedliche Formen des Widerstands sichtbar wird (vgl. Schratz/Steiner-Löffler 1998, 63 ff.). Widerstand lässt sich nicht „brechen", denn er ist der Ausdruck einer persönlichen (Wert-)Haltung. Schulleitung kann zwar Möglichkeiten schaffen, sie braucht aber die Bereitschaft der Lehrerinnen und Lehrer, „[...] die von gemeinsamer emotionaler Resonanz getragen ist. Ansonsten bleibt ihr nur noch die Hoffnung auf die angeborene Risikobereitschaft der Mitarbeiter oder die Motivation durch Angst vor negativen Konsequenzen als mögliche Motoren der Veränderung." (Kruse 2004, S. 71)

4.3 Den Musterwechsel wagen

Menschen reagieren auf Veränderungsdruck meist mit dem Versuch „[...] die Leistung im Rahmen bestehender Funktionalität zu verbessern" (Kruse 2004, S. 19). Kruse spricht dabei von einer Funktionsoptimierung, die einer typischen Lernkurve entspricht, welche am Anfang eine starke Steigerung aufweist, dann aber in ein (Lern-)Plateau mündet, das zu einer gewissen Entwicklungssättigung führt (vgl. Abb. 4).

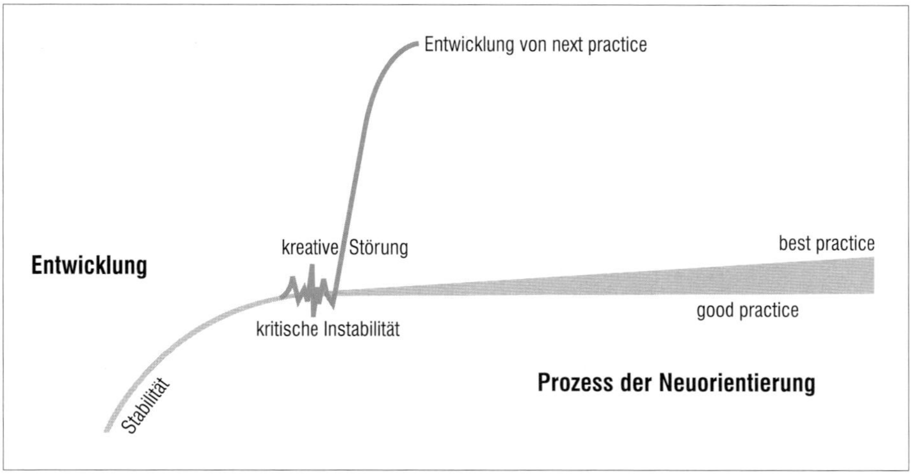

Abb. 4: Auslösung des Musterwechsels

Es tritt der sogenannte „Deckeneffekt" auf, nach dem weitere Verbesserungen nur unter Einsatz von großen Kraftreserven möglich sind. Das alte Muster stößt gleichsam an die Grenzen der in ihm stehenden Möglichkeiten. Um Individuen und Systeme dennoch – im Sinne der Funktionsoptimierung – zu höheren Leistungen anzuspornen, werden vielfach Modelle von *best practice* als Zielperspektive zur Motivationsförderung eingesetzt (beispielsweise Modellschulen), die diese Leistungen allerdings meist nur unter besonderen Bedingungen zu erbringen vermögen. Sie werden oft nicht mehr als anzustrebende Zielvorgabe angesehen, da die Kontextbedingungen in „normalen" Schulen damit nicht vergleichbar sind.

Um das alte Muster zu verlassen, sind Ereignisse bzw. Interventionen nötig, die eine Perspektive für Neues eröffnen, die den Weg zur *next practice* weisen. Ein solcher Musterwechsel ist im Sport beispielsweise im Hochsprung zu finden, als die Spitzenleistungen über den traditionellen „Straddle" – eine Hochsprungtechnik, bei der sich ein Springer bäuchlings über die Latte wälzt – nicht mehr überboten werden konnten, sich durch die Einführung des „Fosbury Flops" bei der Olympiade 1968 in Mexiko neue Möglichkeiten eröffneten. Der unorthodoxe Anlauf von Richard Douglas Fosbury wurde zunächst eher misstrauisch beurteilt, da er nicht in das alte Muster passte. Erst als die unbekannte 16-jährige deutsche Gymnasiastin Ulrike Meyfahrt bei der Olympiade 1972 in München mit dem Fosbury Flop den Olympiasieg errang, hat sich das neue Muster als die neue Sprungform durchzusetzen begonnen. An diesem Beispiel lässt sich gut erkennen, dass Prozessmusterwechsel meist ein Angriff auf das Etablierte sind und daher in der Regel misstrauisch beobachtet werden. Veränderungen des Status quo werden selten mit Begeisterung aufgenommen. Durch die anfängliche Unsicherheit erfolgt meist auch insgesamt eine gewisse Instabilität.

Die alten Muster greifen nicht mehr, die neuen sind noch nicht habitualisiert. Es handelt sich um eine Art Inkubationsphase für die Integration des Neuen, welche das Alte durcheinander bringt oder sogar infrage stellt. Daher braucht Lernen Spielräume und Fehlertoleranz. Aus der Selbstorganisationstheorie wissen wir, dass eine grundlegende Musteränderung eine gewisse Instabilität benötigt, in der die weitere Entwicklung des Systems nicht vorhersagbar ist. „In der Instabilität verringert sich in Systemen zwar vorübergehend die Handlungsfähigkeit, aber die Anpassungsfähigkeit ist erhöht, und sie werden kreativ" (ebd., S. 61). Daher brauchen Prozessmusterwechsel eine Vision und die Bereitschaft, sich auf Leistungseinbrüche und Verunsicherung einzulassen.

Für Kruse (vgl. 2004) ist Instabilität eine notwendige Voraussetzung für Neuordnung. Sie ist aber immer nur der Übergang von einem Muster zum nächsten, wobei Instabilität die Handlungsfähigkeit eines Systems verringert, damit aber seine Anpassungsfähigkeit erhöht. Daher sind für Führungspersonen zur Bewältigung instabiler Situationen andere Fähigkeiten als etwa beim Umsetzen klarer Zielvorgaben in der Stabilität erforderlich. Beim Umgang mit Instabilität „[...] entscheidet sich Führungsqualität in der Fähigkeit, emotional resonanzfähige Visionen zu entwickeln und überzeugend zu vermitteln, die Entwicklung ungewöhnlicher Szenarien zu fördern. Leistungseinbrüche einzukalkulieren, Fehler als Teil des Lernens zu akzeptieren, persönlich mit Unsicherheit umzugehen und die eigene Risikobereitschaft glaubwürdig vorzuleben. In der Instabilität geht es um Leadership." (ebd., S. 76)

Damit sich Menschen in kritischen Phasen orientieren können, benötigt eine Kultur des Wandels nach Kruse nicht etwa weniger Regeln, sondern eine höhere Bewusstheit im Umgang mit ihnen, da Systeme in der Instabilität ihre Innovationskraft zeigen und nach neuen Ordnungszuständen suchen. „Ein wesentlicher Baustein in einer Kultur des Wandels und ein wesentlicher Aspekt der Systemkompetenz von Führung ist daher die strategische Gestaltung von Instabilität. Intuitiv ist der Zustand der Instabilität wenig attraktiv, denn Systeme verhalten sich unvorhersagbar, und es reduziert sich zunächst die Leistungsfähigkeit." (ebd., S. 111) Leadership hat in vielfältiger Weise mit Themen wie Unsicherheit, Ambiguität, Ambivalenz, Unbestimmtheit und nicht zuletzt mit Ungewissheit und Nicht-Wissen zu tun. Daher setzt Leadership als Prozess der Gestaltung einer im Entstehen befindlichen Zukunft voraus, dass der spezifische Kontext mit neuen Augen gesehen werden muss: „Unsere Aufmerksamkeit muss bewusst umgelenkt und der Ursprungsort unserer Aufmerksamkeit muss bewusster werden, der blinde Fleck, aus dem heraus wir handeln" (Scharmer 2009, S. 78). Dieser blinde Fleck wird in der Literatur auch als unbewusste Inkompetenz bezeichnet (vgl. Howel/Fleishman 1982, Schratz 1999).

4.4 Von der Bewusstheit zur Kompetenz

Eine lernende Schule ist dadurch gekennzeichnet, dass sie die Bereitschaft für das Einlassen auf Neues besitzt. Diese Bereitschaft hat allerdings zunächst mit der Einsicht zu tun, dass es überhaupt Sinn macht, etwas Neues anzugehen. Gewohnheit ist durch vertraute Einstellungen und lieb gewonnene Verhaltensweisen gekennzeichnet. Das Verlassen dieser „Komfortzone" ist für viele Menschen eine Anstrengung, die Überwindung kostet, vor allem aber die Einsicht, dass es überhaupt Wert ist, vertraute Einstellungen und lieb gewonnene Verhaltensweisen aufzugeben.

Will eine Schule sich auf den Weg zu neuen Ufern machen, ist es dazu hilfreich, die Einsicht in die Notwendigkeit von Veränderung zu schaffen, um bei den Betroffenen (Lehrerinnen und Lehrern, Eltern, Schülerinnen und Schülern) die entsprechenden intra-personalen Prozesse der Selbststeuerung in Gang zu setzen. Diese setzt bei der unbewussten Inkompetenz an, führt zur bewussten Inkompetenz und weiter über die bewusste Kompetenz zur unbewussten Kompetenz (vgl. Abb. 5).

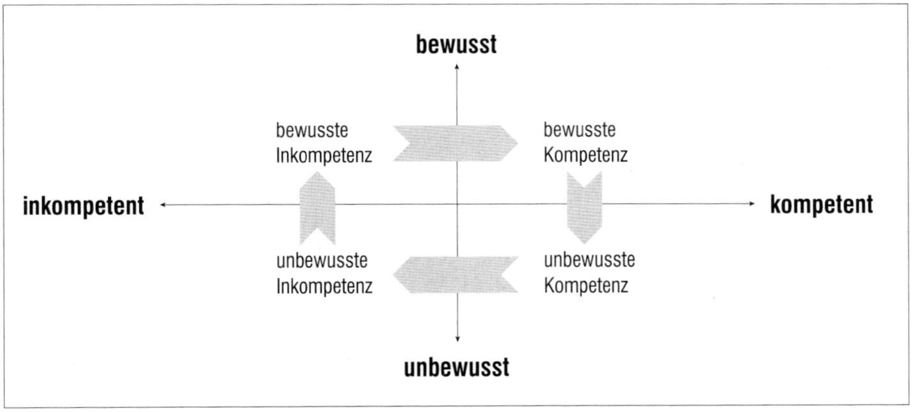

Abb. 5: Zwischen (Un-)Bewusstheit und (In-)Kompetenz

Jedes Verlassen des Stadiums bisheriger Kompetenzen bringt Unsicherheit, aber auch die Offenheit für die Aneignung von Neuem. Allerdings hängt damit auch die Erfahrung zusammen, dass neue Kenntnisse, Fähigkeiten und Fertigkeiten zur Bewältigung neuer Herausforderungen erst angeeignet werden müssen. So macht man etwa bei der Aneignung einer neuen Schwimmtechnik die Erfahrung, dass man anfänglich nicht so rasch weiter kommt wie mit der alten. Erst wenn man auch hier sicherer wird, erfolgt die Bewusstheit, etwas Neues erlernt zu haben, das auch „tragfähig" ist. In dieser Phase spielt das Vertrauen in die eigenen Fähigkeiten eine große Rolle, aber auch die Wertschätzung durch andere, die bereit sind, am Weg von der bewussten Inkompetenz zur bewussten Kompetenz Fehler als notwendige Lernschritte zu akzeptieren.

Wenn neu erworbene Kenntnisse, Fähigkeiten und Fertigkeiten unbewusst beherrscht werden, können sie perfektioniert und so in das Handlungsrepertoire integriert werden, dass es nicht mehr erforderlich ist, über jeden erforderlichen Schritt nachzudenken. Erst dann kommt es zu einer gewissen Sicherheit und Souveränität im Umgang mit diesem Wissen bzw. diesen Fertigkeiten – auch in neuen, unvorhergesehenen Kontexten. Wenn jemand beispielsweise beim Autofahren noch überlegen muss, welcher Gang beim Überholen einzulegen ist, kann er sich weniger auf den Verkehr konzentrieren.

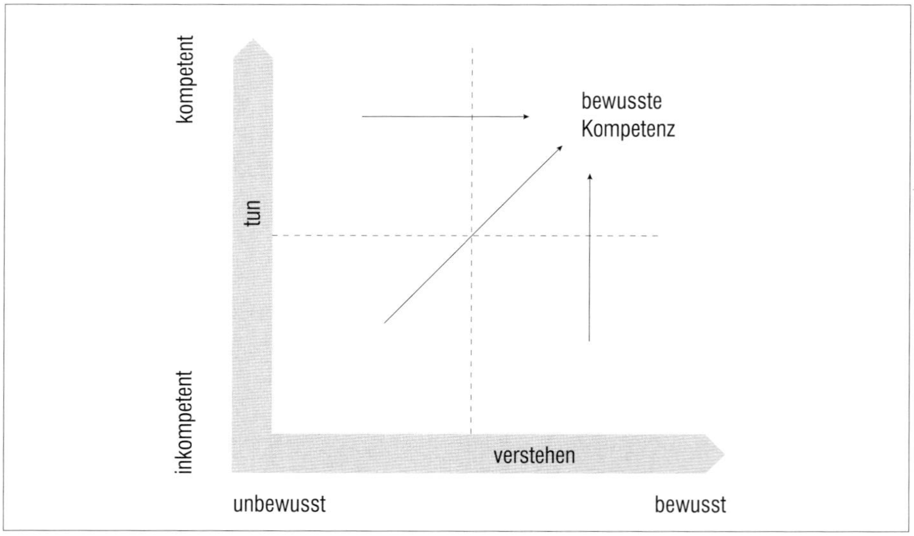

Abb. 6: Wege zur bewussten Kompetenz

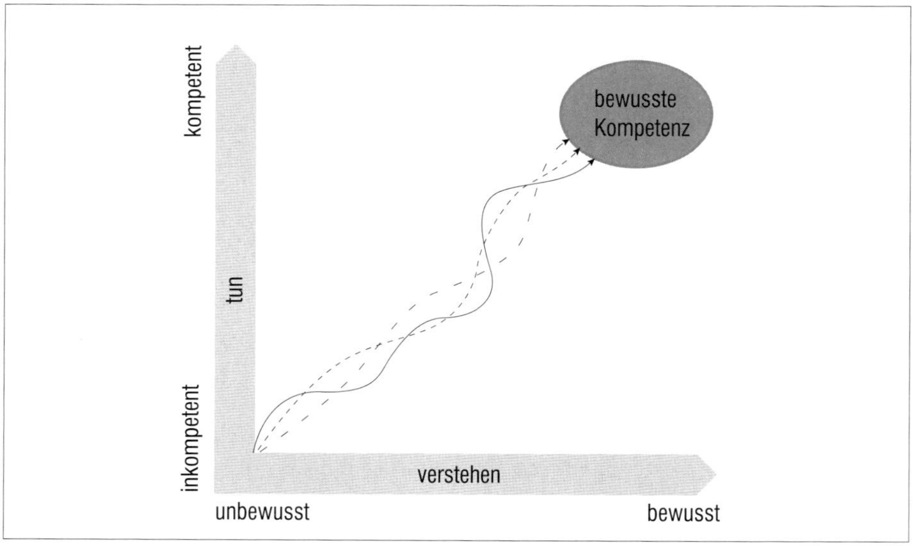

Abb. 7: Umwege zur bewussten Kompetenz

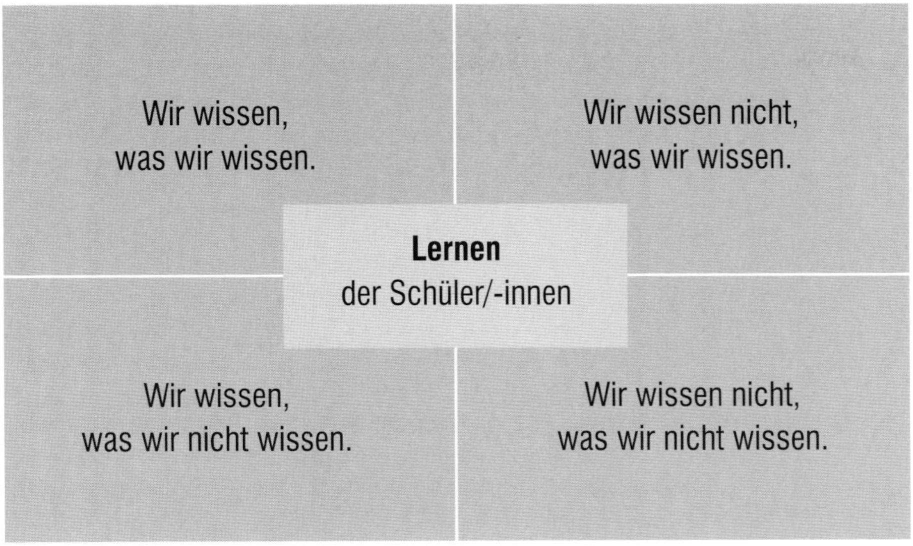

Abb. 8: Vorlage zum Wissensaudit über das Lernen der Schülerinnen und Schüler

Der grundlegende Entwicklungsprozess besteht nun darin, dass aus einer unbewussten eine bewusste Kompetenz wird, wofür Robert Dilts (vgl. 1997, S. 86) folgende Matrix (vgl. Abb. 6) anbietet:
Der Weg von der unbewussten Inkompetenz zur bewussten Kompetenz führt nicht geradlinig über die Diagonale, wie in Abbildung 6 angedeutet. Vielmehr ist es sehr situationsabhängig, ob zunächst eine Erklärung hilfreich ist, um jemandem verständlich zu machen, dass eine intendierte Entwicklung förderlich ist, oder ob erst eine Aktivität stattfindet, die durch das Tun Verständnis fördert bzw. nach Erklärungen fragt. Aus einer Art Hin- und Herbewegung zwischen „Verstehen" und „Tun" über entsprechende Reflexionsprozesse wächst in gegenseitiger Verstärkung eine bewusste Kompetenz, die im Weiteren zu einer unbewussten Kompetenz wird (vgl. Abb. 7).

Vielfach besteht aus Sicht der Lehrkräfte keine Notwendigkeit für Veränderungen. Um die blinden Flecken unbewusster Inkompetenz einer Schule sichtbar zu machen (bewusste Inkompetenz) kann das sogenannte Wissensaudit eingesetzt wenden (Abb. 8). Es erschließt jene Bereiche, die im Alltag nicht bewusst sind und nicht aktiv genutzt werden. Beim ersten Zusammentreffen der Schulleiterinnen und Schulleiter an einem österreichweiten Reformprojekt zum System Leadership haben wir das Wissensaudit als Instrument zur Erkundung des professionellen Wissens und Nichtwissens eingesetzt und erprobt (vgl. Schley/Schratz 2010). Es basiert auf folgender 4-Felder-Systematik zum Lernen der Schülerinnen und Schüler:

Zur Entwicklung des Unterrichts ist es von zentraler Bedeutung, die Potenziale der verborgenen Schätze des Nichtwissens („Wir wissen, was wir nicht wissen." „Wir wis-

Wir wissen bereits eine Menge, nämlich • dass Wertschätzung und Beziehung, aber auch gezielte Rückmeldungen besonders wichtig sind. • welche Voraussetzungen und Gelingensbedingungen für das individuelle Lernen bedeutsam sind. • das gemeinsame Absprachen zur individuellen Unterstützung der Schüler/-innen erforderlich sind. • dass wir ein differenziertes Verständnis über den Zusammenhang von Lehrern und Lernen benötigen.	**Wir wissen mehr, als uns bewusst ist:** • Selbstwertgefühl und Wertschätzung der vorhandenen Kompetenzen aller (L/L, S/S, Eltern) sind der Schlüssel, um die verschlossenen Türen zu unserer gemeinsamen Leistungsfähigkeit zu öffnen. • Wir benötigen Zeit und Raum zur Reflexion, um das uns Unbekannte zu klären und für unsere Arbeit nutzbar zu machen.
Wir wissen bereits eine Menge, nämlich • wie unsere Schüler/-innen wirklich lernen, um sie in ihrer Vielfältigkeit und ihren unterschiedlichen Motivationslagen fördern und fordern zu können. • wie wir eine fehlerfreundliche Kultur schaffen. • wie sich unsere eigene Lehrersozialisation auf die neuen Anforderungen auswirkt. • was unsere Schüler/-innen in ihrer Zukunft überhaupt brauchen werden.	**Wir suchen Zugang zu unseren blinden Flecken** *Blick in die Praxis anderer Systeme:* • gegenseitige Unterrichtsbesuche • Konfrontation mit intuitiven Wahrnehmungen im Kollegialen Team Coaching • Exkursionen zu innovativen Schulen • Arbeiten mit Szenarientechniken, Aufstellungen

Abb. 9: Wissensaudit zum Lernen der Schülerinnen und Schüler (bearbeitet)

sen nicht, was wir wissen.") zu heben. Die Formen des Nichtwissens steuern die unterrichtlichen Handlungsmuster und lassen Schulen oft im Bereich der traditionellen Lehr-Lernformen stehenbleiben. Wenn wir den Musterwechsel des Lernens von der Perspektive des Lehrers zur Perspektive des Lernens anstreben (vgl. Schratz 2009), ist eine Konfrontation mit dem Nichtwissen unumgänglich. Dazu kann das Feld der unbewussten Kompetenz („Wir wissen nicht, was wir nicht wissen") interessante Möglichkeiten eröffnen (vgl. Abb. 9).

Das abgedruckte Ergebnis eines Wissensaudits (vgl. Abb. 9) entstand in einer intensiven Phase der arbeitsteiligen Erarbeitung der einzelnen Quadranten in Abbildung 8. Die Ergebnisse stellen die Grundlage für die Anbahnung eines Musterwechsels dar. Die neuen Impulse aus den Quadranten (v. a. jenen des Nichtwissens) wirken als „kreative Störung" des bisherigen Arbeitens (vgl. Abb. 4). Aufgabe von Leadership ist es, auf dieser Grundlage an der Schule einen gemeinsamen Prozess in Richtung Musterwechsel *(next practice)* in Gang zu bringen.

Schul- und Unterrichtsentwicklung stellen hohe Ansprüche an das Lernen der Schule und die in ihr Tätigen. Die Verantwortung für die gemeinsame Entwicklung der Schule kann aber nicht erzwungen werden. Sie hängt von der Bereitschaft der Einzelnen ab, aber auch von den Fähigkeiten und Möglichkeiten, die Schulleitung, Lehrkräfte, Schülerinnen und Schüler etc. haben (vgl. Sprenger 1996, S. 153):

Bereitschaft	Fähigkeit	Möglichkeit

Die Bereitschaft von Menschen etwas zu tun lässt sich nicht direkt beeinflussen. Lehrerinnen und Lehrer können ihre *Fähigkeiten* erweitern, wenn ihnen die *Möglichkeit* dazu geboten wird. Dann sind Menschen am ehesten bereit zu lernen (Dasselbe gilt natürlich auch für die Situation im Klassenzimmer!). Allerdings bedürfen Menschen

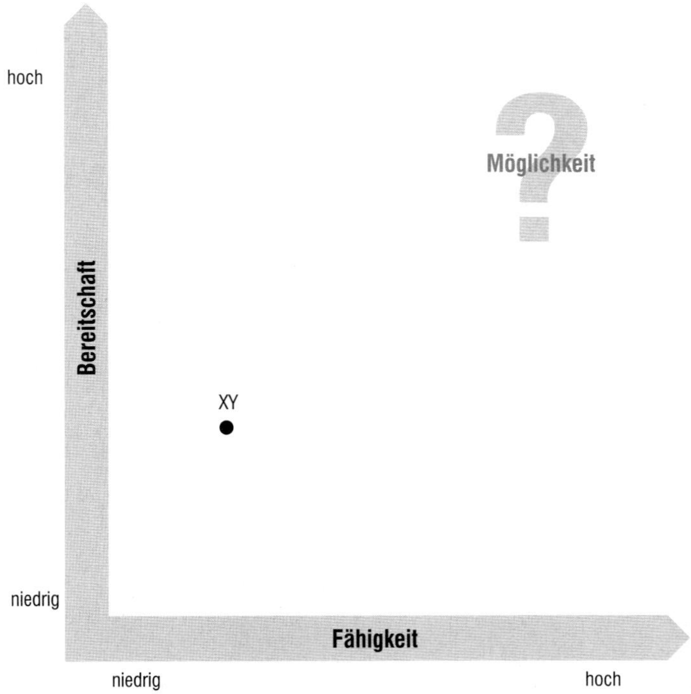

Denken Sie über folgende Fragen nach:
Wo ergeben sich Häufungen?
Gibt es Gemeinsamkeiten unter den einzelnen Akteuren?
Welche Fähigkeiten benötigen einzelne oder Gruppen zum Lernen?
Wer kann sie einbringen?
Welche Möglichkeiten sind für sie erforderlich? Wer kann sie schaffen?

Abb. 10: Einschätzung der Lehrkräfte an der eigenen Schule

unterschiedlicher Möglichkeiten, die es zu berücksichtigen gilt. Für Sprenger liegt der Mythos des Motivierens von Menschen darin, dass es bloß auf die Bereitschaft des Einzelnen abzielt.

> *Das Scheitern der Motivierung wird besonders augenfällig, wenn man sich vor Augen führt, dass die Leistung sich immer aus dem Zusammenspiel aller drei Dimensionen ergibt, die Motivierung aber – und das ist außerordentlich wichtig! – lediglich auf eine einzige, nämlich die Leistungsbereitschaft zielt. Ein gigantischer Aufwand für ein kleines Ziel.* (Sprenger 1996, S. 154)

Für ihn ist die Bereitschaft Sache des Einzelnen, nicht etwa der Schulleitung (Letztere kann sich durch die Übernahme der Verantwortung für die Bereitschaft anderer sogar lernbehindernd verhalten!).

EINLADUNG ZUM MITMACHEN

Tragen Sie auf dem Koordinatensystem (S. 73) für die Entwicklung Ihrer Schule wichtige Lehrerinnen und Lehrer im Hinblick auf deren Bereitschaft (niedrig – hoch) und Fähigkeiten (niedrig – hoch) ein und kennzeichnen Sie sie mit den jeweiligen Namenskürzeln.

EINLADUNG ZUM REFLEKTIEREN

Fragen Sie sich: Unter welchen Bedingungen sind Sie selbst bereit, Verantwortung zu übernehmen? Die Antwort kennen Sie: in einer Atmosphäre des Vertrauens, des Dialogs, der Vereinbarung, in gegenseitiger Unterstützung und wechselseitigem Respekt.
(Sprenger 2000, S. 297)

Für die Schulleitung bedeutet dies, die Unterschiedlichkeit der Lehrpersonen in Bereitschaft und Fähigkeit, die Standpunkte der einzelnen Akteure ernst zu nehmen und die Diversität von Personen und Meinungen als notwendige Qualität einer Organisation anzusehen (vgl. Abb. 11).

Diese symbolische Darstellung (vgl. Abb. 11) einer Führungssituation aus einem Schulleiterseminar zeigt das vielfältige Beziehungsgefüge einer Führungssituation auf. Aus der bildlichen Darstellung lässt sich die Vielfalt der Betroffenen ableiten. Die Mitglieder des Kollegiums wie auch die Schülerinnen und Schüler sollten im Rahmen des Entwicklungsprozesses die Möglichkeit der Entfaltung haben, was durch entsprechende Leadership erfolgen kann. Dieses stützt sich nicht nur auf Persönlichkeitsmomente wie *Glaubwürdigkeit und Vertrauen*, sondern setzt auch entsprechende Fähigkeiten im Bereich *strategischer Kompetenz* (komplexe Zusammenhänge als dynamische Vorgänge verstehen und daraus praktisch wirksame Konsequenzen ab-

Abb. 11: Diversität als Grundkonstellation komplexer Systeme

leiten) und *sozialer Kompetenz* voraus. Doppler und Lauterburg (1994) erachten im Zusammenhang mit der Instabilität in Entwicklungsprozessen zwei Begriffe als besonders wichtig, die „Prozess-Kompetenz" und die „Chaos-Kompetenz":

> *Zum einen die sogenannte Prozess-Kompetenz – die Fähigkeit, Informationsprozesse, Entscheidungsvorgänge und Arbeitsschritte sorgfältig auf das Aufnahmevermögen und die Lernkurve von Menschen und Gruppen abzustimmen. Zum andern die sogenannte Chaos-Kompetenz – die Fähigkeit, in akuten Konflikt- und Krisensituationen, wenn alles drunter und drüber geht, ruhig Blut zu bewahren und handlungsfähig zu bleiben. Chaos-Kompetenz ist nicht lediglich eine Frage der Belastbarkeit. Sie hat wesentlich mit der Fähigkeit zu tun, gut zuzuhören und auf Menschen einzugehen. Und sie hat zu tun mit „Urvertrauen" in die Selbststeuerungsfähigkeit von Menschen und Gruppen – oder, anders ausgedrückt, dem intuitiven Wissen, dass die „chaotische" Situation nicht ein sinn- und heilloses Durcheinander darstellt, sondern lediglich einen Grad der Komplexität aufweist, der sich im Moment unserer Bewältigung entzieht.* (Doppler/Lauterburg 1994, S. 59)

4.5 Muster durchbrechen: Neue Einblicke gewinnen

Mit dem Instrument des *Wissensaudits* (vgl. Abb. 8) kann die Schule die unterschiedlichen Ebenen von Komplexität (vgl. Abb. 3) an ihrem Standort erkunden. Die Auswertung in Abbildung 9 zeigt auf, dass der Schule u.a. Wissen darüber fehlt, wie ihre Schülerinnen und Schüler lernen und wie sich die eigene Lehrersozialisation auf die neuen Herausforderungen heterogener Schülerpopulationen auswirkt. Der *Classroom Walkthrough* CWT (vgl. Downey et al. 2010) ist eine hervorragende Möglichkeit, ein Bild darüber zu erhalten, was die Schule (noch) nicht weiß. Diese aus dem anglo-amerikanischen Raum stammende Form der Personal- und Unterrichtsentwicklung besteht aus 3-7-minütigen Kurzbesuchen der Schulleitung im Unterricht der Kolleginnen und Kollegen. Der Fokus der strukturierten Beobachtung liegt v.a. auf curricularen und didaktischen Entscheidungen der Lehrpersonen im Unterricht.

Da es nicht um ein umfassendes Verständnis eines Unterrichtsaufbaus geht, sondern das Erkennen von Mustern, die sich hinter den kurz besuchten Unterrichtsstunden zeigen, werden nicht die Lehrpersonen beurteilt. Vielmehr entsteht durch gezielte Fragetechniken (vgl. Downey 2004) ein professionsbezogener Reflexionsprozess mit den einzelnen Lehrpersonen, der von gegenseitigem Respekt getragen ist und auf Augenhöhe erfolgt. Entscheidend für die Wirksamkeit des CWT ist, dass die von der Schulleitung unangekündigten (!) Kurzbesuche in der Klasse auf der Basis gegenseitiger Wertschätzung erfolgen, die ein Grundvertrauen voraussetzt. In „Leading with Teacher Emotions in Mind" zeigen Leithwood und Beatty (2008) in der Auswertung mehrerer empirischer Studien auf, wie bedeutsam ein offener emotionaler Umgang miteinander für gegenseitiges Verstehen ist.

Vertrauen ist die Grundlage von Leadership. Vertrauen ist ein rationales und zugleich emotionales Phänomen. Es wächst, wenn man es teilt. Vertrauen ist personal und nicht institutionell. „Vertrauen führt" ist der Titel des Werks von Sprenger (2002), der die grundlegende Bedeutung dieser Dimension eindrucksvoll herausarbeitet. Vertrauen in die Kompetenz, verbunden mit Glaubwürdigkeit und Empathie sowie einem geringen Grad an Selbstbezogenheit schafft atmosphärische Voraussetzungen für erfolgreiche und belastbare Beziehungen.

Nach der Information des Kollegiums über die Philosophie der (ungewöhnlichen) Form des kurzzeitigen Unterrichtsbesuchs versucht die Schulleitung möglichst alle Lehrpersonen in einem bestimmten Zeitraum zu besuchen und diese zunächst individuell – je nach Interesse der besuchten Lehrpersonen – dialogisch zu kommentieren. Dabei geht es nicht um eine Evaluation des besuchten Unterrichts, was aufgrund der kurzen Anwesenheit auch nicht möglich und wünschenswert wäre. Durch die blitzlichtartigen Eindrücke, welche die Schulleitungsperson erhält, ergänzt durch zwischenzeitliche Reflexionsgespräche, ergibt sich ein Gesamtpuzzle im Grundmuster des Unterrichtens an der Schule.

Die Zusammenführung der Puzzleteile setzt sich aus expliziten und impliziten Antworten auf die vier Quadranten des Wissensaudits (vgl. Abb. 8) zusammen: „Wir wissen, was wir wissen." „Wir wissen, was wir nicht wissen." „Wir wissen nicht, was wir wissen". „Wir wissen nicht, was wir nicht wissen." In Schulen ist ein großer Schatz an implizitem Wissen vorhanden, der durch die Erkundung mittels CWT erschlossen werden kann. Es kommen für alle oft überraschende Ergebnisse und Erkenntnisse zutage, die es in der weiteren Unterrichtsentwicklung zu berücksichtigen gilt. Dazu können folgende Fragen dienen (vgl. Davidovich et al. 2010, S. 154):

- Wie geht unsere Schule gegenwärtig mit neuen Erkenntnissen um?
- Werden die neuen Ideen gut aufbereitet, ehe sie an alle gehen? Oder werden die Kolleg(inn)en ermutigt, auch mit unfertigen Ideen konstruktiv umzugehen?

- Wie sieht es mit unserem gegenwärtigen Umgang mit Informationen im Hinblick auf Innovationsarbeit aus?
- Was könnten wir anders machen?

Die Auseinandersetzung mit diesem Thema soll nicht so sehr zu einer Beantwortung dieser (und anderer) Fragen führen, sondern zu einer reflexiven Dialogkultur beitragen. In der „emergenten Komplexität" (vgl. Abb. 3) kommt das Neue über die Quellen der Intention und Kreativität im Sinne des „Presencing" ins System. Auf diesem Weg könnten nach Scharmer (2007, S. 112) Bildungsstätten wieder werden, was sie einst waren: „Orte, an denen man lernt, Lösungen und Handlungsimpulse aus sich selbst heraus zu entwickeln. Räume, in denen echte Begegnungen entstehen und die Geburtsstätten für das Neue sind."

4.6 Fazit

Leadership steht für eine wirksame Beziehung, die auf Resonanz baut, um schulbezogene Leistungsfähigkeit zu erreichen und damit die Bildungsprozesse der Schülerinnen und Schüler zu verbessern. Schulleitung als Leadership setzt auf die schöpferische Kraft des Neu-Denkens von Schule und Unterricht. Der Umgang mit der sozialen Komplexität erfordert die Bereitschaft aller, sich in einen gemeinsamen Entwicklungsprozess einzulassen, der im Musterwechsel durch kritische Phasen der Instabilität gekennzeichnet ist. Leadership zeigt sich in der Fähigkeit, mit Unsicherheit souverän umzugehen und die eigene Risikobereitschaft glaubwürdig zu leben. Das Neue kommt über den Weg der unbewussten Inkompetenz zur bewussten Kompetenz ins System, wozu Führungspersonen die Möglichkeit schaffen, dass Lehrkräfte ihre Fähigkeiten erweitern können. Das Wissensaudit kann dazu dienen, die blinden Flecken im eigenen Kollegium zu erhellen. Der „Classroom Walkthrough" eröffnet Einblicke in das Entwicklungspotenzial der Unterrichtsentwicklung.

Literatur

Davidovich, R. et al.: Beyond school improvement. The journey to innovative leadership. Thousand Oaks 2010.

Dilts, R. B.: Kommunikation in Gruppen und Teams. Lehren und Lernen effektiver Präsentationstechniken. Paderborn 1997.

Doppler, K. und Lauterburg C.: Change Management. Den Unternehmenswandel gestalten. Frankfurt am Main u.a. 1994.

Downey, C. J.: The three-minute classroom walk-through. Changing school supervisory practice one teacher at a time. Thousand Oaks Calif. 2007.

Downey, C. J. et al.: Advancing the three-minute walk-through. Mastering reflective practice. Thousand Oaks Calif. 2010.

Fauser, P. et al. (Hrsg.): Was für Schulen! Gute Schule in Deutschland. Der Deutsche Schulpreis 2006. Seelze 2007.

Fauser, P. et al. (Hrsg.): Was für Schulen! Profile, Konzepte und Dynamik guter Schulen in Deutschland. Der Deutsche Schulpreis 2007. Seelze 2008.

Gather Thurler, M. und Holtappels, H. G. (Hrsg.): Failing Schools. Innsbruck 2008.

Greenleaf, R. K. und Spears, L. C.: Servant leadership. A journey into the nature of legitimate power and greatness. New York 2002.

Hargreaves, A. und Shirley, D.: The fourth way. The inspiring future for educational change. Thousand Oaks Calif. 2009.

Hentig, H. v.: Die Schule neu denken. Eine Übung in praktischer Vernunft; eine zornige, aber nicht eifernde, eine radikale, aber nicht utopische Antwort auf Hoyerswerda und Mölln, Rostock und Solingen. München 1993.

Hinterhuber, H. H.: Leadership. Strategisches Denken systematisch schulen von Sokrates bis Jack Welch. Frankfurt am Main 2007.

Howell, W. C. und Fleishman, E. A.: Information processing and decision making. Hillsdale 1982.

Kruse, K.: Next practice – erfolgreiches Management von Instabilität. Veränderung durch Vernetzung. Offenbach 2004.

Leithwood, K. A. und Beatty, B.: Leading with teacher emotions in mind. Thousand Oaks CA. 2008.

Malik, F.: Gefährliche Managementwörter. Und warum man sie vermeiden sollte. Frankfurt am Main 2005.

Pechtl, W. (Hrsg.): Zwischen Organismus und Organisation. Wegweiser und Modelle für Berater und Führungskräfte. St. Pölten/Wien und Linz 2001.

Scharmer, C. O.: Entdecke die Möglichkeiten. In: brand eins. 2007, S. 111–120.

Scharmer, C. O.: Theorie U: Von der Zukunft her führen. Presencing als soziale Technik. Carl Auer Verlag Heidelberg 2009.

Schley, W. und Schratz, M.: System-Leadership. Schöpferische Kraft in der Schulreform. In: journal für schulentwicklung. 10, 2010, 2.

Schratz, M.: Abenteuer Lernen: Annäherungen aus theoretischer Sicht. In: Lernende Schule. 2, 1999, 7, S. 4–9.

Schratz, M.: Qualität sichern. Schulprogramme entwickeln. Seelze 2003.

Schratz, M.: „Lernseits" von Unterricht. Alte Muster, neue Lebenswelten – was für Schulen? In: Lernende Schule. 12, 2009, 46–47, S. 16–21.

Schratz, M. et al.: Serena, oder Wie Menschen ihre Schule verändern. Schulentwicklung und Selbstevaluation in Europa. Innsbruck 2002.

Schratz, M. und Steiner-Löffler, U.: Die lernende Schule. Arbeitsbuch pädagogische Schulentwicklung. Weinheim u.a. 1998.

Schratz, M. und Westfall-Greiter: Schulqualität sichern und weiter entwickeln. Seelze 2010.

Sergiovanni, T. J.: Moral leadership. Getting to the heart of school improvement. San Francisco 1992.

Sergiovanni, T. J.: Strengthening the heartbeat. Leading and learning together in schools. San Francisco 2005.

Sprenger, R. K.: Mythos Motivation. Wege aus einer Sackgasse. Frankfurt am Main 1996.

Sprenger, R. K.: Das Prinzip Selbstverantwortung. Wege zur Motivation. Frankfurt am Main 2000.

Sprenger, R. K.: Vertrauen führt. Worauf es im Unternehmen wirklich ankommt. Frankfurt am Main 2002.

5 Schulleitung als Personalentwickler

von Rolf Arnold

Nichts bedarf so sehr der Reform
wie die Gewohnheiten der Mitmenschen.
(Mark Twain)

© che – Fotolia.com

Die Aufgabe der Schulleitung ist heute nicht mehr, Personal lediglich zu verwalten, sondern die Schulentwicklung und die Teamentwicklung des Kollegiums gezielt zu gestalten. Sie werden heute daran gemessen, ob es ihnen gelingt, in diesen komplexen Aufgaben der Kompetenzentwicklung und Führung zu bestehen. Es wird daher im folgenden Beitrag der Frage nachgegangen, wie Schulleitungen diese Personalentwicklungs-Zuständigkeit wahrnehmen und strategisch entwickeln können. Dies wird entlang der typischen Aufgaben der Personalauswahl, des Personaleinsatzes, der Personalbeurteilung sowie der Personalbegleitung und -führung beleuchtet.

5.1 Strategische Personalentwicklung für Schulentwicklung

Die Personalentwicklung (PE) ist ein affines Thema der Pädagogik, und es gibt auch in dem Bereich der Wirtschafts- und Berufspädagogik sowie in der Erwachsenenpädagogik seit Längerem ausdrückliche Forschungen und Theoriebeiträge, die die Fragen der Personalförderung und -entwicklung unter pädagogischer Perspektive aufgreifen und dabei von einer „deutliche[n] Zunahme der Bedeutung ‚außerfachlicher Inhalte' und verhaltensbezogener Themenstellungen" (Arnold/Gonon 2006, S. 91) – auch und gerade in sogenannten „Lernenden Organisationen" ausgehen (vgl. Fullan 1999). Als solche werden Organisationen verstanden, die sich um eine proaktive Zukunftsgestaltung bemühen und dabei der strategischen Personalentwicklung einen hohen Stellenwert zumessen. Lernende Organisationen sind dadurch gekennzeichnet, dass sie sich ständig neu um „frisches Denken" (Senge et al. 2004, S. 27 ff.), d.h. eine konzeptionelle Durchdringung dessen, worum es in der Zusammenarbeit gehen soll, bemühen und sich dabei auch bewusst von den Festlegungen und Beschreibungen durch die Tradition und die Erfolge des Bisherigen lösen, um die Organisation „von der Zukunft her [zu] führen" (Scharmer 2009).

Eingebunden in das Konzept einer Strategischen Personalentwicklung haben die neueren Ansätze der Personalentwicklung seit den 1990er-Jahren die klassische Aufgabenzuschreibung der Personalarbeit, nämlich Mitarbeiter zu rekrutieren, einzusetzen und zu beurteilen sowie diese gezielt zu fördern und zu führen, neu gerahmt: Im Vordergrund stehen nicht mehr die Aspekte der Personalverwaltung (Rekrutierung, Einsetzen und Beurteilen), sondern vielmehr die Aspekte der Personalentwicklung (Förderung, Kompetenzentwicklung und Führung), wie folgende Abbildung 1 zeigt. Die Personalentwicklung wird dabei in ihrer engen Verzahnung mit der Organisationsentwicklung in den Blick genommen und entsprechend gestaltet (vgl. Schwuchow/Gutmann 2010).

Leitbild Schulentwicklungskonzept (Wofür? Wohin? Wie?)		**Perspektive: Strategische Personalentwicklung**		
		Förderung	Kompetenzentwicklung	Führung
Zuständigkeiten	Rekrutierung	klare Anforderungsbeschreibung	Kompetenzprofile	kriterienorientierte Auswahl und Begleitung
	Einsetzen	Mentoring und Potenzialorientierung	Abgleich zwischen Profil, Potenzial und Interesse	Erwartungsklarheit (z. B. Kennzahlorientierung)
	Beurteilen	regelmäßige Mitarbeitergespräche	aussagefähige, kriterienorientierte Feedbacks	wertschätzende Feedbackkultur
	Begleiten	Supervision und Weiterbildung	kontinuierliche Kompetenzentwicklungsberatung	Kommunikations- und Konfliktfähigkeit

Abb. 1: Neuausrichtung der Personalentwicklung

Die grau unterlegten Bereiche in Abbildung 1 kennzeichnen recht treffend die Leitgesichtspunkte einer modernen Personalentwicklungsdiskussion, die sich mehr und mehr an die Erwachsenenbildung und die Konzepte der Organisationsentwicklung annähert, wie u.a. die Beiträge in dem neueren Werk von Manfred Becker eindrucksvoll zeigen (vgl. Becker 2009). Für Becker sind die „Qualifikation, Kompetenz und Performanz" die eigentliche Grundlage jeglicher Personalentwicklung, welche er – als noch „junges Fachgebiet" (ebd., S. 3) – wie folgt definiert: „Personalentwicklung umfasst alle Maßnahmen der Bildung, der Förderung und der Organisationsentwicklung, die von einer Person oder Organisation zur Erreichung spezieller Ziele zielgerichtet, systematisch und methodisch geplant, realisiert und evaluiert werden" (ebd., S. 4).

Diese aktuelle Definition rückt die Personalentwicklung deutlich in einen neuen Kontext, dessen Fokus sich aus dem Zusammenwirken von Person und Organisation speist – ein veränderter Blick sowohl für die überkommenen personalwirtschaftlichen als auch für die personenzentrierten Ansätze der Fort- und Weiterbildung. Moderne Personalentwicklung wird heute stärker von ihrer strategischen Relevanz für das Lernen, d. h. die Entwicklung der Organisation und ihrer Mitglieder her begründet und gestaltet, wodurch auch neue Formen der Gestaltung der klassischen Zuständigkeiten der Personalarbeit entstehen.

Diese Entwicklung führt dazu, dass Schulleitungen vermehrt Personalentwicklungs-Know-how einsetzen müssen. Hierauf sind schulische Leitungskräfte bislang kaum vorbereitet, zu deutlich prägt der Erziehungs- und Unterrichtsfokus ihr professionelles Denken und Handeln, und erst sehr vereinzelt finden Schulentwicklungsthemen auch bereits Eingang in die Curricula der Lehrerausbildung. Auch aufgrund dieser organisationspädagogischen Lücke in der Kompetenzausstattung und der professionellen Aufmerksamkeit vieler Verantwortlicher sind zahlreiche Schulen auf ihrem Weg zu lernenden Organisationen stecken geblieben. Prägend ist der Blick auf das lernende Individuum und die Schulklasse; die Bedeutung des „Zusammenhang[es] zwischen Organisation und pädagogischer Arbeit" (Rosenbusch 2005, S. 6) ist noch nicht nachdrücklich in die professionelle Selbstwahrnehmung von Lehrerinnen und Lehrern eingesickert – von den Bedingungen, Möglichkeiten und Techniken einer absichtsvollen Organisationsentwicklung ganz zu schweigen.

Ähnliches ließe sich auch im Hinblick auf den Umgang der Schulpädagogik mit den Themen der Personalentwicklung sagen. Auch hier wirkt sich der erwähnte Erziehungs- und Unterrichtsblick eher einengend als öffnend aus. Es ist der Vorbereitungsblick der Pädagogik („Schule bereitet auf das Leben vor"), der die Bedeutung des lebenslangen Lernens und der Möglichkeiten und Notwendigkeiten des lebenslangen Kompetenzerwerbs, der Selbstveränderung und -erweiterung im Bewusstsein der Akteure lange Zeit verklärte. Bereits der Begriff der „Aus-Bildung" markiert fälschlicherweise ein irgendwie abschließbares Stadium im Leben. Indem sich jedoch die Ziele der Ausbildung – insbesondere der beruflichen Ausbildung – auch dahingehend wandeln, dass sie die Förderung der Selbstlernfähigkeit in den Mittelpunkt rücken, um die Lernenden für ihr selbstgesteuertes lebenslanges Lernen besser auszustatten, wird auch die Frage nach dem Lernen der Lehrenden zum Thema: Niemand kann Jugendliche und junge Erwachsene wirklich zum lebenslangen Lernen befähigen, der selbst bereits seine Kompetenzentwicklung für sich weitgehend abgeschlossen hat.

Nur indem Lernen auch für die Lehrenden zu einem persönlichen Thema wird, können Schulen sich auch mental zu lernenden Organisationen entwickeln. Voraussetzung für eine solche Entwicklung ist jedoch auch die Verengung des Lernbegriffs auf das individuelle Lernen zu überwinden, wie dies H.-G. Rolff in seinen „Studien zu einer Theorie der Schulentwicklung" schreibt: „Das Besondere an der Schulentwicklung ist, gerade nicht von einzelnen ‚einsamen' Lehrern auszugehen, sondern miteinander kooperierende und untereinander vernetzte Teams als Motor der Entwicklung anzusehen" (Rolff 2007, S. 27).

Personalentwicklung steht somit in einem engen Zusammenhang mit der Teamentwicklung einerseits und der Organisationsentwicklung andererseits. Die bloße Einbeziehung der PE-Funktionen „Rekrutieren", „Einsetzen", „Beurteilen" und „Begleiten" in die Schulentwicklungsdebatte ist deshalb einerseits ein Signal für eine stärkere Hinwendung zur Personalentwicklungsfrage, geht jedoch andererseits mit der Gefahr einher, die Schulentwicklungsdebatte gewissermaßen an das vorletzte Stadium der Personalentwicklungsdebatte anzuschließen. Es gilt demgegenüber, bei der Ausbuchstabierung der Funktionen schulischer Personalarbeit deren sozialwissenschaftliche Wende und ihre Argumentationen sowie Techniken zur Konstruktion von Organisationen durch Kompetenzentwicklung für die Schulentwicklungsfrage zu berücksichtigen.

EINLADUNG ZUM MITMACHEN

Welche der Leitgesichtspunkte aus Abbildung 1 haben Sie im letzten Jahr berücksichtigt? Bei welchen Leitgesichtspunkten glauben Sie, fehlt Ihnen noch das Know-how, um sie gezielt in Ihrer Tätigkeit als Schulleiter zu gestalten?
Welche konkreten Veränderungen/Maßnahmen können Sie in den nächsten zwei Wochen in diesen Bereichen vornehmen?

Leitgesichtspunkte:	Veränderungen/Maßnahmen:

5.2 Kontext

„Schulentwicklung" hat sich im europäischen Rahmen seit dem Ende der 1960er-Jahre als ein eigenständiges Feld der wissenschaftlichen Forschung und der professionellen Gestaltung herausgebildet. Es sind damit nicht mehr nur die Erziehung und der Unterricht, welche im Fokus von Forschung und Theoriebildung über Schulen und ihre Entwicklung stehen, sondern es hat sich vielmehr der Blick auch für die Fragen nach den Formen und Möglichkeiten einer professionellen Gestaltung von Organisation, Führung und Kooperation (bzw. Teamentwicklung) sowie Qualitätssicherung im schulischen Kontext geöffnet.

Einen wichtigen Schritt vollzog die Schulentwicklungsdebatte dabei durch die allmähliche Aufweichung ihrer Staatsperspektive. Zwar benötigt Bildung eine öffentliche Verantwortung, weshalb der Staat Standards definieren und Ressourcen bereitstellen soll, doch was vor Ort möglich ist, ist nicht von zentralen Vorgaben und der Rigidität der Kontrolle, sondern von der Selbstorganisation und einer sozialen Systemik abhängig, welche von den Führungskräften zwar aktiviert und gebündelt, aber kaum erzwungen werden können. Aus diesem Grunde gerieten verstärkt die Strategien eines systemischen Managements in den Blick. Schulische Führungskräfte mussten lernen, dass

- es von ihrem Geschick und Know-how abhängt, ob Innovationen in ihrer Schule „greifen" können oder im Widerstand des Systems erstickt werden;
- man durch Zielvereinbarungen und Feedback-Formen Kollegien motivieren und Entwicklungen in Gang setzen kann;

- Schule klare Vorstellungen von der Qualität ihrer Angebote braucht, um diese überprüfen und optimieren zu können;
- solche Optimierungsvorhaben ein Projektmanagement benötigen, das von klaren Zuständigkeitsverteilungen, Terminvereinbarungen sowie Evaluationsmechanismen „lebt";
- Leitung im Sinne einer „Prozessbegleitung" eine höherstufige Steuerung umfasst, die sich nicht mehr um Details, sondern um Zielerreichungen und die Transformation des Ganzen kümmert;
- Schulleitung nicht nur Administration bedeutet, sondern auch die Personalentwicklung als Führungsaufgabe umfasst.

In diesem Sinne ist Schulentwicklung heute in vielfacher Hinsicht ein Change Management im Kontext einer öffentlichen Einrichtung, die keine Produkte herstellt, sondern Lern-, Bildungs- sowie Erziehungsprozesse professionell gestaltet. Schulen sind für eine Dienstleistung in öffentlicher Verantwortung zuständig, wobei es sich um eine Dienstleistung der besonderen Art handelt. Unterricht und Erziehung können nämlich keine Erfolge garantieren, sie können nur das Erforderliche gewährleisten: Lernen muss das Subjekt selbst. Aus diesem Grunde bemisst sich die Qualität der Schulentwicklung auch nicht in erster Linie nach den tatsächlichen Erfolgen der Schülerinnen und Schüler, sondern zunächst einmal nach den ihnen gebotenen Möglichkeiten und Zugängen inhaltlicher und didaktischer Art.

5.3 PE-Zuständigkeiten der Schulleitung

Wie in Abbildung 1 dargestellt, verhilft der Blick aus der Perspektive einer strategischen Schulleitung den Schulleiterinnen und Schulleitern zu einer anderen und stärker systemischen Wahrnehmung der Personalentwicklungs-Zuständigkeiten. Ihre Aufgabe ist es nicht, Personal lediglich zu verwalten, sie sind vielmehr für die Förderung, Kompetenzentwicklung und Führung ihres Kollegiums zuständig, und sie müssen sich daran messen lassen, ob und inwieweit es ihnen gelingt, dieser komplexen Teamentwicklungsaufgabe gerecht zu werden.

5.3.1 Mitarbeiter rekrutieren

Eine Organisation wie die Schule ist heute zunehmend darauf angewiesen, dass die in ihnen tätigen Lehrkräfte nicht bloß Unterricht halten, sondern sich auch an gemeinsamen Entwicklungsprojekten beteiligen. Aus diesem Grunde spüren zahlreiche Schulen, dass für sie die Frage, wer zu ihnen stößt, von entscheidender Bedeutung ist. Gemeinsame Leitbilder und Entwicklungskonzepte sowie eine wirksame Führung alleine gewährleisten nämlich noch nicht, dass das, was eine Schule sich vorgenommen hat, ihr auch tatsächlich gelingt. Es kommt vielmehr darauf an, solche Lehrkräfte für sich zu gewinnen, die zu dem Schulprofil und der anvisierten Entwicklungsrichtung der Schule passen. Es hat sich mittlerweile eingebürgert, bei Stellenbesetzungen entsprechend „schulscharf", d.h. „passend auf die jeweiligen spezifischen Anforderungen" auszuschreiben und durch eine solche Personalpolitik die Kompetenzressourcen der Schule gezielt – strategisch ausgerichtet – zu entwickeln.

Die Basis jeglicher Personalentwicklung in Schulen ist ein Leitbild, in welchem sich die Akteure darüber verständigt haben, in welche Richtung sie „ihre" Schule entwickeln und fördern möchten. Erst vor diesem Hintergrund lassen sich dann auch qualitativ aussagekräftige Kriterien definieren, auf deren Basis die Eignung konkreter Kandidaten oder Kandidatinnen beurteilt werden kann. Folgt man den Ausführungen von Buhren und Rolff (vgl. 2006, S. 470 ff.), dann benötigt Schulentwicklung jedoch nicht alleine eine klare Anforderungsbeschreibung (Leitbild) sowie darauf abgestimmte Kompetenzprofile, um eine kriterienorientierte Personalauswahl wirklich bewerkstelligen zu können. Erforderlich sind vielmehr auch die Möglichkeiten, zumindest mittelfristig den eigenen Stellenbedarf planen und neue Rekrutierungen entsprechend frühzeitig vorbereiten zu können.

> *Eine Idee lebt von den handelnden Personen. Da ist es für mich als Schulleiter schon lähmend, wenn ich mir meine Leute nicht aussuchen kann, um meiner Schule ein gemeinsames Profil zu geben.* (Schulleiter, Saarland)

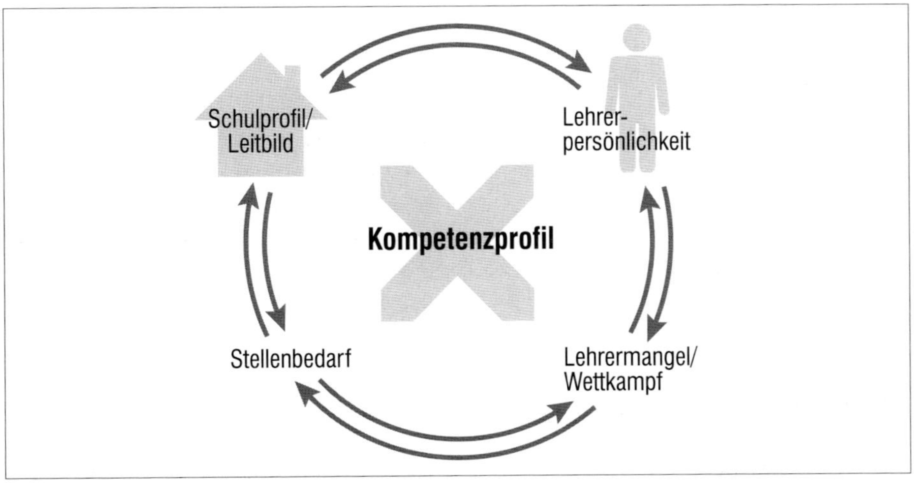

Abb. 2: Bezugsrahmen der Rekrutierung schulischer Mitarbeiter

Über diese Möglichkeiten verfügen Schulen jedoch erst in Ansätzen. Noch immer dominiert die relativ kurzfristige Ersatzbedarfsregelung – häufig weiß eine Schulleitung zum Ende eines Schuljahres noch nicht, welche Stellen zum neuen Schuljahr tatsächlich bereitstehen werden (vgl. Fleischer/Guss 2008). Es dominiert vielerorts das „Von-der-Hand-in-den-Mund-Prinzip", bei welchem es sich eher um das genaue Gegenteil einer strategischen Personalentwicklung handelt: Schulen müssen relativ kurzfristig Personal rekrutieren und sind dann häufig auf den Bewerberkreis verwiesen, der ihnen – auch kurzfristig – zur Verfügung zu stehen vermag. „Werbung" im Sinne einer gezielten Ansprache von Personen, die nicht nur bestimmte Fächer „abdecken" können, sondern sich auch gezielt für die spezifische Programmatik der jeweiligen Schule zu engagieren bereit sind, ist vor dem Hintergrund solcher Gegebenheiten kaum zu erwarten.

Andererseits ist zukünftig in vielen Bereichen mit einem strukturellen Nachwuchsmangel zu rechnen, sodass Schulen um qualifizierte und engagierte Lehrkräfte konkurrieren werden müssen. Für diesen Wettkampf um das Lehrpersonal ist es entscheidend, wie eine Schule sich zu präsentieren vermag. Kriterien, wie „Teamatmosphäre", „Unterstützung durch die Schulleitung", „Attraktivität des Arbeitsplatzes" (z. B. interessante Kooperationen mit Auslandsschulen) sowie „Incentives" für die eigene Weiterentwicklung (z. B. berufsbegleitende Fortbildungen), sind wichtige Gesichtspunkte dafür, ob qualifizierte Lehrkräfte sich für oder gegen eine Schule entscheiden.

EINLADUNG ZUM MITMACHEN

Sie haben die Chance, für Ihre Schule Ihren persönlichen Wunschkandidaten als neuen Mitarbeiter einzustellen. Nach welchen acht Kriterien wählen Sie diesen aus?
Welche Ideen stimmen mit Ihrer Idee von Ihrer Schule überein?
Welche widersprechen sich?

Kriterien Kandidat:	Idee Profil Schule:

5.3.2 Mitarbeiter einsetzen

Von besonderer Bedeutung ist die Frage, wie Schulen mit ihren Junglehrerinnen und Junglehrern oder auch neuen Mitgliedern in einem Lehrerkollegium umgehen. Die dabei mit Lehrkräften in der zweiten Ausbildungsphase praktizierten Formen müssen sich auch deshalb wandeln, weil es gerade diese Nachwuchskräfte sind, die für die Weiterentwicklung und Gestaltung einer Schule gewonnen werden können. Zudem können durch die Initiation und gezielte Förderung junger Lehrerinnen und Lehrer während ihrer zweiten Phase auch wesentliche Impulse für die Entwicklung der Schulkultur gesetzt

werden – ein Effekt, der zu wesentlichen Teilen erklärt, warum die Betriebe in Deutschland darum kämpfen, ihren Nachwuchs selbst ausbilden zu können.
Ähnlich ist dies in der Schule: Schulentwicklung gelingt nicht allein durch Überzeugungsarbeit, Fortbildungen und Beratungen. Die Erfolge solcher Bemühungen werden vielmehr unter systemischen Gesichtspunkten eher skeptisch beurteilt. Es ist die Kompetenzentwicklung der Lehrerinnen und Lehrer, die durch die Entwicklung neuer Blickwinkel zu veränderten Formen der Unterrichtsgestaltung und Kooperation im Kollegium ermutigt. Aus diesem Grunde ist auch die Lehrerbildung selbst stärker als Personalentwicklung zu verstehen. Es muss damit auch im universitären Studium darum gehen, mithilfe des Erlebens neuer, stärker selbstgesteuerter Formen des Lernens sich auf eine innovative Unterrichtspraxis einzustimmen.

Als ich neu in meiner Schule anfing, war ich froh einen Schulleiter zu haben, der genau wusste, wie er die Kollegen anpacken und einsetzen musste. Ich bin dadurch immer mit denen in Kontakt gekommen, die mir in einer bestimmten Situation echt weiterhelfen konnten – und wollten.

(Lehrerin, Saarland)

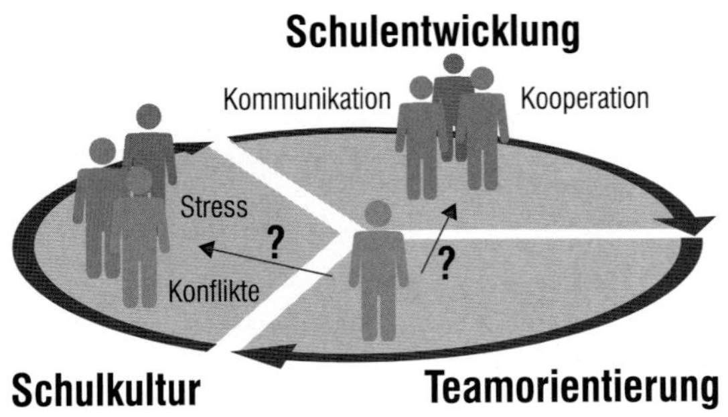

Abb. 3: Mitarbeitereinsatz als Impuls für die Schulentwicklung

Ein weiterer Gesichtspunkt des Mitarbeitereinsatzes ist die Teamorientierung. Schulleitungen müssen ihre Lehrerteams gezielt entwickeln und nicht nur den einzelnen Mitarbeiter im Blick haben. Lehrerkollegien benötigen zwar eine klare Aufgabe sowie gemeinsam Ziele, die sie anstreben (hier bleibt manches oft noch im Diffusen), doch garantiert ein professionelles Projektmanagement allein noch keinen Erfolg. Teams müssen vielmehr auch ein Wir-Gefühl sowie geeignete Formen der Kommunikation und der Konfliktansprache sowie der Konfliktbewältigung üben. Erst im Kontext einer solchen Teamkultur können sich auch die einzelnen Lehrerinnen und Lehrer entwickeln und auch neue Möglichkeiten und Potenziale an sich entdecken. So zeigen z. B. neuere Forschungsergebnisse, dass die Beschäftigung von Lehrkräften mit Fragen der Veränderung ihrer Kooperation in der Schule deutlich positive Auswirkungen auf die

Einschätzung der eigenen diesbezüglichen Ressourcen und Möglichkeiten hat (vgl. Märki 2007): Lehrerinnen und Lehrer, die konkrete Strategien zum Umgang mit Konflikten und Stress sowie zur Förderung der eigenen Ressourcen – der persönlichen und der des Kollegiums – gesammelt haben, sind eher motiviert, die Kooperation in der Schule zu verbessern und die Entwicklung ihrer Schule zu optimieren. Teamentwicklung erweist sich zugleich auch als eine wichtige Bedingung für einen wirklichen Erfolg didaktischer Innovationen (vgl. Tenberg 2006).

EINLADUNG ZUM MITMACHEN

Teams benötigen Führung. Welche Teams gibt es an Ihrer Schule?
Was ist Ihre Art, Ihr Team von Kollegen zu führen?
Was sind mögliche Schlüsselthemen in Ihrem Team, die es zu entwickeln und zu lösen gilt? (vgl. Schley 2002)

	Trifft zu	Trifft nicht zu
Definieren von Zielen und Zielvereinbarungen	○	○
Einfordern eines Handlungs- und Entscheidungsrahmens	○	○
Achtung der Autonomie eines Teams	○	○
Stärkung der Teamkräfte	○	○
Teamführung ist ein „Coaching-Prozess“	○	○
Kommunikationsstil ist dialogisch	○	○

5.3.3 Mitarbeiter beurteilen

Um eine Organisation nicht bloß zu verwalten, sondern zu ihrer zielorientierten Entwicklung beizutragen, müssen Ziele nicht nur klar – und in Absprache mit den jeweiligen Akteuren – definiert, sondern auch die Zielerreichung in regelmäßigen Abständen überprüft werden. In diesem Zusammenhang kommt dem Mitarbeitergespräch eine wichtige Rolle zu.

Dem Mitarbeitergespräch wird von Karl Lang im Kontext eines strategischen Managements eine grundlegende Rolle zugewiesen. In ihm nehmen die Führungskräfte ihre Aufgabe wahr, die Unternehmensziele „[...] auch auf Mitarbeiterebene zu kommunizieren bzw. deren Bedeutung für die Tätigkeit eines jeden Mitarbeiters aufzuzeigen. In gewissem Maße besteht die Aufgabe des Managements und der Führungskräfte darin, für die Mitarbeiter Sinn zu stiften“ (Lang 2004, S. 75).

In den neueren Managementkonzepten wird bisweilen sogar soweit gegangen, dass das Mitarbeitergespräch in das Zentrum einer Führung rückt, die die zielorientierte Zusammenarbeit zwischen Führungskraft und Mitarbeiter oder Mitarbeiterin stützt (vgl. Kunz 2004). Führungskräfte müssen deshalb die Fähigkeit erwerben, Gespräche wirklich so zielorientiert und konstruktiv führen zu können, dass es ihnen gelingen kann, dieser Sinnstiftungsaufgabe gerecht zu werden. Dafür ist einerseits Transparenz und Klarheit der Leitbilder und Kennzahlen erforderlich, andererseits bedarf es aber auch der Fähigkeit, sich für die Sichtweisen und Erwartungen der Mitarbeitenden wirklich interessieren zu können. Zahlreiche Betriebe haben diese Chance erkannt und betrachten aus diesem Grunde das Mitarbeitergespräch „als Kernstück der gesamten Personal- und Organisationsentwicklung" (Lang 2004, S. 77).

Als solches hat es mittlerweile den Charakter eines „[...] in regelmäßigen Abständen durchgeführte[n] ‚Innehalten[s]', [...] das losgelöst vom Alltagsstress einen Rückblick auf die bisherigen Arbeitsleistungen und -ergebnisse ermöglicht sowie einen Vorausblick für die zukünftigen Ziele und Tätigkeiten generiert" (ebd., S. 78). Diese evaluatorische Dimension hat das Mitarbeitergespräch bereits lange vor dem Erstarken der Qualitätsdebatte zu einem der zentralen Formen einer kontinuierlichen Erfolgskontrolle und -beurteilung werden lassen. Zugleich sind ihm in den letzten Jahren auch wichtige Funktionen im Zusammenhang mit der Weiterbildungs- und Entwicklungsplanung zugewachsen.

Das Mitarbeitergespräch ist einerseits eines der wohl bekanntesten PE-Instrumente und stellt die wesentlichste Form der Kommunikation in Unternehmen dar, andererseits wird es zumeist noch ohne wirkliche Vorbereitung der Führungskräfte eingesetzt. Aus diesem Grunde ist eine konkrete Förderung und Entwicklung der Fähigkeiten zur wirksamen Handhabung des Mitarbeitergesprächs ein wichtiger Entwicklungsschritt von der Diffusität zur Zielorientierung.

Dafür ist eine „konsequente Entwicklungsarbeit" nötig, die in der schulischen Praxis meist noch übersehen wird, sei es, dass man die Entwicklungsarbeit bereits für erledigt, für nicht notwendig erachtet oder davon ausgeht, dass die Entwicklung Aufgabe eines jeden Einzelnen sei. Schulentwicklung basiert jedoch darauf, ob und inwieweit es wirklich gelingt, die Anliegen und Erwartungen, die mit der Gesamtentwicklung verbunden sind, auch auf der Ebene der Kompetenzentwicklung zu gewährleisten. Das kontinuierliche Training der schulischen Führungskräfte in der wirksameren Handhabung des Mitarbeitergesprächs als PE-Instrument stellt deshalb eine vorrangige Dimension gelingender Schulentwicklung dar, denn man kann das Mitarbeitergespräch nicht „einführen", man kann nur die Führungskräfte entsprechend in die Lage versetzen, es selbst in ihrem beruflichen Alltag einzuführen.

Vor diesem Hintergrund kommt dem Führen mit Zielvereinbarungen eine wichtige Bedeutung zu. Ähnlich wie beim Mitarbeitergespräch kann man feststellen, dass es sich bei diesem Führungsansatz um ein weiteres konkret-pragmatisches Element moderner PE handelt. Oder mit anderen Worten: Ein Betrieb oder eine Organisation, die weder Mitarbeitergespräche noch Zielvereinbarungssysteme wirksam implementiert hat, kann nicht glaubwürdig vertreten, dass in ihnen der PE ein wirklicher Stellenwert zukommt. Innovative PE setzt nämlich – wie ausgeführt wurde – auf eine strategische Einbindung, d. h. auf ein „Kleinarbeiten" der strategischen Festlegungen (Leitbild, Kennzahlen) in der täglichen Kommunikation und Kooperation. Die Verbindung zwischen den strategischen Zielen einerseits und der Zielorientierung auf der Mitarbeiterebene andererseits zu gewährleisten, ist Aufgabe und Ziel einer innovativen PE (vgl. Arnold 2006).

Mitarbeitergespräche sollen wir zwar machen, aber da wir uns sowieso jeden Tag sehen, klären wir das auch gleich im Lehrerzimmer. (Schulleiterin, Hessen)

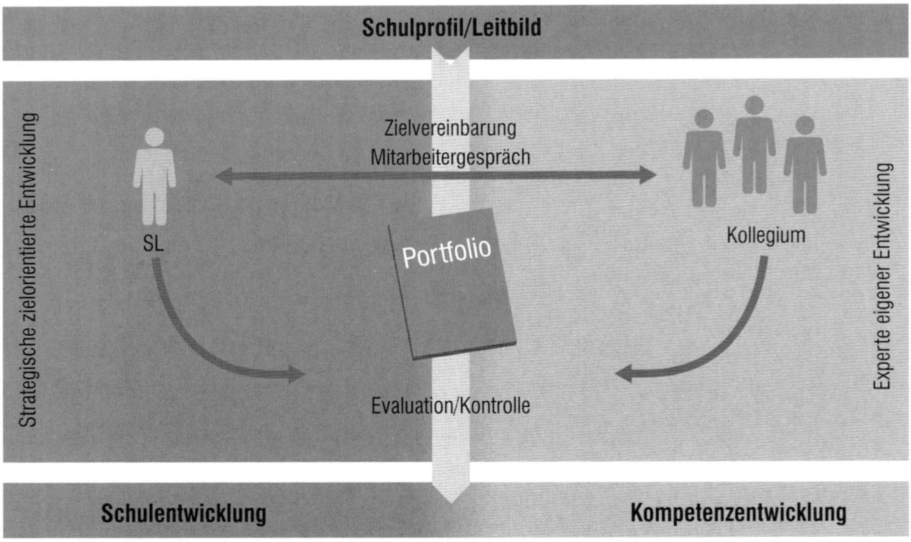

Abb. 4: Mitarbeiterbeurteilung als Instrument der Schulentwicklung

Die zielorientierte Führung des Mitarbeiters ist allerdings nicht allein bzw. immer weniger im Sinne einer ausschließlichen Fremdsteuerung und -kontrolle zu gewährleisten. Es geht vielmehr um ein „Lernen im Lebenslauf" (Konsortium 2006, S. 19), das zunehmend eine reflexive Haltung zum Ziel hat, durch die der Einzelne die Selbststeuerung seiner Zielerreichung und Kompetenzentwicklung in die Hand nimmt. Hierfür muss er einiges wissen, und er muss auch die Fragen kennen, mit deren Hilfe er sich darüber Gewissheit verschaffen kann, wo er sich im Prozess seiner Kompetenzentwicklung gerade „befindet". In diesem Zusammenhang sind sogenannte Portfolioansätze in den letzten Jahren bedeutsamer geworden. Sie sind Bestandteil einer Selbststeuerung der Kompetenzentwicklung. Wie dieser Portfolioprozess im Einzelnen aussieht, hat der Wirtschaftspädagoge Rolf Dubs am Beispiel des Lehrerberufes wie folgt beschrieben:

Ein Portfolio ist ein Ordner mit Aufgabenstellungen für Lehrkräfte, die beurteilt werden. Sie sind verpflichtet, die einzelnen Aufgaben, die in unmittelbarem Zusammenhang mit ihrer Berufs- und Unterrichtstätigkeit stehen, zu lösen und so weit als möglich mit konkretem Material zu dokumentieren. Solche Aufgaben können sein: Ein Semesterplan für ein bestimmtes Schulfach, eine Klausurarbeit einer Klasse mit Aufgabenstellung, Musterlösung, Bewertungsschlüssel und allen korrigierten Schülerarbeiten, ein Beispiel einer unterrichtlichen Innovation mit den Schülerunterlagen, ein Verzeichnis der außerunterrichtlichen Aktivitäten während eines Jahres (Elternabende, Klassenlager, Weiterbildung, Mitwirkung bei Schulentwicklungsaufgaben), Video-Aufnahmen einer beliebigen Lektion, Vergleich von Lehrbüchern mit dem Ziel, für Neues zu sensibilisieren usw.

(Dubs 2001, S. 28)

In einem Portfolio dokumentiert der Mitarbeiter somit die Produkte, Verfahren, Vorhaben sowie Erfahrungen seiner Arbeit in einer zumeist wenig strukturierten Form. Mittlerweile gibt es zahlreiche strukturiertere Ansätze, mit deren Hilfe dieser Prozess der Dokumentation und Reflexion aussagefähiger gestaltet werden kann. Ziel solcher Verfahren ist es, dass der Einzelne aufgrund seiner selbstreflexiven Beobachtung eigene begründete Vorstellungen zu seinem Leistungsstand und seinen Lernprojekten, d.h. den noch zu absolvierenden Lernschritten, entwickeln kann und so mehr und mehr zu dem eigentlichen Experten für seine eigene Weiterentwicklung wird. Damit wandelt sich auch mehr und mehr die Rolle der PE-verantwortlichen Schulleiter. Mussten sie bislang viel in die Ausarbeitung und Gestaltung des ersten Schritts investieren, können sie jetzt mehr und mehr auf die Ergebnisse der Selbstbeobachtung und -evaluierung „setzen".

EINLADUNG ZUM MITMACHEN

- Welche Bestandteile kennzeichnen eine Zielvereinbarung in Ihrer Schule?
- Über welche Aspekte haben Sie in den letzten sechs Monaten ein Gespräch geführt?
- Wie wird der Erfolg der Arbeit dokumentiert?

Arbeitsbereitschaft: Umgang mit Ressourcen, Loyalität, Integrität, korrektes Verhalten, Sorgfältigkeit, Zuverlässigkeit, Initiative, Engagement, Belastbarkeit, Ausdauer ...	**Unterricht und Klassenführung:** Lernbegleitung, Lehr-Lern-Arrangements, Beurteilung der Schüler ...
Arbeitsverhalten: fachliches Wissen, Fähigkeit, Aufgabenbewältigung, Effizienz, Zielorientierung, Planung, Organisation, Selbstständigkeit ...	**Führungsverhalten:** Zusammenarbeit, Informationsweitergabe, Motivation, Delegation, Entscheidungsfindung, Fördern, Begleiten, Unterstützen ...
Zusammenarbeit: Kommunikation, Konfliktfähigkeit, Teamarbeit, „Kundenorientierung", Hilfsbereitschaft ...	**Entwicklungspotenzial:** Veränderungsbereitschaft, Maßnahmen, Zielvereinbarungen ...

5.3.4 Mitarbeiter begleiten (und führen)

Das menschliche Verhalten wird in Kooperation und Führung durch die Deutungs- und Emotionsmuster der Verantwortlichen bestimmt. Diese Muster, mit denen wir uns Führungssituationen konstruieren, setzen sich aus den spontanen Stimmungen, Eindrücken und Gefühlen zusammen, die bereits immer schon in uns sind (vgl. Arnold 2009). Sie werden in bestimmten Situationen und Lebenslagen (z.B. in einer schulischen Führungssituation), die dem einst Erlebten ähnlich sind, lediglich aktiviert. So ist zum Beispiel die Beschreibung unserer Bedrängtheiten zunächst ein Ausdruck der Gefühle und Interpretationsversuche, die sich bei uns in bestimmten Lebenslagen einstellen, und sie sind zugleich die „Brillengläser", durch welche wir Lebenssituationen betrachten und dann auch nur sehen, was wir durch diese Brille zu sehen vermögen.

Führungskräfte, die ihre Wirksamkeit erhöhen möchten, müssen deshalb eine Art Selbstarchäologie beginnen, d.h. eine systematische Erforschung der ganz eigenen Grundlagen, auf denen ihr Denken, Fühlen und Handeln beruht. Es geht dabei nicht darum, irgendwelchen Störungen unserer Wahrnehmung auf die Spur zu kommen. Vielmehr geht es der Selbstarchäologie um eine gewissermaßen leidenschaftslose Analyse und Rekonstruktion der Elemente, aus denen sie sich ihre Erfahrungen „basteln". Diese begegnen einem nämlich nicht einfach in der Form von Schicksalsschlägen oder „unmöglichem" oder „verantwortungslose" Handeln anderer, sondern gewinnen erst Gestalt, wenn sie zum Ausdruck gebracht werden. Dabei sind es die verwendeten Formulierungen, Akzentuierungen, insbesondere aber auch die Ähnlichkeit eines Verhaltens in Schlüsselsituationen, welches die Spur in die Werkstatt des eigenen Führungsbewusstseins weist. Als die wesentlichen Schlüsselsituationen, die sich in der Arbeit mit Menschen mit Führungsverantwortung beständig wiederholen, sind dabei folgende vier zu nennen:

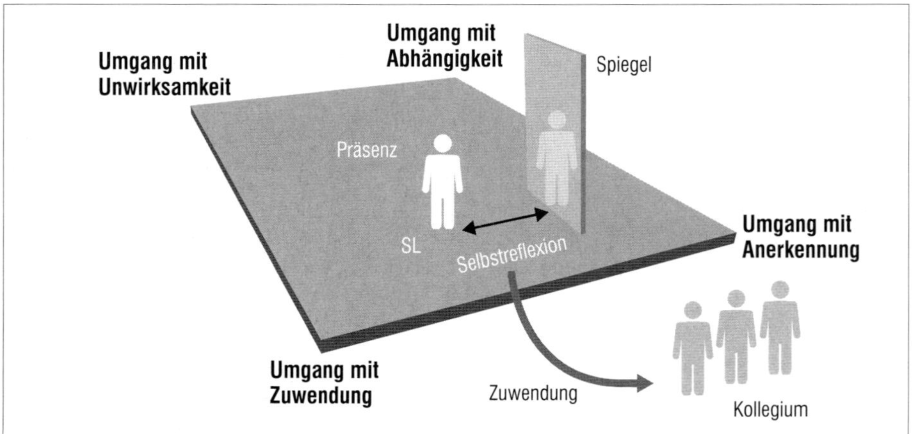

Abb. 5: Selbstreflexion zur inneren Reifung als Voraussetzung für Zuwendung

Mein Schulleiter hat sich in seinem Fernstudiengang Schulmanagement intensiv mit den Themen emotionaler Führung, Leadership und Teamentwicklung beschäftigt. Seitdem verhält er sich viel ungezwungener und sagt deutlicher, was er von uns will. (Lehrer, Thüringen)

Es geht darum zu beobachten, wie einzelne mit diesen Situationen innerlich umgehen. Welche Gefühle entstehen, wenn erwartete Zuwendung sich nicht einstellt oder man sich trotz aller Bemühungen als unwirksam erlebt? Wie beengend ist das Erleben ausbleibender Anerkennung sowie einengender Abhängigkeit?

Wer bei einer Führungsaufgabe im Gegenüber gewissermaßen nur einen Inszenierungsanlass für eigene unbewusste oder unerledigte Anerkennungsarbeit zu sehen vermag, der kann zwar erfolgreich sein, handelt aber letztlich nicht wirklich sachgemäß. Er verwechselt oft die Ebenen, kämpft, wo nichts zu bekämpfen ist und verfolgt, wo kein Bedrohungsanlass gegeben ist oder belehrt, wo keine Lernbedarfe vorliegen. Solche Verhaltensweisen lassen sich bei Führungskräften immer wieder beobachten, sodass man bisweilen den Eindruck gewinnen kann, dass zu Führungspositionen bevorzugt Menschen Zugang finden, um deren eigene Authentizität es keineswegs zum Besten bestellt ist.

Dies gilt auch für schulische Führungskräfte. Auch sie müssen ihre inneren Möglichkeiten erweitern, wodurch das Verhalten der Beteiligten weniger rigide an ihre frühen Festlegungen gebunden bleibt. Senge et al. (2004, S. 88) plädieren für „Presencing", womit sie eine Haltung des „Retreat and Reflect" umschreiben, welche den Einzelnen mehr und mehr in die Lage versetzt, ein „Realizing" zu gestalten, das dem Grundsatz folgt „Act swiftly, with a natural flow!". Dieser Grundsatz entspringt einer systemisch-achtsamen Haltung, die zu anderen Führungsformen führt als denen, die man üblicherweise von Führungskräften erwartet:

In a sense, there is no decision making. What to do just becomes obvious, and what is achieved depends on where you´re coming from and who you are as a person. The rational calculus model of decision making and following through pays little attention to the inner state of the decision maker. (Senge et al. 2004, S. 89)

Wer daher Prozesse der Schulentwicklung gestalten oder begleiten will, muss um die Beharrungskräfte, die sich aus der „Macht der inneren Bilder" (Hüther 2007) ergeben, wissen, und er muss über Strategien verfügen, andere Lesarten so ins Spiel zu bringen, dass sie für die Akteure nicht bedrohend, sondern anschlussfähig daherkommen. Der Schlüssel zum Gelingen dieses schwierigen Balanceaktes ist die Fähigkeit der Verantwortlichen, Wertschätzung auszudrücken und Prozesse der Teamentwicklung im Sinne eines synergetischen Geschehens zu initiieren. Dies erfordert eine Besonnenheit und professionelle Kraft, deren Basis tief in der Persönlichkeit derjenigen verankert liegt, die Agentinnen oder Agenten dieses Wandels der Gegebenheiten sein sollen. Sie müssen zum inneren Machverzicht (vgl. Arnold 2008) in der Lage sein, um im Außen selbsttragende Prozesse wahrhaft in Gang kommen zu lassen.

EINLADUNG ZUM MITMACHEN

- Welche Grundannahmen herrschen in Ihrer Schule vor?
- Wie wirken sie sich aus Ihrer Sicht auf das Schulleben und die Schulentwicklung aus?
- Welche weiteren Grundannahmen können Sie für Ihre Schule gegenüberstellen?
(vgl. Bessoth 2006)

Ansatz „Problemlösung"	Ansatz „Potenzialentfaltung"
Fehler und Mängel bei den Lehrkräften müssen beseitigt werden.	Potenziale werden erkannt und gezielt gefördert.
Maßnahmen werden entschieden und sollen umgesetzt werden.	Maßnahmen werden gemeinsam besprochen, dann wird das Vorgehen entschieden.

5.4 Konsequenzen für eine systemische Schulentwicklung

Aus diesen Überlegungen ergibt sich, dass systemische Schulentwicklung ein Mehrebenenprozess ist, zu dessen erfolgreicher Gestaltung Erziehungs- und Didaktikwissen einerseits, aber auch Kooperations- und Steuerungswissen andererseits miteinander verschränkt werden müssen. Diese Verschränkung setzt eine mehrfache Erweiterung der bislang auf den Unterricht einerseits und die Verwaltung andererseits eingeengten Blicke der Verantwortlichen voraus. Zwar stimmt es, dass Schulleiterinnen und Schulleiter einerseits selbst der Unterrichtspraxis entstammen und auch für die „Förderung der Unterrichtsentwicklung" in besonderer Weise zuständig sind (vgl. Arnold 2009), doch folgt ihr Leitungshandeln vielfach administrativen Maßgaben, wo es doch darauf ankäme, das administrativ Nötige im Kontext des pädagogisch Gewünschten zu gestalten. Dies bedeutet zweierlei: Zum einen muss der Unterricht und seine Qualität nach wie vor im Zentrum aller Schulentwicklungsansätze stehen, doch erfordert gerade diese Fokussierung einen umfassenderen Blick auf die subjektiven und einzelschulischen Gegebenheiten, aus welchen heraus sich der Unterrichtserfolg letztlich konstituiert. Notwendig ist deshalb zum anderen, eine organisationspädagogische Erweiterung des Denkens, Fühlens und Handelns von Schulleitungen. Diese dienen als Voraussetzungen für Unterrichts- und Erziehungserfolge, weil sie eine Gestaltung von Strategien organisationaler und teambezogener Entwicklungen ermöglichen.

Diese Erweiterung des Denkens, Fühlens und Handelns von Leitungskräften kann nach unserer Erfahrung nur gelingen, wenn Erziehungs- und Didaktikwissen einerseits sowie Kooperations- und Steuerungswissen andererseits in nachhaltigen Lernkontexten integriert werden. Aus diesem Grunde kommt es darauf an, einerseits diese vier Stufen bzw. Dimensionen jeglicher Schulentwicklung gleichzeitig in den Blick zu nehmen, andererseits aber auch die Didaktik der Schulleiterfortbildung „irritierend" oder gar „konfrontativ", auf alle Fälle aber erlebenswirksam zu gestalten, da „[...] nachhaltiges Lernen Irritationen und ihre reflexive Verarbeitung voraussetzt, mit dem Ziel der Wiedergewinnung biografischer Kohärenz" (Schüssler 2008, S. 1). Dies ist auch deshalb naheliegend, da alle vier Dimensionen ein Beziehungshandeln bezeichnen. Bei diesem „lernen" Schulleiterinnen oder Schulleiter, wenn sie sich mit ihren inneren Bildern auseinandersetzen, mit deren Hilfe sie sich den schwierigen Schüler konstruieren, auch zugleich viel und Grundlegendes über den Beziehungsalltag als Führungskraft. Und so manche Führungskraft, die in der Teamentwicklung zu neuen Formen der unterstützenden Begleitung ihres Kollegiums gefunden hat, verändert auch ihren Unterricht oder gar ihre Problemlösungsstrategien im privaten Beziehungsalltag.

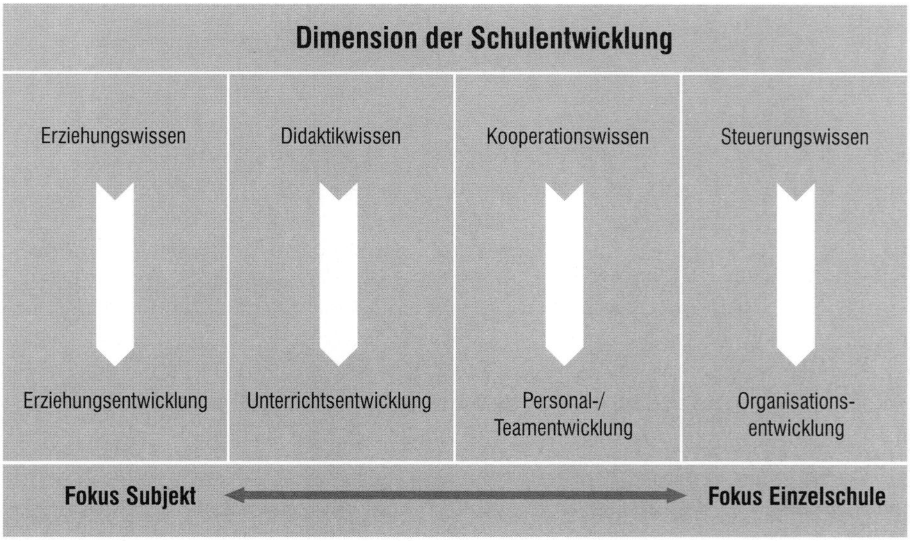

Abb. 6: Die vier Stufen der Schulentwicklung (Arnold/Arnold-Haecky 2009, S. 136)

5.5 Fazit

Die dargestellte Form der strategischen Personalentwicklung stellt hohe Anforderungen an die beteiligten Personen und bedarf einer konsequenten Entwicklungsarbeit. Eine systematische Schulentwicklung erfordert dazu eine institutionalisierte Form der Zielklärung und Rückmeldung, die eine originäre Führungsaufgabe ist. Nur durch Gegenseitigkeit und Fairness können Schul- und Personalentwicklung zielführend belebt und gelebt werden.

Anhang

		Fokus: Die Einzelschule
Steuerungswissen	**E: Organisations-Entwicklung**	Leitfrage: Für welche Ziele (Leitbild, Schulprogramm) stehen wir? Wie muss die Organisation sich wandeln, um diese Ziele zu erreichen?
Kooperationswissen	**C: Personalentwicklung/ Teamentwicklung**	Leitfrage: Welche Kompetenzen benötigt die Schule, um ihr Programm zu realisieren, und durch welche Maßnahmen können diese bei den Kollegen und in den Teams gewährleistet werden? (Was bedeutet der Satz: „Führungskräfte führen durch die Weiterbildung und Vernetzung ihrer Mitarbeiter für die Schulentwicklung"?)
Didaktikwissen	**B: Unterrichtsentwicklung**	Leitfrage: Wie müssen wir unseren Unterricht so verändern, dass sich *die* Kompetenzen entwickeln können, die unsere Schülerinnen und Schüler benötigen, um die Situationen ihres späteren Lebens „regulieren“ zu können (wie es im ersten Nationalen Bildungsbericht heißt)? Was bedeutet der Satz: „Der Kern zur Schulentwicklung ist die Unterrichtsentwicklung“?
Erziehungswissen	**A: Erziehungsentwicklung**	Leitfrage: Wie können wir gewährleisten, dass unsere Beziehung zu den Schülerinnen und Schülern so gestaltet ist, dass wir auch und gerade mit den als schwierig empfundenen oder gar gefährdeten Kindern und Jugendlichen in Kontakt bleiben? Wie können wir gewährleisten, dass wir uns unserer Klientel nicht einfach nur zumuten (entrüstet, verärgert, überfordert oder anfallsartig), sondern in der Art unserer Reaktion auch die Einsichten der systemisch-konstruktivistischen Kommunikationskonzepte berücksichtigen?
Fokus: Das Subjekt		

Abb. 7: Die vier Stufen der Schulentwicklung (Arnold/Arnold-Haecky 2009, S. 136)

Literatur

Arnold, R.: Personalentwicklung neu denken. Kaiserslautern 2006.

Arnold, R.: Führen mit Gefühl. Eine Anleitung zum Selbstcoaching. Mit einem Methoden-ABC. Wiesbaden 2008.

Arnold, R.: Seit wann haben Sie das? Grundlinien eines Emotionalen Konstruktivismus. Heidelberg 2009.

Arnold, R.: Förderung der Unterrichtsentwicklung – Eine Kernaufgabe für Schulleitungen. In: Schulleitung heute. 22/2009, S.1–4.

Arnold, R. und Arnold-Haecky, B.: Der Eid des Sisiphos: Einführung in die Systemische Pädagogik. Baltmannsweiler 2009.

Arnold, R. und Gonon, P.: Einführung in die Berufspädagogik. Bd. 6 der Einführungstexte Erziehungswissenschaft. Opladen 2006.

Becker, M.: Personalentwicklung. Bildung, Förderung und Organisationsentwicklung in Theorie und Praxis. 5. Auflage. Stuttgart 2009.

Bessoth, R.: Wirksame Personalentwicklung an Schulen – Professionelle Lern-Teams als Bausteine von Professionellen Lerngemeinschaften. In: Bessorth, R. und Schmidt, H.-J. (Hrsg.): Schulleitung ein Lernsystem (Loseblattwerk), Band 3a, Beitrag 36.03. Neuwied 2006.

Buhren, C. G. und Rolff, H.-G.: Personalmanagement. Ein Gesamtkonzept. In: Buchen, H. und Rolff, H.-G. (Hrsg.): Professionswissen Schulleitung. Weinheim/Basel 2006, S. 450–544.

Dubs, R.: Personalmanagement. Studienbrief des Fernstudiums Schulmanagement der TU Kaiserslautern. Kaiserslautern 2001, S. 28.

Fleischer, T. und Guss, N.: Personalentwicklung in der Schule. Teil 3: Zur gegenwärtigen Situation der Personalentwicklung und -auswahl in der Schule. In: Schulverwaltung Niedersachsen. 19, 2008, 1, S. 13–15.

Fullan, M.: Die Schule als lernendes Unternehmen. Stuttgart 1999.

Goleman, D. et al: Emotionale Führung. München 2002.

Hüther, G.: Die Macht der inneren Bilder. Wie Visionen das Gehirn, den Menschen und die Welt verändern. Göttingen 2006.

Konsortium Bildungsberichterstattung: Bildung in Deutschland. Ein indikatorengestützter Bericht mit einer Analyse zu Bildung und Migration. Im Auftrag der Ständigen Konferenz der Kultusminister der Länder in der Bundesrepublik Deutschland sowie des Bundesministeriums für Bildung und Wissenschaft. Bielefeld 2006.

Kunz, G.: Das strukturierte Mitarbeitergespräch. Erfolgreich einführen, inhaltlich gestalten, konstruktiv weiterentwickeln. Neuwied 2004.

Lang, L.: Personalführung. Nicht nur reden, sondern leben! Methoden für eine erfolgreiche Kompetenz- und Potenzialentwicklung – mit praxiserprobten Instrumenten und Umsetzungsbeispielen. 2. überarbeitete und erweiterte Auflage. Wien 2004.

Märki, A.: Ressourcenaktivierung im Kollegium durch Teamentwicklung. Resultate einer Interventionsstudie. In: ph-akzente, 2/2007, S. 36–37.

Philipp, E.: Teamentwicklung in der Schule. Konzepte und Methoden. 2. Auflage. Weinheim/Basel 1998.

Rolff, H.-G.: Studien zu einer Theorie der Schulentwicklung. Weinheim/Basel 2007.

Rosenbusch, H. S.: Organisationspädagogik der Schule. Grundlagen pädagogischen Führungshandelns. Neuwied 2005.

Scharmer, C. O.: Theorie U. Von der Zukunft her führen. Presencing als soziale Technik. Heidelberg 2009.

Schley, W.: Teamkooperation und Teamentwicklung in der Schule. Studienbrief S11 0510 Technische Universität Kaiserslautern 2002.

Schüssler, I.: Reflexives Lernen in der Erwachsenenbildung – zwischen Irritation und Kohärenz. In: bildungsforschung (http://bildungsforschung.org). 5, 2008, 2, S. 1–22.

Schwuchow, K. und Gutmann, J.: Jahrbuch Personalentwicklung 2010. Köln 2010.

Senge, P. et al.: Presence. Exploring profound Change in People, Organizations an Society. London und Boston 2004.

Tenberg, R.: Bildungsganggestaltung in Kollegialer Teamarbeit: Explorative empirische Untersuchung an zwölf Schulen in Niedersachsen und Bremen. In: Die berufsbildende Schule. 58 (2006), 5, S. 122–125.

Von Hören, M. und Frey-Hilsenbeck, M.: Einführung eines Zielvereinbarungs- und Bonussystems. In: Personalführung. 5/2006, S. 44–51.

6 Schulleitung als Unterrichtsentwickler

von Martin Bonsen

Überraschung und Verwunderung
sind der Anfang des Begreifens.
(José Ortega y Gasset)

Unterrichtsentwicklung ist aktuell – Bildungspolitik und Fachöffentlichkeit haben die Unterrichtsentwicklung zu einer pauschalen Dauerforderung erhoben, seitdem die Förderwirksamkeit des Unterrichts an deutschen Schulen vermehrt in die Kritik geraten ist. Die in der Öffentlichkeit geäußerten Anforderungen sind vielfältig, vom Umgang mit Heterogenität allgemein, über die verbesserte Förderung einer sogenannten „Risikogruppe" von Schülerinnen und Schülern bis hin zur gezielten Förderung besonders „begabter" Kinder und Jugendlicher wird unter dem Stichwort der individuellen Förderung eine grundlegende Reform des Schulunterrichts gefordert. Stein des Anstoßes ist – wie so oft in der letzten Dekade – das Abschneiden deutscher Schülerinnen und Schüler in den großen internationalen Vergleichsstudien. Bei genauer Betrachtung ist es allerdings nicht unbedingt die allgegenwärtige PISA-Studie, welche die Diskussion über Qualität und Wirksamkeit des Unterrichts angeregt hat, sondern die bereits in den Jahren 1994 und 1995 unter deutscher Beteiligung von der International Association for the Evaluation of Educational Achievement (IEA) durchgeführte Mathematik- und Naturwissenschaftsstudie TIMSS („Third International Mathematics and Science Study", in späteren Zyklen umbenannt in „Trends in International Mathematics and Science Study").

6.1 Ausgangspunkt: Kritik am Unterricht nach TIMSS, PISA & Co.

Während die TIMSS-Studie in Deutschland noch nicht die mediale Aufmerksamkeit fand wie die fünf Jahre später durchgeführte PISA-2000-Studie, wurden die Ergebnisse in der Fachöffentlichkeit umso intensiver diskutiert. Dies wurde dadurch beeinflusst, dass TIMSS im Unterschied zu PISA in ausgesuchten Ländern auch den Unterricht direkt in Augenschein nahm. Deutschland beteiligte sich gemeinsam mit Japan und den Vereinigten Staaten an einer begleitenden Videostudie, die von einem amerikanischen Forscherteam koordiniert wurde (vgl. Stigler et al. 1999). In der Fachöffentlichkeit hat insbesondere der Vergleich zwischen deutschen und japanischen Unterrichtsstunden für Diskussionsstoff gesorgt. Zwei der wichtigsten Befunde der amerikanischen Forschergruppe waren (vgl. Klieme et al. 2001):

- In den japanischen Videoaufnahmen wurden im Durchschnitt anspruchsvollere mathematische Inhalte bearbeitet als in den in Deutschland und den USA gefilmten Unterrichtsstunden.
- In den japanischen Videoaufnahmen wurden vergleichsweise häufig Problemlöseaufgaben gestellt, die in Einzel-, Partner- oder Gruppenarbeitsphasen von den Schülerinnen und Schülern bearbeitet wurden. Häufiger als in den in Deutschland und den USA gefilmten Unterrichtsstunden wurden in Japan alternative Lösungsansätze vorgestellt und in der Klasse diskutiert.

Zu den vielleicht eindrucksvollsten Ergebnissen der TIMSS-Video-Studie zählt die von Klieme et al. (vgl. 2001) vorgebrachte und von Baumert pointiert zusammengefasste

Kritik am fragend-entwickelnden Unterricht, der in den in Deutschland videografierten Unterrichtsstunden häufig zu sehen war:

> *Unsere Videoaufzeichnungen aus der TIMSS-Studie bestätigen in vielen Fällen das Ergebnis mathematikdidaktischer Fallstudien, in denen diese Unterrichtsform als schrittweise Trivialisierung eines komplexen Ausgangsproblems beschrieben wird. Die Lehrkraft beginnt in der Einführungsphase mit einer anspruchsvollen Aufgabenstellung, die die Schüler allerdings nicht in ihrer Komplexität zu bearbeiten haben – wie man dies etwa in mathematischen Musterstunden in Japan beobachten kann –, sondern die sukzessiv in Teilleistungen und elementare Fragen zerlegt wird, die zu beantworten Schülern manchmal geradezu peinlich sein kann – etwa wenn Begriffe aus Tafelbildern zu benennen, simple Rechenoperationen auszuführen oder auf der Hand liegende Schlussfolgerungen zu ziehen sind. Die Fragefolge der Lehrkraft zielt konvergent auf das Unterrichtsziel hin und ist damit in hohem Maße von den „richtigen“ Antworten der Schüler abhängig.*
>
> (Baumert 2002, S. 144)

Die hier nur auszugsweise wiedergegebene Kritik Baumerts mündet schließlich in der Feststellung, dass die eigentliche Schwäche eines solchen Unterrichts im unzureichenden Umgang mit Differenz liege.

Die Ergebnisse der TIMSS-Videostudie haben also im ersten Schritt zu einem Infragestellen der Effektivität der zu beobachtenden unterrichtlichen Inszenierungsmuster geführt. In der Folge wurde diskutiert, wie Lehrerinnen und Lehrer ihren Unterricht verändern können. Wohl als Echo der Befunde wurden Reformprogramme wie das zur „Steigerung der Effizienz des mathematisch-naturwissenschaftlichen Unterrichts (SINUS)“ (vgl. Krebs/Prenzel 2008) und ein Forschungsprogramm zur „Bildungsqualität von Schule (BIQUA)“ (vgl. Prenzel/Allolio-Näcke 2006) auf den Weg gebracht.

Die Diagnose der TIMSS-Videos führt allerdings ein noch größeres Problem vor Augen. Schließlich implizieren die genannten Befunde und die Kommentare hierzu nicht zuletzt Annahmen über die Prävalenz der zu verbessernden Unterrichtspraktiken. So bezieht sich etwa Baumert mit seiner Kritik am fragend-entwickelnden Unterricht auf ein zwar auch in anderen Ländern genutztes, aber in Deutschland offenbar doch „dominantes Unterrichtsmuster“ (ebd., S. 146), ein Befund, der durch andere Untersuchungen erhärtet wird (vgl. z. B. Seidel et al. 2006). Konstatiert wird mit anderen Worten eine generelle Schieflage, deren Beseitigung keinesfalls mühelos und durch den besonderen Einsatz einzelner innovativer Lehrkräfte gelingen kann. Erforderlich werden Ansätze einer möglichst breitenwirksamen Unterrichtsreform und Antworten auf die Frage, wie sich Unterricht schulweit, besser noch systemweit verändern lässt.

6.2 Unterrichtsentwicklung verstehen

Die Veränderung von Unterricht wird in der Praxis auf vielfältige Art und Weise angestrebt: Mal setzt sich die einzelne Lehrkraft, welche sich um den Einsatz neuer Materialien für den Unterricht bemüht, mal ein Lehrer-Fortbildner, welcher eine Gruppe von Lehrkräften aus unterschiedlichen Schulen in Methoden und Trainingsverfahren ausbildet, für eine Veränderung des Unterrichts ein. Unterrichtsentwicklung lässt sich bislang noch als Summe „mehr oder weniger systematischer Prozesse" zur Verbesserung der Lern- und Arbeitsbedingungen im Unterricht beschreiben, die sowohl auf individuellen, als auch auf gemeinsamen Anstrengungen von Lehrern und sogar Schülern fußen können (vgl. Meyer et al. 2007). Eine vorläufige Konkretisierung findet sich bei Helmke (vgl. 2009), der als Unterrichtsentwicklung alle Aktivitäten und Initiativen versteht, „[...] die sich auf Verbesserung des eigenen Unterrichts und des dafür notwendigen professionellen Wissens und Könnens beziehen." (ebd., S. 305).

6.2.1 Unterrichtsentwicklung als Herausforderung für die Lehrkraft

Unterrichtsentwicklung bedeutet Veränderung und erfordert häufig eine Veränderung des Lehrerhandelns. Hierbei werden möglicherweise existierende Überzeugungen und Gewohnheiten infrage gestellt, denn verändert wird vielfältig: Neue Methoden werden erprobt, Organisationsformen wechseln, neue Materialien müssen entwickelt oder adaptiert werden. Anspruchvolle Unterrichtsentwicklung kann sogar eine ganz neue Aufgabenkultur oder einen grundlegenden Rollenwechsel der Lehrkraft im Unterricht erfordern. Wie solche Veränderungen konkret aussehen können, verdeutlichen Baptist und Raab (vgl. 2007) für den Mathematikunterricht. Sie wollen Lehrerinnen und Lehrer dazu anregen, den eigenen Unterricht zu reflektieren:

1. Überdenken Sie Ihren Unterrichtsstil

- *Nicht Sie stehen im Zentrum des Unterrichts, sondern Ihre Schüler.*
- *Unterstützen Sie Ihre Schüler beim Lernen, vermeiden Sie ein Belehren.*
- *Ermutigen Sie Ihre Schüler, eigene Lernwege zu gehen.*
- *Geben Sie Anregungen und Hilfen zur Selbsthilfe.*
- *Trennen Sie ganz deutlich Lern- und Prüfungssituationen.*
- *Variieren Sie Unterrichtsformen und -methoden.*
- *Nicht Sie, sondern die Schüler selbst sind letztendlich für ihre Lernfortschritte verantwortlich.*

2. Überdenken Sie das Arbeiten mit Aufgaben

- *Lassen Sie die Schüler nicht lediglich Lösungen produzieren, sondern sich mit Aufgaben beschäftigen: Der Weg ist das Ziel.*
- *Ermöglichen Sie ein aktives und produktives Arbeiten mit Aufgaben: Aufgaben öffnen, Aufgaben variieren, Muster erkennen, Lösungsstrategien herausarbeiten.*
- *Unterschiedliche Lösungswege finden und dann auch gehen.*
- *Verknüpfen Sie Alltagswissen und mathematisches Wissen sinnvoll miteinander.*
- *Lassen Sie Lerntagebücher führen. Leiten Sie zum Verschriftlichen von Lösungs- und Lernprozessen an.*

3. Überdenken Sie die fachlichen Inhalte

- *Beschränken Sie sich auf grundlegende Inhalte.*
- *Stellen Sie wesentliche Ideen der jeweiligen Thematik deutlich heraus.*
- *Legen Sie Wert auf das Entdecken und Herausarbeiten inhaltlicher und struktureller Zusammenhänge.*
- *Reduzieren Sie die vorherrschende Kalkül-Orientierung zugunsten einer Verständnis-Orientierung.*

4. Überdenken Sie Ihre bislang übliche Art der Leistungserhebungen

- *Muss es immer eine Rechnung sein?*
- *Kann eine Aufgabe nicht auch aus einer Beschreibung bestehen?*
- *Lassen sich Erklärungen und Begründungen bei einer „traditionellen" Aufgabe einbauen?*
- *Können Aufgaben so gestellt werden, dass verschiedene Lösungswege möglich und sinnvoll sind?*
- *Das Variieren einer Aufgabe kann anspruchsvoller sein als das formale Anwenden eines Rechenverfahrens.*
- *Bewerten Sie auch, wie das Lerntagebuch geführt wird.*
- *Beziehen Sie mögliche Lernzielkontrollen bei Ihrer Unterrichtsplanung mit ein.*

5. Überdenken Sie Ihre eigene Rolle als Mathematiklehrerin bzw. -lehrer

- *Zeigen Sie Ihre Begeisterung für die Mathematik.*
- *Machen Sie immer wieder auf die Bedeutung der Mathematik aufmerksam, und zwar in kultureller, technischer und wirtschaftlicher Hinsicht.*
- *Zeigen Sie ein persönliches Interesse an den Inhalten, die Sie unterrichten.*
- *Bleiben Sie selbst mathematisch aktiv: Problemlösen, Wettbewerbe, populärwissenschaftliche Literatur etc.*
- *Vermeiden Sie „Einzelkämpfertum", setzen Sie auf die Zusammenarbeit in der Fachschaft bzw. im Kollegium.*
- *Vermitteln Sie durch Ihren Unterricht, dass die Mathematik eine lebendige, sich ständig weiterentwickelnde Disziplin ist.* (Baptist/Raab 2007, S. 10 f.)

Die aufgeführten Anregungen entstammen einer Publikation zum Projekt „Steigerung der Effizienz des mathematisch-naturwissenschaftlichen Unterrichts (SINUS)" bzw. „SINUS-Transfer", dem wohl derzeit größten Projekt zur Verbesserung von Fachunterricht im deutschen Sprachraum. Auf das Projekt wird weiter unten noch einzugehen sein, an dieser Stelle soll verdeutlicht werden, in welchem Umfang grundlegende Überzeugungen und Annahmen von Lehrerinnen und Lehrern im Rahmen systematischer Unterrichtsentwicklung möglicherweise berührt werden. Dass Reflexion und Hinterfragen der bestehenden Unterrichtspraxis nicht ohne Irritationen, Unsicherheiten und zuweilen auch Widerstände stattfinden, dürften viele Schulleiterinnen und Schulleiter aufgrund ihrer Erfahrung wissen. Veränderungen erzeugen Unsicherheit und Ängste im Kollegium, was weniger ein exklusives Problem des Lehrerberufes ist, sondern der menschlichen Natur entspricht. Die allermeisten Menschen stehen Veränderungen generell skeptisch gegenüber, da Veränderungen mit Unsicherheit über die Zukunft verbunden sind und somit als Gefahren und Risiken wahrgenommen werden können.

Um Unterrichtsentwicklung zu verstehen, erscheint es also wichtig, sich unter anderem mit der Perspektive der Lehrkraft auseinanderzusetzen. In der weiter oben angeführten Definition nimmt Helmke (vgl. 2009, S. 314) als Psychologe eine im Kern psychologische Perspektive ein, die viel zum Verständnis der die Veränderung von Unterricht beeinflussenden Faktoren – zumindest auf Seiten der Lehrkräfte – beiträgt. Demnach wird die Bereitschaft, den eigenen Unterricht zu verändern, von den folgenden Faktoren beeinflusst:

- *Motivationale Aspekte*, wie dem subjektiven Empfinden einer Notwendigkeit, den eigenen Unterricht überhaupt zu hinterfragen und gegebenenfalls zu ändern, vielleicht sogar die Wahrnehmung eines „Leidensdrucks", aber auch persönlichen Kosten-Nutzen-Erwartungen der Lehrkraft: Warum sollte ich als Lehrkraft überhaupt Energie, Zeit und Mühe und Unsicherheit in Kauf nehmen? In welchem Verhältnis steht der zu erwartende Ertrag zum prognostizierten Mehraufwand?
- *Professionelles Selbstverständnis:* Gehört die Reflexion über die Qualität meiner pädagogischen Arbeit zu meiner Verantwortung gegenüber der Gesellschaft sowie Schülern und Eltern? Empfinde ich gar eine berufsethische Verantwortung dafür, meinen Unterricht geltenden Standards entsprechend zu gestalten?
- *Bereitschaft zur Selbstreflexion und zur Kooperation:* Unterrichtsveränderung setzt die Bereitschaft voraus, das eigene Handeln gelegentlich infrage zu stellen und sich mit anderen über Unterricht und geltende Standards auszutauschen. Abschottung und isolierte Arbeitsweisen führen eher zu defensiven Routinen als zu Veränderung und Innovation.
- *Selbstwirksamkeit (engl. self efficacy):* Dies ist die Überzeugung, dass man in einer bestimmten Situation, auch unter manchmal schwierigen Bedingungen wirksam agieren kann. Eine hohe Selbstwirksamkeitserwartung erhöht die Motivation, neue und schwierige Herausforderungen mit Anstrengung und Ausdauer anzugehen.

Ein wichtiger Faktor, der die Planung und Umsetzung von Unterrichtsveränderungen beeinflusst, ist ohne Zweifel die professionelle Kompetenz der Lehrkraft. Franz Weinert (vgl. 2001) versteht unter Handlungskompetenz einerseits kognitive Fähigkeiten und Fertigkeiten, um bestimmte Probleme zu lösen, sowie andererseits motivationale, volitionale und soziale Bereitschaften, um Problemlösungen in variablen Situationen erfolgreich und verantwortungsvoll nutzen zu können. Zentral sind hierbei die kognitiven Fähigkeiten und Fertigkeiten, mithin das Wissen.

Zum Professionellen Lehrerwissen hat die „COACTIV-Arbeitsgruppe" um Baumert und Blum ein Modell publiziert, dass die Vorarbeiten anderer Wissenschaftler integriert (vgl. Abb. 1). Das Professionswissen von Lehrkräften wird hier über fachliches Wissen, curriculares Wissen, die Philosophie des Schulfaches, allgemeines pädagogisches Wissen sowie fachspezifisches pädagogisches Wissen konzeptionalisiert (vgl. Bromme/Rheinberg 2006), die COACTIV-Arbeitsgruppe ergänzt hierzu noch die Bereiche des spezifischen Organisations- und Interaktionswissens sowie des Beratungswissens, das zur Kommunikation mit Laien erforderlich ist.

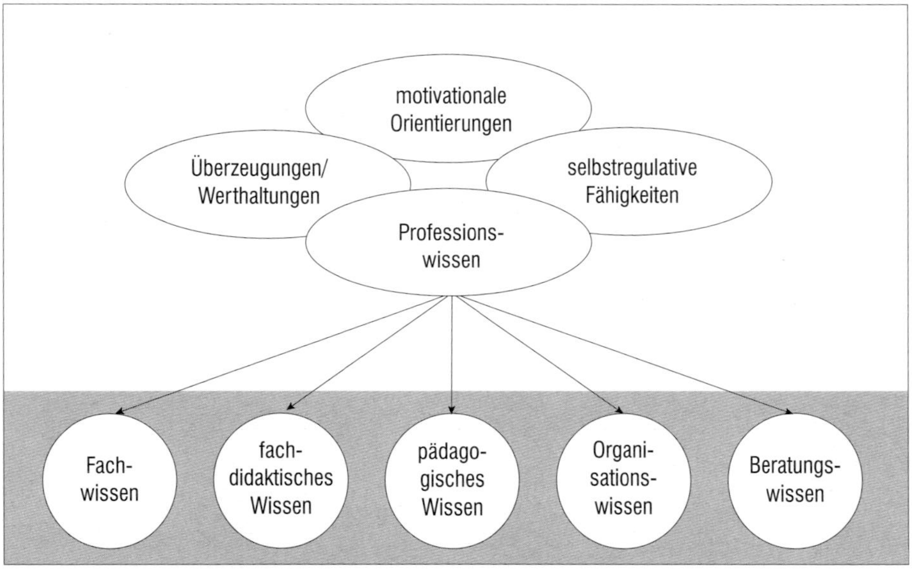

Abb. 1: Schematisches Modell des Professionswissens von Lehrkräften (Brunner et al. 2006, S. 523)

Obwohl zur Erforschung der professionellen Kompetenz von Mathematiklehrkräften entwickelt, ist das Modell auch für die Lehrkräfte anderer Fächer elementar. Das Zusammenspiel der beschriebenen Elemente bildet die Grundlage für professionelles Lehrerhandeln und somit für die fachlich gehaltvolle und adaptive Gestaltung des Unterrichts (vgl. ebd., S. 62).

Die Ausdifferenzierung des Professionswissens von Lehrkräften ist bei der Suche nach erfolgversprechenden Ansätzen der Unterrichtsentwicklung elementar. Nicht zuletzt, weil die Reform von Unterricht häufig über die Beeinflussung der kognitiven Grundlagen, also des Lehrerwissens, angestrebt wird – und das mit gutem Grund. Schließlich bezieht sich Unterrichtsentwicklung in der Regel auf Kerndimensionen des Lehrerhandelns und erfordert hier von Lehrkräften teilweise fundamentale Veränderungen. Diese setzen voraus, dass die Lehrkräfte theoretische Annahmen, die den angestrebten Veränderungen zugrunde liegen, kennen und verstehen (vgl. Shulmann/Sherin 2004). Die Verbreitung solcher Kenntnisse in der Fläche ist eine große Herausforderung und kann nicht allein über die Erstausbildung von Lehrkräften erwartet werden.

Da über eine Veränderung der Lehrer-Erstausbildung Veränderungen erst nach 10 bis 15 Jahren zu erwarten sind (vgl. Terhart 2004) und auch die im Dienst befindlichen Lehrkräfte erreicht werden sollen, betrachtet man Lehrerfortbildung als Weg zu unterrichtlichen Reformen – ein Weg, der nicht zuletzt auch als Angebot für große Gruppen finanzierbar erscheint. Dringende Reformen, zu denen wir auch die Unterrichtsentwicklung im Anschluss an TIMSS zählen dürfen, werden daher häufig durch klassische Lehrerfortbildung begleitet. Die Teilnahme an Fortbildungen dürfte in der Tat die am häufigsten vorkommende Form der Vorbereitung auf Veränderungen im Unterricht sein. Der Frage, inwieweit Lehrerfortbildung tatsächlich ein probates Mittel zur Veränderung von Unterricht darstellt, kann man recht gut nachgehen, indem man einen Blick auf die Forschung zur Wirksamkeit von Lehrerfortbildung wirft.

6.2.1.1 Subjektive Theorien, epistemologische Überzeugungen und Gewohnheiten beeinflussen das Unterrichtshandeln

Forschungsarbeiten zu subjektiven Theorien (oder Alltagstheorien) zeigen, dass Lehrerinnen und Lehrer im Laufe ihrer Berufsbiografie eigene grundlegende Überzeugungen entwickeln, die ihr Handeln im Alltag orientieren. Staub und Stern (vgl. 2002) zeigen, dass Drittklässler, die von einer Lehrkraft mit einer „konstruktivistischen Grundorientierung" zum Mathematikunterricht unterrichtet werden, höhere Leistungszuwächse im Bereich der Lösung anspruchsvoller Textaufgaben erreichen, als Schülerinnen und Schüler, deren Lehrkräfte Lernen hauptsächlich als Resultat von Informationsvermittlung und wiederholender Übung verstehen (entgegen weitverbreiteten Annahmen erweist sich die letztgenannte Überzeugung auch nicht hinsichtlich des Faktenwissens und des Lösens von Routineaufgaben als effektiver).

Die von Staub und Stern aufgezeigte Bedeutung grundsätzlicher Überzeugungen der Lehrkraft für das Lernen der Schülerinnen und Schüler ist für jeden Versuch, Unterricht zu verändern, von Belang. Soll Unterrichtsentwicklung die Handlungsebene erreichen, so müssen Kognitionen als Bedingungsvariablen des Handelns berücksichtigt werden. Hierzu zählt nicht allein das Professionswissen, sondern hierunter fallen eben auch Einstellungen, subjektive Theorien und das eigene (fach-)wissenschaftliche Weltbild (vgl. Helmke 2009). Inwieweit Innovationen tatsächlich Eingang in den Unterricht finden, scheint dabei weniger davon abzuhängen, inwieweit bestehende subjektive Theorien und Überzeugungen „gelöscht" und durch alternative Kognitionen ersetzt werden (dies dürfte eher in Ausnahmefällen gelingen), sondern inwieweit die Innovation Möglichkeiten der Anknüpfung an Bestehendes bietet. So zeigt eine niederländische Studie mit 146 Grundschullehrerinnen und -lehrern, dass die bloße Präsentation neuen Wissens im Rahmen von Lehrerfortbildungen nicht zu einem nachweisbaren Wissenszuwachs bei Lehrkräften führt, sondern zusätzlich die aktive Auseinandersetzung mit bestehenden Überzeugungen erforderlich ist (vgl. Tillema 1995). Die Studie zeigt außerdem, und das ist ein wichtiger Hinweis für das Verständnis von gelingender Unterrichtsentwicklung, dass die Aneignung neuen Wissens positiv mit einer geringen Diskrepanz zwischen bestehenden Überzeugungen und neu zu lernendem Wissen assoziiert ist. Wie weiter oben angesprochen, gelang die Aneignung neuen Wissens solchen Lehrkräften am besten, die Kongruenz zwischen ihren eigenen Überzeugungen und ihrem bestehenden Wissen und den neu präsentierten Informationen herstellen konnten. Um unterrichtsbezogene Überzeugungen und damit unterrichtliches Handeln zu verändern, sollten Lehrkräfte angeregt werden, sich mit ihren eigenen und mit fremden Überzeugungen auseinanderzusetzen. Zur Präsentation neuer Informationen sollte schließlich die Evaluation bereits bestehenden Wissens der Teilnehmerinnen und Teilnehmer begleitet werden.

Die Veränderung von Unterricht erfordert also Balance. Nimmt man die angeführten Befunde ernst, so sollten unterrichtsbezogene Innovationen für die einzelne Lehrkraft nicht mit einem Mal allzu sehr von Bestehendem abweichen – nicht zuletzt ist ja auch anzuerkennen, dass viele Lehrkräfte sehr vieles gut und richtig machen. Erfolg verspricht nicht das „Big Bang-Modell" schlagartiger Veränderungen, sondern eher ein längerfristig angelegtes inkrementelles Vorgehen der Unterrichtsverbesserung.

6.2.1.2 Was können wir aus der Forschung zur Lehrerfortbildung über die Veränderung von Unterricht lernen?

In der Literatur lassen sich normative Vorstellungen dazu finden, wie Lehrerfortbildungen gestaltet werden müssen, sollen sie – wie auch immer – wirksam sein. Dabei werden kurze, maximal eintägige Veranstaltungen („one-shot workshops") eher kritisch betrachtet (vgl. Kennedy 1999, S. 2):

- Fortbildungen sollen eher längerfristig als kurz ansetzen.
- Die Lehrkräfte sollen an der Auswahl der Inhalte mitwirken können und Fortbildungsthemen nicht einfach „vorgesetzt" bekommen.
- Die Fortbildungstermine sollen sich mit schulischen Praxisphasen abwechseln.
- Die Lehrkräfte sollen in Kleingruppen zusammenarbeiten (und nicht alleine).

Die empirische Forschungslage zu Lehrerfortbildungen ist vergleichsweise schmal und insgesamt unsystematisch (vgl. Lipowsky 2004; Terhart 2004). Dennoch lassen sich Merkmale von Fortbildungen benennen, die einen positiven Effekt zumindest auf den von Lehrkräften selbst eingeschätzten Zuwachs an Wissen und Fertigkeiten sowie auf die selbst eingeschätzten Veränderungen von Unterricht haben (vgl. Garet et al. 2001; Kennedy 1999). Hierzu zählen:

- Fokussierung auf fachliches und fachdidaktisches Wissen. Die weiter oben angesprochene Differenzierung des Lehrer-Professionswissens bildet die Grundlage für einen konsistenten Befund der Forschung zur Wirksamkeit von Lehrerfortbildung: Effekte auf die Leistungen von Schülerinnen und Schülern sind am ehesten von solchen Lehrer-Fortbildungen zu erwarten, die das fachbezogene und pädagogische fachbezogene Wissen der Lehrkräfte in den Mittelpunkt stellen. Fortbildungen zu fachübergreifenden pädagogischen Inhalten lassen eher keine Effekte auf die Fachleistungen von Schülerinnen und Schülern erwarten.

- Gelegenheiten zu aktivem Lernen. Aus Sicht der Lehrkräfte erscheinen Fortbildungsangebote mit einem klaren Unterrichtsbezug und möglichst vielfältigen Gelegenheiten zum Lernen wünschenswert. Entsprechende Angebote ermöglichen den Teilnehmerinnen und Teilnehmern die Selbst- und Fremdbeobachtung konkreter Unterrichtssituationen, die Umsetzung im eigenen Unterricht, die Analyse von Schülerarbeiten sowie eigene Präsentationen und schriftliche Reflexionen. Auch der Dialog mit Lehrkräften, die ähnliche Veränderungen in ihrer eigenen pädagogischen Praxis vornehmen oder schon vorgenommen haben, ist hilfreich.
- Wahrnehmung von Kohärenz. Lehrkräfte sollten neu zu Erlernendes mit Bestehendem verknüpfen können. Hierzu müssen sie Bezüge zwischen ihren eigenen Überzeugungen und ihrem bestehenden Wissen und dem neu zu Erlernenden herstellen können. Auch Kohärenz mit externen Vorgaben (z. B. Lehrpläne, nationale Standards, zentrale Tests) ist wichtig.

Insgesamt sollte das Potenzial von Fortbildungen für die Unterrichtsentwicklung weder über- noch unterschätzt werden. Es lassen sich durchaus Hinweise auf eine potenziell unterrichtswirksame Fortbildungspraxis ableiten, allerdings erschöpft sich Unterrichtsentwicklung nicht in regelmäßiger Fortbildung. Lehrerfortbildung als Training kann aufgrund des sich verändernden und fortschreitenden Wissens in den Fachwissenschaften und der Erziehungswissenschaft immer nur vorläufige Ziele verfolgen. Längerfristig sollte die Professionalisierung von Lehrkräften durch innerschulische Strukturen und kooperative Arbeitsweisen unterstützt werden. Nicht zuletzt um den Transfer und die Nachhaltigkeit von Fortbildungen zu erhöhen, ist die langfristige Einbindung von Lehrkräften in kooperativ arbeitende Lehrerteams und Lerngemeinschaften sinnvoll.

6.2.1.3 Unterrichtsentwicklung als Prozess verstehen

Mit der Bedeutung des inkrementellen Vorgehens wird die Prozesshaftigkeit von Unterrichtsentwicklung deutlich. Eine erste Ordnung, die das Verständnis und die Analyse von Unterrichtsentwicklung und ihrer Bedingungen ermöglicht, legt Helmke vor (vgl. 2009, S. 309). Im Zentrum seines Rahmenmodells steht die Unterrichtsentwicklung als Sequenz von fünf Teilprozessen (vgl. Abb. 2).

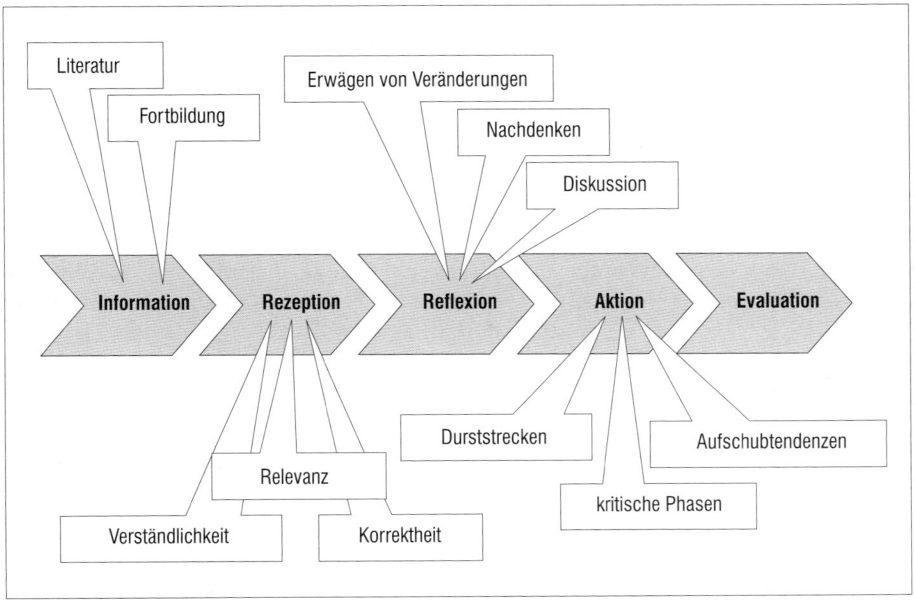

Abb. 2: Unterrichtsentwicklung als Sequenz (vgl. Helmke 2009, S. 309)

Am Anfang der Sequenz steht die *Information* über innovative Konzepte, Methoden oder Materialien oder auch allgemein über Qualitätsmerkmale von Unterricht, die im Rahmen einer Fortbildung oder in einem Fachtext präsentiert wird. Die Art und Weise, wie die Information in inhaltlicher und formaler Hinsicht gestaltet wird, beeinflusst die Rezeption. Die Information kann verstanden werden oder nicht, sie kann missverstanden, abgelehnt, übersehen oder willentlich ignoriert werden. Dies hängt nicht zuletzt davon ab, wie die Information dargeboten wird: Ist sie verständlich, relevant, aktuell und korrekt? Im Idealfall führt die Rezeption zum Nachdenken und regt Diskussionen an, es kommt also zur Reflexion. In dieser Phase entscheidet sich, ob Veränderungen des eigenen Unterrichts in Betracht gezogen werden oder nicht.

Die entscheidende Phase ist natürlich die der *Aktion*. Kommt es überhaupt zur Handlungsaufnahme oder wird der Vorsatz, etwas zu verändern immer wieder auf die lange Bank geschoben? Die Umsetzungs- bzw. Aktionsphase ist häufig gekennzeichnet durch Brüche, kritische Phasen, manchmal auch Rückschläge. Hier entscheidet sich nun, ob das Innovationsvorhaben tatsächlich im Unterricht realisiert wird. Wichtig ist in dieser Phase der Umgang mit Problemen: Was tun, wenn kein schneller Erfolg sichtbar wird? Wenn es zu Verunsicherungen kommt, weil man den Eindruck hat, die Neuerung sei in Wahrheit ein Verlust an Qualität (weil man die neue Praxis nicht auf Anhieb genauso sicher beherrscht wie die alte)? Was tun bei mangelnder Unterstützung oder Widerstand im Kollegium? In der Phase der Aktion entscheidet sich auch, ob Veränderungen nachhaltig Eingang in den Unterricht finden oder nur kurzzeitig ausprobiert werden. Hierzu ist die abschließende Phase der *Evaluation* wichtig: Führt die Veränderung zu einer Verbesserung des Unterrichts, mithin zu einer Verbesserung des Lernens der Schülerinnen und Schüler oder handelt es sich gar nicht um einen wirklichen Fortschritt? Diese Phase ist sicherlich die schwierigste, da Evaluation einen systematischen und datengestützten Prozess bezeichnet, nicht allein das Vertrauen auf die eigene Intuition oder ein momentanes „Bauchgefühl".

Das in Abbildung 2 in einem Ausschnitt betrachtete Rahmenmodell eröffnet unterschiedliche Perspektiven auf Unterrichtsentwicklung und führt individuelle und soziale Bedingungen sowie die Perspektive der Schule als Organisation zusammen. Neben den weiter oben bereits aufgeführten individuellen Bedingungsfaktoren der Unterrichtsentwicklung umfasst es hierzu auch Variablen des schulischen und außerschulischen Kontextes. Zu diesen „externen Bedingungsfaktoren" gehören in Helmkes Modell das Evaluations- und Kooperationsklima der Schule, die Schulleitung, das Schulprogramm, externe Unterstützung durch Wissenschaftler und Moderatoren sowie finanzielle und materielle Ressourcen. Mit der Einbeziehung dieser Kontextmerkmale sprengt das Rahmenmodell die rein psychologische Betrachtung und ermöglicht eine umfassende Reflexion und Analyse des Wirkgefüges unterschiedlicher Bedingungen von Unterrichtsentwicklung. Insgesamt kann das Rahmenmodell Schulleitungen helfen, Prozesse der Unterrichtsentwicklung über die Zeit zu steuern und Fehlentwicklungen vorzubeugen.

6.2.2 Unterrichtsentwicklung im institutionellen Kontext

In der Einleitung dieses Beitrages wurde bereits darauf hingewiesen, dass die Ergebnisse der Schul- und Unterrichtsforschung in Deutschland nicht nur auf vereinzelt auftretende Probleme hinweisen, sondern Veränderungen in der Breite herausfordern. Die weiter oben wiedergegebene Arbeitsdefinition von Helmke (vgl. 2009), nach der Unterrichtsentwicklung auf die Verbesserung des eigenen Unterrichts abzielt, hebt den Aspekt der Breitenwirksamkeit nicht explizit hervor, wohingegen andere Autoren gerade den Anspruch, dass Unterrichtsentwicklung interindividuell stattfinden müsse, betonen. So stellen Horster und Rolff (vgl. 2001) fest, dass Unterrichtsentwicklung die einzelne Lehrkraft überfordere und auch Bastian (vgl. 2007) versteht Unterrichtsentwicklung als systematische und *gemeinsame* Anstrengung. Auch andere Autoren diskutieren im Zusammenhang mit Unterrichtsentwicklung Formen der Lehrer-Kooperation (vgl. Terhart 1995, Holtappels 1999, Klippert 2008, Bonsen/Rolff 2007).

Das klassische Fortbildungsmodell setzt bei der individuellen Lehrkraft an. Diese wird aus dem Schulkontext herausgelöst mit neuen Inhalten, Methoden oder Materialien vertraut gemacht und – wenn es sich um eine gute Fortbildung handelt – auf den Einsatz im eigenen Unterricht vorbereitet. Im Anschluss einer solchen Fortbildung kann die Lehrkraft das neu Gelernte im Unterricht selbst einsetzen, die Umsetzung bleibt allerdings auf den eigenen Klassenraum beschränkt. Da die Umsetzung im Unterricht ohne die konkrete Fortbildungserfahrung nur stark eingeschränkt möglich sein dürfte, bleibt die Ausbreitung in der Schule von vornherein eine eigentlich kaum zu erwartende Ausnahme. Unterrichtsentwicklung nach in diesem Abschnitt gefordertem Verständnis setzt aktive Mitstreiter und gemeinsame Entwicklungsbemühungen voraus. An dieser Stelle ließe sich also festhalten: Unterrichtsentwicklung als direkte Folge klassischer Lehrerfortbildung ist kaum zu erwarten.

Dass nicht nur individuelles Lernen, sondern Unterrichtsentwicklung kollegiumsweit stattfindet, setzt nicht nur individuelles Lernen einzelner Lehrkräfte, sondern gemeinsames Lernen im Team voraus. Im günstigsten Fall nehmen Lehrkräfte gemeinsam an schulinternen oder -externen Fortbildungen teil und haben somit die Möglichkeit zu gleichen Lernerfahrungen.

Im günstigsten Fall verlaufen nach einer gemeinsamen Fortbildung Transfer und Reflexion der eigenen pädagogischen Praxis institutionell abgesichert. Dies geschieht durch Strukturen im Kollegium, zum Beispiel Lerngemeinschaften, Lehrerteams, Qualitätszirkel oder auch aktive Fachkonferenzen. Fehlen solche Strukturen im Kollegium, so dürften Transfer und Multiplikation des Wissens kaum stattfinden. Schulen, in denen kooperative Arbeitsweisen bestehen und neues Wissen in Arbeitsgruppen und Teams eingespeist werden kann, dürften auch von klassischer Lehrerfortbildung mehr profitieren. Im Idealfall entspricht die Gesamtheit kooperativer Arbeitsstrukturen dem in der Schulentwicklungsliteratur häufig bemühten Anspruch einer lernenden Organisation bzw. dem der Lernenden Schule (vgl. Abb. 3).

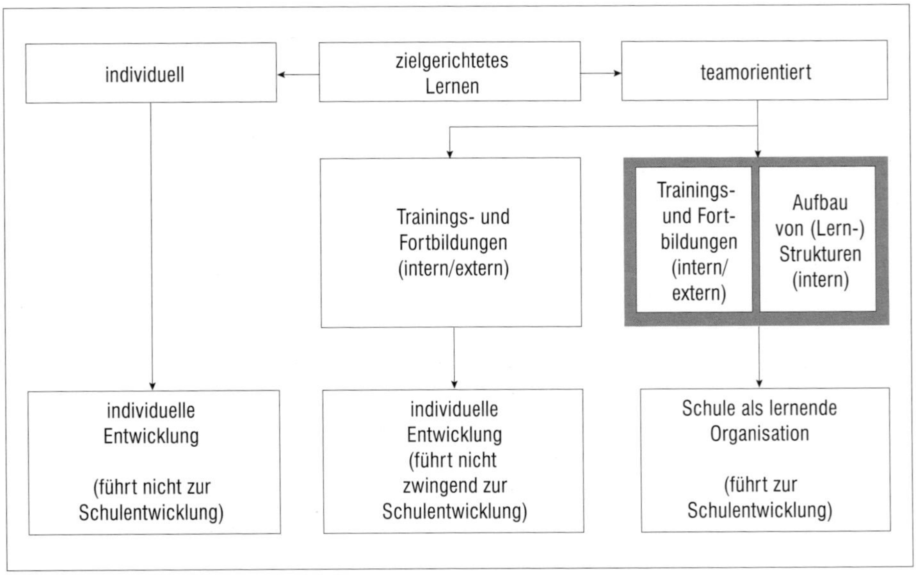

Abb. 3: Auswirkungen von individuellem Lernen und Teamlernen auf die Schulentwicklung (Höfer 2006, S. 757, © 2006 Beltz Verlag, Weinheim/Basel)

Mit der Forderung nach Teamlernen und institutioneller Absicherung professionellen Lernens als Antwort auf die Herausforderung einer auch in die Breite zielenden Unterrichtsentwicklung, wird also die Aufmerksamkeit auf die Ebene der Institution und auf Merkmale der Schule als Organisation gelenkt. Hier tut sich nun ein komplexes, in der Praxis oft defizitär entwickeltes Feld auf, das aktiv gestaltet werden kann und sollte.

Die Einzelschule selbst, also der Arbeitsplatz von Lehrerinnen und Lehrern, ist traditionell kein Ort enger Kooperation. Bereits in den 1970er-Jahren wurde das Bild der Schule als nur „lose gekoppeltes System" (Weick 1982) geprägt: Die Lehrkräfte arbeiten den größten Teil ihrer Arbeitszeit unter der Bedingung pädagogischer Autonomie. Eine Kontrolle des Unterrichts ist kaum vorgesehen (und aufgrund unrealistisch hoher Kontrollkosten auch kaum möglich), Feedback und Kooperation finden, nicht zuletzt durch äußere organisatorische Vorgaben sowie das am Stundendeputat orientierte Arbeitszeitmodell, nur selten statt. Unterrichtet wird traditionell hinter verschlossenen Türen. Was tatsächlich im Unterricht geschieht, erfahren zwar die Schülerinnen und Schüler, professioneller Austausch zwischen Lehrkräften findet hingegen an den meisten Schulen kaum statt. Die Phasen des isolierten Arbeitens im Klassenzimmer sind nur durch kurze Pausen aufgebrochen, die kaum professionelle Kommunikation und kollegialen Austausch oder gar Reflexion des eigenen pädagogischen Unterrichtshandelns zulassen. Schon in den 1960er-Jahren wurde diese Form der Arbeitsorganisation im Englischen unter dem Stichwort des „self-contained-classroom" problematisiert (vgl. in der Übersetzung erstmals Lortie 1972). Ausgangspunkt ist dabei ein durch Konvention gestützter Lehrer-Individualismus, der dazu führt, dass die Unterrichtsarbeit von Lehrkräften abgeschirmt und individualisiert stattfindet. Die vielfach falsch verstandene pädagogische Autonomie führt auch dazu, dass Lehrkräfte nur schwer einschätzen können, wie gut sie unterrichten beziehungsweise welche Möglichkeiten der Optimierung ihres Unterrichtshandelns sie hätten. Diese Situation, die wohl die meisten Lehrerinnen und Lehrer kennen dürften, wird um so unverständlicher, wenn man sich den hohen Stellenwert der Lehrerkooperation vor Augen führt, der als eines der stabilsten Ergebnisse der empirischen Forschung zur Qualität von Schulen beschrieben wird (vgl. Terhart 1995).

Die Forderung nach systematischer und gemeinsamer Unterrichtsentwicklung impliziert somit Veränderungsarbeit an stabilen Traditionen und zum Teil grundlegende Veränderungen der Lehrerarbeit.

Betrachtet man die Bedeutung der Kooperation zwischen Lehrkräften für derartige Prozesse, so erscheint die tatsächliche Praxis in den Schulen defizitär. Sozialisiert in einem System aus ganz überwiegend halbtägig organisierten Schulen mit einer Arbeitszeit, deren Hauptregulation über die Festlegung von Unterrichtsstunden zu funktionieren scheint, hat sich die bereits beschriebene Organisation als nur lose gekoppeltes System verfestigt. Zwar kann keinesfalls behauptet werden, dass in anderen Ländern die Forderung nach Intensivierung der unterrichtsbezogenen Lehrerkooperation bereits erfüllt sei, jedoch erscheint gerade in den deutschen Halbtagsschulen der Lehrerindividualismus besonders ausgeprägt zu sein (vgl. Abb. 4)

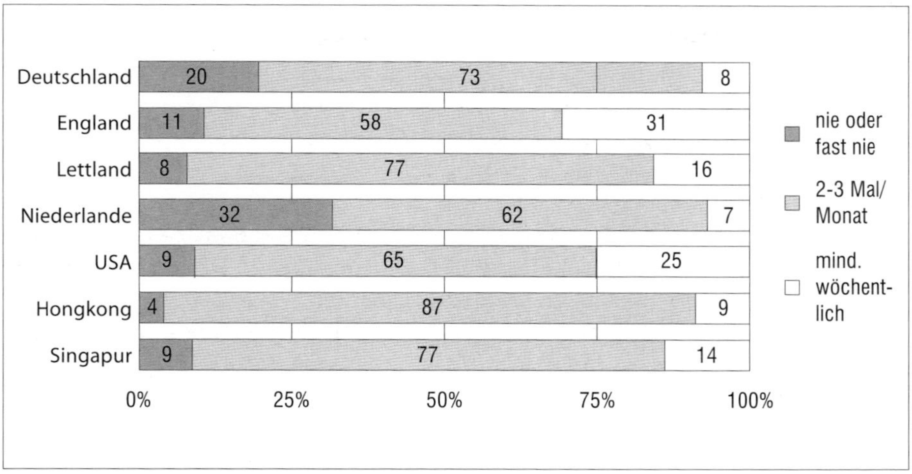

Abb. 4: Kooperationshäufigkeit von Grundschul-Lehrkräften (Lehrerbefragung, Datengrundlage: Trends in International Mathematics and Science Study 2007, Auswertung des Verfassers)

Mit der Ausweitung des im vorausgegangenen Abschnitt skizzierten – eher psychologisch motivierten – Versuchs zu erklären, wie die einzelne Lehrkraft ihren Unterricht verändern kann, wird Unterrichtsentwicklung nun aus einer anderen, vor allem für Schulleitungen relevanten Perspektive betrachtet. Diese Perspektive ist für Schulleitungen eine notwendige Ergänzung des psychologischen und des fachdidaktischen Blickes auf Unterricht.

Im Mittelpunkt stehen nun Innovationsprozesse und ihre Gestaltung, mit anderen Worten, es wird nach Möglichkeiten der Intervention auf der Organisationsebene gesucht. Hier interessiert das „Machbare", eine Verfahrenslogik und notwendige Instrumente der Reflexion und Veränderung von Unterricht. Hierin sollte nicht eine defizitäre und kritisch zu bewertende Einengung der Auseinandersetzung mit Unterrichtsentwicklung gesehen werden (vgl. z.B. Kiper 2009), vielmehr steht eine für Schulleitungen erforderliche rollenspezifische Fokussierung im Vordergrund, werden also aus Sicht der Schulleitung ganz pragmatische Erwägungen relevant.

6.2.3 Verschiedene Ansatzpunkte für Unterrichtsentwicklung

In den letzten Jahren hat sich ein Verständnis von Unterrichtsentwicklung etabliert, das die Effektivierung des Lernens der Schülerinnen und Schüler in allen Dimensionen anstrebt. Die hierzu in der Literatur dokumentierten Strategien zur Unterrichtsentwicklung sind vielfältig. Sie adressieren unterschiedliche Personen bzw. Personengruppen und sind entweder fachlich oder überfachlich ausgerichtet. Die bekanntesten Strategien der Unterrichtsentwicklung seien kurz skizziert:

Methodenorientierte Unterrichtsentwicklung als „horizontaler Ansatz"

Ein weitverbreiteter Einstieg in die Unterrichtsentwicklung ist die gemeinsame Erarbeitung eines schulinternen Methodencurriculums zur Förderung eigenverantwortlichen und selbstregulierten Arbeitens (vgl. z. B. Höfer 2009; Klippert 2008). Hier stehen die arbeitsmethodischen Voraussetzungen für selbstständiges Arbeiten der Schülerinnen und Schüler im Vordergrund. Im Kollegium werden Absprachen darüber getroffen, welche Methoden in welcher Jahrgangsstufe eingeführt werden sollen und auf Grundlage von Literatur und schulinternen Fortbildungen wird ein schulinternes Methodencurriculum erarbeitet. Hiermit werden zwei Ziele verfolgt: Zum einen sollen Schülerinnen und Schüler an eigenständiges individuelles Arbeiten und eigenständiges Arbeiten im Team herangeführt werden, damit sie ihre eigenen Arbeitsprozesse besser steuern lernen, zum anderen sollen Lehrerinnen und Lehrer lernen, die Schülerinnen und Schüler an entsprechende Methoden heranzuführen und gemeinsam dafür Sorge zu tragen, dass in allen Klassen mit den vereinbarten Methoden gearbeitet werden kann. Dieser Ansatz ist nicht fachspezifisch und lässt sich daher als Schritt einer horizontalen Unterrichtsentwicklung verstehen. Der Ansatz betont Zusammenarbeit und Kooperation im Kollegium.

Reflektorische Unterrichtsentwicklung

Ausgehend vom Konzept des „reflektierenden Praktikers" nach Donald Schön entwickeln Horster und Rolff (vgl. 2009) die Idee der reflektorischen Unterrichtsentwicklung. Grundidee dieses Ansatzes ist, dass die Lehrerinnen und Lehrer einer Schule sich über ihre Vorstellungen von (gutem) Unterricht verständigen, sich also auf gemeinsame Standards einigen, anschließend die für deren Realisierung notwendigen Schritte vereinbaren und Kriterien entwickeln, anhand derer sie den Erfolg ihrer gemeinsamen (Unterrichts-)Entwicklungsarbeit überprüfen wollen. Dieses Modell zeigt gewisse Ähnlichkeit mit dem weiter oben beschriebenen Sequenzmodell von Helmke (vgl. 2009), jedoch wird die Sequenz bei der reflektorischen Unterrichtsentwicklung gemeinsam vom gesamten Kollegium vollzogen und somit quasi auf die Ebene der Gesamtorganisation gehoben. Es wird deutlich, dass die Autoren Schulentwicklung und nicht allein das individuelle Lernen der Lehrkräfte im Blick haben. Ausgangspunkt für Unterrichtsentwicklung ist die Arbeit an den subjektiven Theorien der Lehrerinnen und Lehrer über „Bilder" von Unterricht. Der Ansatz der reflektorischen Unterrichtsentwicklung ist ebenfalls nicht fachbezogen und betont gemeinsame Reflexion und Konsensfindung im Kollegium. Ebenso wie der methodenorientierte Ansatz bietet die reflektorische Unterrichtsentwicklung die Möglichkeit zum Einstieg in Unterrichtsentwicklung mit dem Gesamtkollegium.

Unterrichtsentwicklung durch Schülerrückmeldungen

Bastian et al. (vgl. 2007) sehen einen guten Einstieg in die Unterrichtsentwicklung in Schülerrückmeldungen zum Unterricht. Für sie kann Schülerfeedback im Sinne eines forschungsbasierten Prozessmodells zum gemeinsamen Nachdenken von Schülern und Lehrern über die Arbeit im Unterricht eingesetzt werden. Initiiert werden soll durch das Schülerfeedback ein systematisches Gespräch über Lernen, ein besseres Verständnis der Prozesse im Unterricht und ein Nachdenken darüber, wie das Lernen im Unterricht verbessert werden kann. Auf der Basis kontinuierlicher Feedbackarbeit an vier Schulen entwickeln Bastian et al. (vgl. 2007) ein Phasenmodell, das die spezifischen Erfahrungen der Projekt-Schulen verallgemeinert. Zu diesem Modell mit insgesamt acht Phasen schlagen sie vom Einstieg über ein Feedbackgespräch, bis hin zu einem Stadium, in dem systematische Reflexion die Ableitung von Konsequenzen und konkrete Planung ermöglichen soll, jeweils „phasenbezogene Settings von Methoden" (ebd., S. 184) vor. Als gute Bedingung für ein wirkungsvolles Schülerfeedback empfehlen die Autoren die Bildung von Teams. Die Schulleitung soll über das Konzept der Schülerrückmeldung informieren, der Präsentation von Feedbackarbeit Raum geben und Feedbackarbeit als Entwicklungsperspektive ins Schulprogramm aufnehmen.

Netzwerkbasierte Unterrichtsentwicklung

Wie in vielen anderen gesellschaftlichen Bereichen, wird auch in der Schul- und Unterrichtsentwicklung Kooperation in vernetzten Strukturen zunehmend als Leitprinzip entdeckt. Die Vernetzung mehrerer Schulen soll zum Aufbau eines Unterstützungssystems führen, dass auf Gegenseitigkeit und Synergien setzt. Dabei soll der Austausch von Wissen und Erfahrungen, gegenseitige Beratung und gemeinsame Entwicklungsarbeit in Schulnetzwerken wichtige Impulse für die Entwicklung der Einzelschule liefern (vgl. Killus 2008). Berkemeyer et al. (vgl. 2008) postulieren, dass die Vernetzung von Schulen in Form interschulischer Netzwerke nicht zuletzt zu Verbesserungen der fachlichen Leistungen der Schülerinnen und Schüler führt, wenn Schulen in lokaler Nähe und mit einem gemeinsamen Entwicklungsinteresse, zunächst in einem Fach, über jeweils zwei Koordinatoren vernetzt werden. Dabei setzen die Autoren auf die Selbstorganisationsfähigkeit der Netzwerke, die jedoch durch externe Impulse beeinflusst werden soll. Diese bestehen aus Fortbildungsveranstaltungen zur Stärkung der Selbstorganisationsfähigkeit und kriterienorientierten Mittelzuwendungen. Ein zentraler Vorteil vernetzter Unterrichtsentwicklung besteht offenbar im Bereich der Ressourcennutzung. So lässt sich in Netzwerken eine „[...] regional organisierte schulübergreifende Unterstützung zur Weiterentwicklung von Unterricht und Schulmanagement in Form von schulübergreifenden Fortbildungen, die sich eine einzelne Schule so nur schwer hätte leisten können" realisieren (Bastian 2007, S. 189). Somit greift die Idee der Vernetzung den eingangs angesprochenen Aspekt der Unterrichtsreform in der Breite auf. Schulnetzwerke können fachbezogen oder fachübergreifend organisiert werden und setzen – solange die interschulische Vernetzung primär über Koordinatoren verläuft – die Beteiligung des gesamten Kollegiums nicht als Bedingung voraus.

Fachbezogene Unterrichtsentwicklung innerhalb der Schule

Die weiter oben bereits angesprochene Forderung nach mehr Austausch und Kooperation im Kollegium lässt sich fachbezogen innerhalb bestehender Strukturen realisieren. Allerdings zeigt die Erfahrung, dass solche Strukturen an vielen Schulen im Dornröschenschlaf liegen – die Rede ist von Fachkonferenzen. Dort wo es Fachkonferenzen gibt, tagen diese manchmal nur ein- oder zweimal im Schuljahr und damit viel zu selten, um Unterrichtsentwicklung im engeren Sinne zu betreiben (vgl. Schnack 2005). Da an vielen Grund-, Haupt- und Realschulen Lehrkräfte immer wieder fachfremd unterrichten müssen und überdies nicht alle Kolleginnen und Kollegen, die ein bestimmtes Fach unterrichten, in die jeweils entsprechende Fachkonferenz eingebunden sind, sollte anstelle der Fachkonferenz von Fachgruppe als Gesamtheit der Lehrkräfte, die ein Fach unterrichten, die Rede sein. Die Fachgruppe bildet den Ort, in dem Schulen ohne Weiteres mit fachbezogener Unterrichtsentwicklung anfangen können. Allerdings gibt es in vielen Schulen erschwerende Rahmenbedingungen: keine vorhandene Kooperationskultur, kaum Erfahrung mit dem Austausch über Unterricht, fehlendes Fachvokabular für das Kommunizieren über Unterricht, vielleicht auch Ängste und subjektiv empfundene Bedrohung durch die Forderung nach mehr Kooperation. Hieraus resultiert die Herausforderung für Schulleitungen und Fachleiterinnen bzw. Fachleiter der Fachgruppenarbeit mehr Verbindlichkeit zu geben und diese auf Qualitätsentwicklung zu orientieren (vgl. Horster/Rolff 2001).

Fachbezogene Unterrichtsentwicklung in der Fläche

Als Reaktion auf die in der Einleitung zitierte TIMSS-Videostudie wurden in Deutschland bundesweite Projekte wie das zur „Steigerung der Effizienz des mathematisch-naturwissenschaftlichen Unterrichts" (SINUS) oder naturwissenschaftlich ausgerichtete Projekte wie „Chemie im Kontext" (ChiK), „Physik im Kontext" (PiK) oder „Biologie im Kontext" (BiK) ins Leben gerufen. Ziel dieser Programme war und ist die Weiterentwicklung des mathematisch-naturwissenschaftlichen Unterrichts, also fachbezogene Unterrichtsentwicklung. Das Programm SINUS setzt beispielsweise auf verschiedenen Ebenen sowohl bottom-up als auch top-down an, d. h. ein inhaltliches Gerüst wird durch den Programmträger vorgegeben, gleichzeitig werden Entwicklungsprozesse an der Basis, d. h. im Kollegium erhofft. Die Entwicklungsarbeit in den Schulen wird durch Materialien für den Unterricht, Fortbildungen und Beratungen durch Fachwissenschaft und -didaktik angeregt und unterstützt. Professionelle Kooperation wird vor allem zwischen Schulen angeregt, aber auch innerhalb der Schulen gefordert. Schulübergreifende Zusammenarbeit wird in sogenannten Schul-Sets organisiert und durch Set-Koordinatorinnen und -Koordinatoren unterstützt. Inhaltlich wird die Arbeit durch aufeinander abgestimmte Module strukturiert, die vom Programmträger vorgegeben werden. Die Module helfen, die Arbeit innerhalb der Sets zu strukturieren und erleichtern somit den Austausch von Konzepten, Ideen und Erfahrungen innerhalb und zwischen Schulen. Insgesamt zielen die Module auf eine Veränderung der Lernkultur im mathematisch-naturwissenschaftlichen Unterricht ab. Lehrkräfte sollen lernen, im gemeinsamen Austausch Problembereiche des mathematisch-naturwissenschaftlichen Unterrichts zu identifizieren, Entwicklungsziele festzulegen und durch Selbstevaluation die Erreichung dieser Ziele zu überprüfen (vgl. Krebs/Prenzel 2008). Insgesamt handelt es sich bei SINUS um ein außerordentlich ambitioniertes Projekt, das viele Aspekte der Unterrichtsentwicklung miteinander verbindet. Um die angestrebten Ziele zu erreichen, wurden bei SINUS von Anfang an die Lehrpersonen in den Mittelpunkt gerückt. Ähnlich wie auch die oben angesprochenen Netzwerkbemühungen werden auch in SINUS einzelne Lehrkräfte aus den Kollegien herausgehoben. Sie nehmen an den Set-Treffen teil und sollen für den innerschulischen Transfer sorgen. Inwieweit genau an dieser Schnittstelle zum Kollegium der Einzelschule allerdings tatsächlich kollegiumsweite Unterrichtsentwicklung entsteht, ist bislang nicht empirisch untersucht worden.

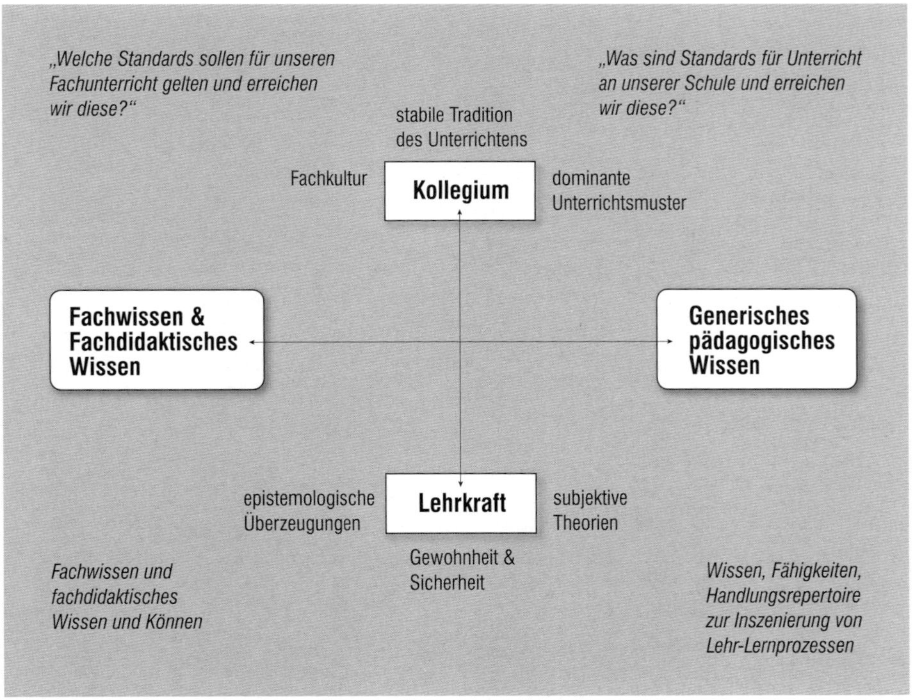

Abb. 5: Spannungsfelder der Unterrichtsentwicklung

Betrachtet man die verschiedenen Ansätze der Unterrichtsentwicklung, so lassen sich unterschiedliche Aufmerksamkeitsrichtungen und Schwerpunktfragen identifizieren, welche sich über die Begriffspaare *Organisation (Kollegium)* und *Profession (Lehrkraft)* einerseits sowie *Fachwissen und -didaktik* und *Allgemeine Didaktik/generisches Unterrichtswissen* andererseits voneinander abgrenzen lassen (vgl. Abb. 5). Hinter den Begriffen verbergen sich jeweils spezifische Herausforderungen, welche die Komplexität von Unterrichtsentwicklung verdeutlichen sollen.

Während beispielsweise die „Reflektorische Unterrichtsentwicklung" im Gesamtkollegium eher im Quadranten rechts oben zwischen Organisation und Allgemeiner

Didaktik verortet ist (Leitfrage: „Was sind Standards für Unterricht an unserer Schule und erreichen wir diese?"), lassen sich Projekte wie SINUS zunächst im Quadranten links unten ansiedeln, da sie an der Entwicklung von Fachwissen und fachdidaktischem Wissen und Können der Lehrkräfte ansetzen. Erreichen solche Projekte im günstigsten Fall das gesamte Kollegium, so wäre die gesamte Schule als Organisation angesprochen und eine kollegiumsweite fachbezogene Unterrichtsentwicklung würde gefördert.

6.3 Führungs- und Managementaufgaben in der Unterrichtsentwicklung

Unabhängig vom gewählten Startpunkt, ob fachlich oder horizontal, ob extern vernetzt oder als schulinternes Vorhaben, erfordert Unterrichtsentwicklung immer ein systematisches und planmäßiges Vorgehen. Dass sich Unterrichtsentwicklung als ein natürlicher Prozess „von selbst" einstellt, also als Evolution der Unterrichtskultur einer Schule verstanden werden kann, ist nicht zu erwarten. Unterrichtsentwicklung, soll sie nicht nur von einzelnen Lehrkräften getragen werden, sondern das gesamte Kollegium erfassen, muss als zielorientierter, komplexer und schulweiter Reformprozess verstanden werden, der initiiert und gesteuert werden muss.

Der Schulleitung wird, wie in eigentlich allen Fragen der inneren Schulentwicklung, auch hinsichtlich der Unterrichtsentwicklung eine besondere Bedeutung zugemessen: Sie ist primär dafür verantwortlich, Unterrichtsentwicklung anzuregen und zu unterstützen und muss darauf achten, dass Prozessbeteiligte nicht auf Abwege geraten oder Entwicklungsziele beliebig werden. Der Schulleitung fällt in der systematischen Unterrichtsentwicklung zum einen eine organisatorisch-ermöglichende Funktion (Management), zum anderen eine strategisch-herausfordernde Funktion (Führung oder Leadership) zu.

Um Missverständnissen vorzubeugen: Wenn im Folgenden von Aufgaben der Schulleitung die Rede ist, so sind dies korrekterweise Führungs- und Managementaufgaben. Langfristig können diese Aufgaben delegiert, ver- und geteilt werden (vgl. hierzu Kapitel 1 dieses Buches). In vielen Schulen wird aber zunächst die Schulleitung Aufbauarbeit leisten müssen. Es sei an dieser Stelle aber davor gewarnt, diese Aufbauarbeit zur unleistbaren Herkulesaufgabe zu stilisieren. Die folgenden Anregungen sollen einen Idealzustand skizzieren und Zielperspektiven aufzeigen. Schul- und Unterrichtsentwicklung lebt von der Ausdauer und ist vergleichbar mit einem Marathonlauf: Nicht der kurze Sprint entscheidet über Erfolg oder Scheitern, sondern Ausdauer und ein kluges Haushalten mit Energie und Kraft. Im Übrigen werden erfolgreiche Marathonläufer immer von einem Team begleitet, das sie unterstützt und unabdingbare Zuarbeiten übernimmt.

Trotzdem: Eine unterrichtswirksame Schulleitung gibt sich nicht zufrieden damit, die Schule „nur" zu verwalten und sich auf organisatorische Tätigkeiten zu konzentrieren (was allein schon den Alltagsablauf eines Schulleiters oder einer Schulleiterin gut und gerne ausfüllen könnte). Eine unterrichtswirksame Schulleitung fordert den Status quo der Unterrichtskultur einer Schule heraus und sorgt dafür, dass der Unterricht zum Thema wird. Die zentrale Rolle, die Schulleitung im Rahmen der Unterrichtsentwicklung spielen kann, gehört dabei zu den wohl sensibelsten und schwierigsten Herausforderungen des Berufs. Um dieser Herausforderung gerecht zu werden, bedarf es ein grundlegendes Verständnis davon zu entwickeln, was es bedeutet, Veränderungen in einer Organisation zu „managen". Dabei kann die Veränderung von Unterricht als Innovationsprozess verstanden werden, der durchaus existenzielle Bedeutung für die Organisation haben kann.

6.3.1 Prozesse gestalten: Unterrichtsentwicklung als Veränderungsmanagement

Als Veränderungsmanagement werden allgemein solche Leitungstätigkeiten und Maßnahmen bezeichnet, die eine umfassende, bereichsübergreifende und inhaltlich weitreichende Veränderung in einem Unternehmen oder einer Organisation fördern sollen. Ein wichtiger Teil des Change Managements betrifft die formale Organisation und setzt mit Änderungen an der Aufbauorganisation an. Solche eher technisch-organisatorischen Anpassungen können im Bereich schulischer Unterrichtsentwicklung zwar durchaus sinnvoll, zuweilen auch notwendig sein, die weitaus größere Herausforderung schulischen Change Managements dürfte jedoch in der Veränderung grundlegender Einstellungs- und Verhaltensmuster der Beteiligten bestehen (siehe Abschnitt 2.1.1 in diesem Buch).

Nach Schreyögg (vgl. 1998) erfordern Veränderungen in Organisationen (1) Information und Partizipation, (2) Gruppen als Medium zum Wandel, (3) Kooperation sowie (4) Einsicht in den zyklischen Vollzug von Wandel. Ähnlich wird organisationaler Wandel in der Organisationsentwicklung verstanden, die im Bildungsbereich spätestens seit den 1990er-Jahren kaum mehr ein Fremdwort sein dürfte (vgl. z.B. Rolff 1993). Organisationsentwicklung (OE) lässt sich als intentionales, zielgerichtetes und systematisches Vorgehen, das unter anderem auf zwei Grundprinzipien beruht (vgl. Hanft 2002), beschreiben. Erstens setzt OE die offene Information und aktive Mitwirkung aller Betroffenen voraus *(Beteiligungsprinzip)*. Ein OE-Prozess muss von der Gesamtheit der Organisationsmitglieder der betroffenen Einheit (Schule, Fachgruppe) getragen werden. Das Beteiligungsprinzip ermöglicht erstens, dass Wissen der Beschäftigten für den OE-Prozesses fruchtbar gemacht wird und kann zweitens dazu beitragen, Veränderungen sozialverträglich abzufedern, indem die Akzeptanz bei Mitarbeiterinnen und Mitarbeitern steigt. Zweitens ist OE als ein immer gleichförmiger Prozess mit unterschiedlichen Phasen zu verstehen *(Prinzip der Veränderungen als sequenzieller Prozess)*. Ausgehend von einer systematischen und datengestützten Problemanalyse erfolgt zunächst die Planung von Veränderungen, dann deren Durchführung und schließlich ihre – wiederum datengestützte – Evaluation. Die Sammlung von Daten hat in der OE einen hohen Stellenwert. Der Ansatz erfordert zum einen die systematische Erhebung von Daten zur Diagnose eines Veränderungsbedarfs und dient somit als Grundlage für die Planung von Veränderungen. Zum anderen wird die Sammlung von Daten nach der Umsetzung einer Veränderung zur Evaluation gefordert. Ein Organisationsentwicklungsprozess, zugespitzt auf Unterrichtsentwicklung, ließe sich idealtypisch in fünf Phasen einteilen (vgl. Abb. 6).

Abb. 6: Prinzip der Unterrichtsveränderung als sequenzieller Prozess

Das Sammeln von Daten kann unterschiedlich einsetzen. Horster und Rolff (vgl. 2009) schlagen vor, die mentalen Modelle im Kollegium zu erheben und gemeinsam zu sichten, welche unterschiedlichen Vorstellungen von Unterricht im Kollegium existieren. Die Datensammlung kann aber auch als Schülerfeedback einsetzen. Auch Daten aus externen Evaluationen und Schulinspektionen könnten an dieser Stelle genutzt werden. Wichtig ist, dass die Daten gemeinsam im Kollegium oder im Lehrerteam analysiert und interpretiert werden. Was sagen uns die Daten überhaupt über unseren Unterricht? Wo sehen wir Anlass zur Veränderung, wo Möglichkeiten der Optimierung?

Veränderungen des Unterrichts können kaum über die Köpfe der beteiligten Lehrkräfte hinweg angeordnet werden, dies wäre sinnlos. Unterrichtliche Veränderungen entstehen erst in der Realisierung durch die Lehrkräfte selbst. Um Veränderungen, von denen letztlich die Schülerinnen und Schüler profitieren sollen, überhaupt adäquat planen zu können, müssen die Lehrerinnen und Lehrer als Experten für Unterricht und Experten für ihre jeweilige Lerngruppe im gesamten Entwicklungsprozess involviert sein: von der Datenanalyse über die Interpretation bis hin zur Planung konkreter Veränderungen.

Die Umsetzung im Unterricht kann gemeinschaftlich, d. h. begleitet durch Hospitation oder während einer Phase des Teamteaching erfolgen, wo dies nicht möglich ist, kann aber auch die mehr oder weniger gleichzeitige und parallele Umsetzung in verschiedenen Klassen durch verschiedene Lehrkräfte – eng ausgerichtet an der gemeinsamen Planung – sinnvoll sein. Führen Lehrkräfte in ihren Lerngruppen parallel Neues im Unterricht durch, bietet sich im Nachhinein die Chance zur gemeinsamen Auswertung und Reflexion. Hierzu überlegen die Lehrerinnen und Lehrer am besten im Vorfeld (gemeinsam!), welche Aspekte für die Umsetzung im Unterricht zentral sind und versuchen, ihre eigenen Erfahrungen mit der Umsetzung im Unterricht im Vorfeld der nächsten gemeinsamen Sitzung stichpunktartig festzuhalten. Wenn es sich um größere Veränderungen im Unterricht handelt, etwa die Einführung neuer Arbeitsmethoden, bietet sich zur *Evaluation der Umsetzung* zusätzlich zur Reflexion durch die Lehrkraft die Befragung der Schülerinnen und Schüler an.

Die Reflexion der Umsetzung ist aber nur ein Teil der Bewährungsprobe. Überlegt werden sollte auch, anhand welcher Beobachtungen sich der Lernerfolg der Schülerinnen und Schüler, mithin die Wirkung der Neuerung, evaluieren lässt. Hier bieten sich natürlich Tests (auch „handgemacht" und „maßgeschneidert") an, vor allem aber auch Schülerarbeitsproben, die dann von mehreren Lehrkräften gemeinsam analysiert werden. Nicht zum Zweck der Schülerbewertung, sondern zum Zweck des eigenen Verstehens – des Verstehens, wie die Schülerinnen und Schüler im eigenen Unterricht lernen.

Ein wie hier skizzierter Prozess der Unterrichtsentwicklung kann entweder im Sinne der OE im gesamten Kollegium betrieben werden. Dann stehen vor allem Fragen der allgemeinen Didaktik im Fokus (z. B. Methodentraining, Lernorganisation, kooperative Lernformen). Ein solcher Prozess kann aber auch in kleineren Gruppen innerhalb des Kollegiums mit fachlichem Fokus betrieben werden (z. B. in der Fachgruppe). Da in größeren Systemen der Einbezug des Gesamtkollegiums kaum realistisch erscheint, lassen sich entsprechende Prozesse in Gruppen initiieren. Welche Gruppen bereits bestehen oder welche Gruppen zur Unterrichtsentwicklung formiert werden sollten, hängt nicht zuletzt von den bereits bestehenden Strukturen innerhalb des Kollegiums ab.

6.3.2 Strukturen entwickeln: Fachkonferenzen und Jahrgangsteams

Auf Unterrichtsentwicklung bezogenes Schulmanagement erfordert drei Kerntätigkeiten: Neben der Sicherung von Ressourcen für die Unterrichtsentwicklung (Zeit, Raum und notwendiges Material) und der Gewährleistung eines möglichst reibungslosen und im positiven Sinne „routinisierten" Ablaufs alltäglicher innerschulischer Prozesse, gehört hierzu vor allem die Entwicklung von Arbeitsstrukturen für kooperative Unterrichtsentwicklung. Dass die Architektur entsprechender Strukturen nicht in jeder Schule neu ersonnen werden muss, sondern vielfach eine Aktivierung formaler, aber „unterentwickelter", schlimmstenfalls „eingeschlafener" Strukturen bedeutet, kann die Arbeit deutlich erleichtern und bietet einen Ansatzpunkt. So schlagen Horster und Rolff (vgl. 2001) vor, dass die Schulleitung zur Prozesssteuerung auf drei organisatorischen Ebenen ansetzen kann: auf Ebene der Fachkonferenzen, bei Jahrgangs- oder bei Klassenteams.

Fachkonferenzen

Die Fachkonferenzen tragen die Hauptverantwortung für die innerschulischen fachlichen Standards sowie die Qualitätsentwicklung und -sicherung in den Fächern. Die Fachkonferenz ist der Ort, wo Unterrichtsinhalte, -reihen und Projekte gemeinsam oder arbeitsteilig vorbereitet werden, um sie anschließend abgestimmt und koordiniert durchzuführen. Die Fachkonferenz ist auch der Ort, wo Parallelarbeiten gemeinsam entworfen und bewertet werden können. Sie haben einen expliziten, quasi natürlichen Bezug zum Unterricht.

Allerdings liegen sie in vielen Schulen fast brach oder arbeiten eher unverbindlich. Über fachliche Themen wird zwar diskutiert, verbindliche Beschlüsse werden jedoch nur selten gefasst, ihre Einhaltung noch seltener überprüft. Austausch zwischen verschiedenen Fachkonferenzen gibt es kaum, wenn Protokolle vorliegen, werden diese nicht regelmäßig untereinander ausgetauscht (vgl. z. B. Schneider 2005). Bereiche, in denen sich die Fachkonferenzarbeit an vielen Schulen professionalisieren lässt, sind:

- Methoden der Zielklärung;
- Aufstellen von Arbeitsplänen mit zeitlicher Perspektive und klar formulierten Zwischenzielen;
- Protokollführung und Informationsmanagement;
- Methoden der Sitzungs- und Konferenzleitung, Vor- und Nachbereitung von Sitzungen;
- Umgang mit Zweifel, Schwierigkeiten, Widerstand sowie
- Wege, Kollegen „mit ins Boot zu holen".

In vielen Schulen könnte also ein erster Schritt in Richtung Unterrichtsentwicklung die Einführung verbindlicher Arbeitsweisen in den Fachkonferenzen sein. Hierzu kann die Schulleitung selbst beitragen, indem sie:

- Zielvereinbarungs- und Bilanzgespräche mit den Konferenzvorsitzenden durchführt;
- gelegentlich an den Konferenzen teilnimmt, um sich über die Arbeit der Fachgruppe zu informieren;
- sich die Protokolle aller Konferenztermine zukommen lässt;
- einen schriftlichen Arbeitsplan, mit einem
- engen Fokus auf Unterrichtsentwicklung einfordert.

Das Ziel solcher Forderungen liegt nicht in der Bürokratisierung der pädagogischen Planung, auch wenn Lehrkräfte dies spontan befürchten könnten. Das Ziel liegt vielmehr in der Veränderung der Arbeitsweisen der Fachkonferenzen, sodass diese die Unterrichtsarbeit unterstützen und erleichtern – auch wenn dies nicht von allen Kolleginnen und Kollegen zu Beginn so gesehen wird.

Jahrgangs- und Klassenteams

Während die Fachkonferenzen Lehrkräfte gleicher Fakultas zusammenbringen, setzen sich Jahrgangsteams fachübergreifend zusammen. Hier geht es darum, welche Schülerinnen und Schüler die zusammenarbeitenden Lehrkräfte im Schwerpunkt unterrichten. Ein Jahrgangsteam ist für den Unterricht einer ganz bestimmten Gruppe von Schülerinnen und Schülern zuständig, die in ganz unterschiedlichen Fächern unterrichtet werden. Im Unterschied zu den Fachkonferenzen sind Jahrgangsteams weniger zeitstabil, wenngleich auch sie über mehrere Jahre in gleicher Zusammensetzung existieren können. Auch sie lassen sich auf Unterrichtsentwicklung hin orientieren. Schwerpunkte bilden hier allerdings eher fachübergreifende Fragen, wie zum Beispiel die Verbindung von Fächern über die Projektmethode oder die sinnvolle Koordinierung außerunterrichtlicher Aktivitäten. Auch können allgemeindidaktische Fragen bearbeitet werden.

Um Jahrgangsteams zu unterstützen, kann die Schulleitung Folgendes tun:

- Ressourcen (ein kleines Budget) bereitstellen, welches durch das Jahrgangsteam selbstständig verwaltet wird;
- gelegentlich an Sitzungen teilnehmen und regelmäßig die Protokolle lesen;
- regelmäßige Berichterstattung in Dienstbesprechungen bzw. Lehrerkonferenzen ermöglichen und einfordern;
- Hinweise auf Fortbildungen und Fachliteratur geben sowie
- die Nutzung von Praxiserfahrungen anderer Schulen durch Außenkontakte ermöglichen.

Ergänzend zu einem Jahrgangsteam lassen sich auch Klassenteams bilden:

- Zwei Lehrkräfte bereiten die methodischen und inhaltlichen Aspekte des Unterrichts in der konkreten Klasse vor, die Absprachen des Jahrgangsteams finden Berücksichtigung;
- sie koordinieren ihre Zusammenarbeit in der Klasse (Absprachen zu Disziplin, gemeinsame Regeln, Hausaufgaben, Sitzordnung, Elternabende, ...);
- sie hospitieren gegenseitig und sie nehmen gemeinsam an Fortbildungen teil.

Die Schulleitung kann die Bildung solcher Klassenteams nicht nur anregen, sondern auch aktiv organisatorisch unterstützen (z.B. die Berücksichtigung des Teams im Stundenplan, regelmäßige Koordinierungsstunden, mehr Doppelstunden).

Strukturen und Voraussetzungen für Unterrichtsentwicklung durch Fachgruppen, Jahrgangs- und Klassenteams zu schaffen, bedeutet genau genommen nichts anderes als unterrichtsbezogener Kommunikation im Kollegium Raum zu geben. Das Gelingen von Unterrichtsentwicklung dürfte davon abhängen, inwieweit Teamarbeit und Kooperationsstrukturen genutzt werden können und Entwicklungsmaßnahmen daran orientiert sind, das Lernen und den Lernerfolg der Schülerinnen und Schüler zu verbessern.

Die Aufgabe der Schulleitung, bestehende Arbeitsstrukturen für die Unterrichtsentwicklung zu aktivieren und somit Unterrichtsentwicklung auf eine schulweite strukturelle Basis zu stellen, lässt sich auf zwei zentrale Begriffe bringen: Im Kern geht es darum, die unterrichtsbezogene *Kooperation* und *Reflexion* innerhalb des Kollegiums zu fördern. Es geht darum, isolierte Arbeitsformen in der Schule aufzubrechen, mit dem Ziel der gegenseitigen Unterstützung und der Institutionalisierung gemeinsamen Lernens der Lehrerinnen und Lehrer. Zugespitzt werden diese grundlegenden Ziele im Konzept der Lehrerkooperation in Professionellen Lerngemeinschaften.

6.4 Der Königsweg: Unterrichtsentwicklung in Professionellen Lerngemeinschaften

Professionelle Lerngemeinschaften sind eine in die Arbeit integrierte, schulinterne, selbstgesteuerte und schülerorientierte Methode der beruflichen Weiterentwicklung.

Ziel der Professionellen Lerngemeinschaften ist, die Lernerergebnisse der Schülerinnen und Schüler durch regelmäßige systematische Reflexion (Aktionsforschung) zu verbessern. In Gruppen vertiefen Lehrerinnen und Lehrer ihr Wissen und ihr Verständnis vom Unterrichtsstoff. Sie entwickeln Unterrichtseinheiten, setzen diese in ihren Klassen um und reflektieren die Lehr-Lern-Prozesse anhand der Lernergebnisse von Schülern. In Professionellen Lerngemeinschaften denken Lehrkräfte gemeinsam über ihre Unterrichtstätigkeit und die Lernergebnisse von Schülern nach und übernehmen die gemeinsame Verantwortung für die von ihnen unterrichteten Schülerinnen und Schüler. Idealerweise ist jede Lehrerin und jeder Lehrer des Kollegiums Mitglied mindestens einer Professionellen Lerngemeinschaft (vgl. Murphy/Lick 2006).

Die Kooperation in Professionellen Lerngemeinschaften bietet viele Vorteile für die Unterrichtsentwicklung. Sie bieten eine Struktur, in der Lehrkräfte an der Umsetzung externer Lehrplan-Vorgaben und Unterrichtsanforderungen arbeiten. In ihnen können Lehrerinnen und Lehrer gemeinsam daran arbeiten, ein schulinternes Curriculum oder gemeinsame Standards der Unterrichtspraxis zu entwickeln.

Die enge Zusammenarbeit in einer Lerngemeinschaft bietet Möglichkeiten, Herausforderungen zu bearbeiten, die eine einzelne Lehrkraft schnell überfordern dürften. Hier können Lehrkräfte beispielsweise gemeinsam darüber nachdenken, wie sich die Auswirkungen und Effekte des eigenen Unterrichts, vor allem aber auch die Wirkungen von Veränderungen, beobachten lassen. Hierzu gehört die gemeinsame Auseinandersetzung mit Arbeiten von Schülerinnen und Schülern aus dem eigenen Unterricht.

Forschungsbefunde belegen tatsächlich, dass sich die Arbeit in einer Professionellen Lerngemeinschaft positiv auf Lehrerinnen und Lehrer auswirkt: Lehrkräfte, die in Lerngemeinschaften eingebunden sind, weisen unter anderem ein tieferes Verständnis des Unterrichtsstoffs auf, verfügen über ein größeres Methodenrepertoire und lassen insgesamt ein solideres Professionswissen sowie eine größere Fähigkeit, sich auf die besonderen Bedürfnisse der Schülerinnen und Schüler einzustellen und den eigenen Unterricht entsprechend zu adaptieren, erkennen (vgl. Hord 1997).

Professionelle Lerngemeinschaften sind im Kern nichts anderes als Lehrer-Teams. Auch die Idee der Kooperation von Lehrkräften ist nichts Neues. Das Besondere am Konzept der Professionellen Lerngemeinschaft ist jedoch die klare und eindeutige Ausrichtung der Arbeit am Unterricht und den Lernbedürfnissen der Schülerinnen und Schüler. Nicht jede Form von Lehrerkooperation, nicht jedes Lehrerteam lässt sich somit als Professionelle Lerngemeinschaft bezeichnen. Gerät der Unterricht aus dem Blick, verliert das Konzept an Schärfe und Kontur. Professionelle Lerngemeinschaften bauen auf mindestens fünf Säulen auf (vgl. Abb. 7).

Gemeinsame Normen, Werte und Ziele

Die Arbeit der Lehrerinnen und Lehrer geht von einem gemeinsamen Grundverständnis des pädagogischen Auftrags der Schule aus. Die pädagogische Arbeit soll eng an den Bedürfnissen der Schülerinnen und Schüler ausgerichtet sein. Das gemeinsame Ziel

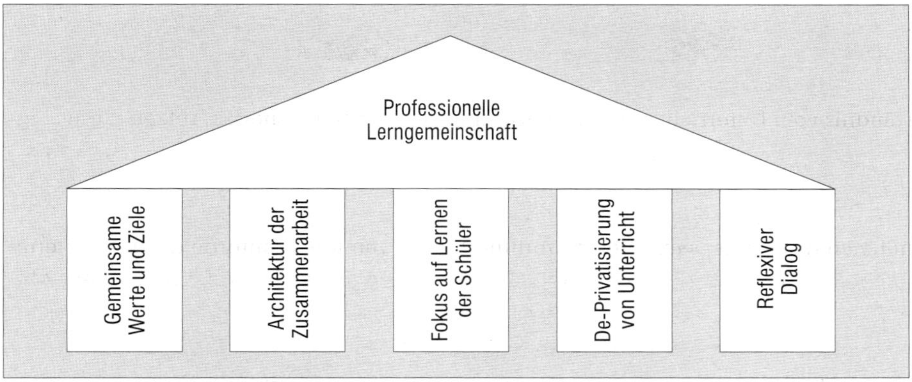

Abb. 7: Fünf Säulen einer Professionellen Lerngemeinschaft

der Unterrichtsarbeit reflektiert die Normen und Werte des Kollegiums auf einer handlungsbezogenen Ebene. Mit der professionellen Zusammenarbeit im Team können die Lehrkräfte auch den Kindern Modell sein: Sie signalisieren, dass selbst Lehrerinnen und Lehrer niemals „auslernen", sich gemeinsam anstrengen müssen und sich selbst als Lernende sehen. Das tun sie freiwillig – obwohl (oder gerade weil?) sie akademisch ausgebildete Experten für Unterricht sind.

Architektur der Zusammenarbeit

Um die Zusammenarbeit von Lehrkräften zu unterstützen und zu fördern, schafft die Schulleitung im Laufe der Zeit eine regelrechte „Architektur der Zusammenarbeit". Diese Strukturen werden aber nicht bürokratisch verstanden, sondern dienen allein dazu, die einzelne Lehrkraft zu unterstützen und ihre Arbeit in das schulische Gesamtgeschehen einzubinden. Die Lerngemeinschaft trifft sich wöchentlich oder zweiwöchentlich. Die Treffen sind fest im Stundenplan verankert und für alle verbindlich. Somit entsteht ein verlässliches Zeitfenster für Kooperation. Man tauscht Erfahrungen aus und hat Gelegenheit, wird sogar aufgefordert, die eigene pädagogische Praxis zu reflektieren. Durch:

- gemeinsame Konzeption von Unterrichtsreihen;
- die arbeitsteilige Erstellung von Wochenplänen und Unterrichtsmaterialien;
- gelegentliche Hospitation in Parallelklassen (wenn jede Lehrkraft in der Schule nur ein Mal im Schuljahr hospitieren würde und im Gegenzug Hospitation im eigenen Unterricht zuließe, wäre dies in den allermeisten Schulen ein großer Schritt für die Unterrichtsentwicklung);
- gegenseitige Absprachen über Leistungsüberprüfungen;
- eine Einigung auf Anforderungs- und Auswertungskriterien;
- kooperative Planung der Weiterarbeit (z.B. durch klassenübergreifende Förderangebote).

In der Lerngemeinschaft wird eine kontinuierliche Diskussion über Ziele, Methoden und Standards der Bewertung im Unterricht geführt. Es werden Qualitätsindikatoren und letztlich Qualität entwickelt.

Fokus auf Schülerlernen und Unterricht

Regelmäßig stellen sich die Lehrerinnen und Lehrer bei der Unterrichtsentwicklung gemeinsam die folgenden Fragen:

- Was sollen die Schülerinnen und Schüler in der geplanten Unterrichtsreihe erfahren?
- Was sollen die Kinder am Ende der Unterrichtsreihe an Wissen gewonnen haben?
- Welche Fähigkeiten und Fertigkeiten sollen sie in der Unterrichtsreihe erwerben, festigen und ausweiten?

Die kooperative Bearbeitung solcher Fragen fördert automatisch auch die Auseinandersetzung mit dem pädagogischen Auftrag und dem Berufsethos als Lehrer. Gemeinsam übernehmen die Lehrerinnen und Lehrer damit Verantwortung, ohne sich als Einzelperson zu überfordern.

De-Privatisierung der Praxis

„Unterricht ist öffentlich", die „Schwelle zu übertreten" ist kein Vergehen, sondern gewollt. Erst wenn aus dem Geschehen hinter den Klassentüren kein Geheimnis mehr gemacht wird, kann über Unterricht und dessen Weiterentwicklung konstruktiv gesprochen werden. Transparenz kann Vertrauen schaffen und für Verbindlichkeit sorgen: „Ich fühle mich viel sicherer!", diese Aussage einer Lehrerin einer Professionellen Lerngemeinschaft zeigt, dass die gemeinsame Vor- und Nachbereitung gleicher Unterrichtsinhalte mit einem sehr konkreten Gewinn für die einzelne Lehrkraft verbunden sein kann. Im Zuge der „De-Privatisierung" verlassen die Lehrkräfte zwar das sichere Terrain des eigenen Klassenzimmers. Diese Sicherheit ist jedoch ohnehin häufig trügerisch. Wissenschaftliche Untersuchungen zeigen, dass Einzelkämpfer eher mehr Unsicherheit bezogen auf ihr eigenes Unterrichtshandeln erfahren, als Lehrkräfte, die in kooperativen Strukturen arbeiten.

Reflexiver Dialog

Die professionelle Kooperation basiert auf Transparenz. Gegenseitige Informations- und Austauschprozesse sind natürlich immer auch Gelegenheit für die Reflexion der eigenen Praxis. Die Lehrkräfte reden über Prozess und Wirkungen ihres eigenen Unterrichts: Wie ist der Unterricht verlaufen? Was war meine Rolle? Was ist anders verlaufen als geplant? Gab es Unvorhergesehenes? Traten Probleme auf? Wie haben welche Schüler reagiert? Anhand welcher Beobachtungen und Schülerarbeitsproben kann ich etwas über die Wirkung der Stunde oder Unterrichtseinheit ablesen? Welche Fragen ergeben sich für mich als Lehrkraft?

Um Professionelle Lerngemeinschaften im hier ausgebreiteten Verständnis zu entwickeln, sollte die Schulleitung auf ein Mindestmaß von Verbindlichkeit achten und darauf, dass der Fokus auf der Unterrichtsentwicklung liegt. Erfahren die Lehrkräfte nicht, dass die gemeinsame Arbeit sinnvoll ist und einen Mehrwert produziert, verlieren sie die Motivation zur Teilnahme.

Praxisbeispiel: Eine Professionelle Lerngemeinschaft bei der Arbeit.
An der Erich Kästner-Grundschule treffen sich jeden Mittwoch fünf Lehrerinnen zur gemeinsamen Verbesserung des Sachunterrichts. Sie haben sich entschlossen, gemeinsam naturwissenschaftliche Themen für den Sachunterricht vorzubereiten.

Die Lehrerinnen eint, dass sie sich selbst nur unzureichend auf die Vermittlung naturwissenschaftlicher Inhalte vorbereitet fühlen. In ihrem Studium dominierte eine eher sozialwissenschaftlich ausgerichtete didaktische Vorbereitung, sodass die Lehrerinnen nun ein für sie alle aktuelles und für ihren konkreten Unterricht relevantes Thema gefunden haben. Für die konkrete Arbeit in der Professionellen Lerngemeinschaft (PLG) haben die Lehrerinnen somit ein Thema gewählt, dass ihnen allen schon seit geraumer Zeit unter den Nägeln brannte. Mit anderen Worten: Sie arbeiten bei ihren wöchentlichen Treffen an einer konkreten didaktischen Notwendigkeit, die alle Mitglieder der Lerngemeinschaft persönlich angeht. Sie arbeiten nicht „exemplarisch" an einem Thema, das eine Kollegin vorgeschlagen hat, weil es sie derzeit besonders – leider aber auch als einzige in der Gruppe – betrifft.

Die Professionelle Lerngemeinschaft arbeitet also themenbezogen. Das erste Treffen der PLG diente der gemeinsamen Themenfindung. Für die Lehrerinnen war es von Anfang an wichtig, ein Thema zu wählen, das so nah wie möglich an ihrer Unterrichtsarbeit ansetzt. Sie haben ein Thema gesucht, das es zulässt, Arbeitsergebnisse von Schülerinnen und Schülern im Unterricht zu beobachten und bei den Treffen gemeinsam authentische Schüleraufgaben und Schülerarbeiten zu diskutieren. Für die Sichtung von Schülerarbeiten wollen sie sich möglichst in jeder Sitzung Zeit nehmen.

Für die regelmäßigen Treffen haben sich die Lehrerinnen auf eine verbindliche Arbeitsstruktur und verbindliche Arbeitsweisen geeinigt. Zunächst wurde – mit organisatorischer Unterstützung der Rektorin – ein gemeinsamer wöchentlicher Termin festgelegt. Eine Abstimmung der individuellen Stundenpläne ermöglicht, dass sich die Lehrerinnen immer dienstags nach der fünften Stunde treffen. Die Treffen dauern zwei Zeitstunden.
Auf diese zusätzliche Präsenz in der Schule konnten sich die Lehrerinnen nur unter der Bedingung einigen, dass die gemeinsame Kooperationszeit sinnvoll und produktiv verbracht wird. Klare Vereinbarungen sollen verhindern, dass die wöchentlichen Treffen ziel- und ergebnislos ablaufen. Die Kolleginnen

waren sich von Beginn an einig: „Wenn wir schon zusätzliche Zeit in der Schule verbringen, dann muss hierbei etwas für unseren Unterricht Nutzbares herauskommen. Ansonsten können wir unsere Zeit besser mit anderen Aufgaben verbringen!"

Die Gruppe trifft sich in einem um diese Zeit leerstehenden Klassenraum, der wesentlich mehr Ruhe und Platz bietet als das Lehrerzimmer. Da ein Mitglied der PLG regelmäßig in diesem Klassenzimmer unterrichtet, können die PLG-Kolleginnen einen mit dem Internet verbundenen PC mit Drucker nutzen und haben die Möglichkeit, Materialien und Bücher für ihre gemeinsame Arbeit in einem abschließbaren Schrank zu verstauen. Der Schrank wurde extra für die Lehrergruppe angeschafft und im Klassenzimmer aufgestellt.

Bei den beiden ersten Treffen haben die Lehrerinnen einen „PLG-Planungsbogen" ausgefüllt. Hierauf halten Sie ihr Thema, die Mitglieder der Gruppe sowie einige konkretisierende Aspekte fest: Welche Frage treibt uns an? Welche (Förder-)Bedarfe der Schülerinnen und Schüler stehen im Fokus unserer Entwicklungsarbeit? Welche Ressourcen wollen wir nutzen? Welche Regeln wollen wir uns selbst für die Arbeit in der PLG geben? – Der ausgefüllte PLG-Planungsbogen (DIN A3) wurde nach der dritten Sitzung im Lehrerzimmer aufgehängt, sodass das gesamte Kollegium informiert ist. Interessierte sind eingeladen, in der PLG mitzumachen. Im Lehrerzimmer der Erich Kästner-Grundschule hängen derzeit drei PLG-Planungsbögen aus. Eigentlich sind alle Lehrkräfte der Schule in mindestens eine PLG eingebunden. Einige Lehrerinnen nehmen sogar an zwei Lerngruppen teil.

Jede Sitzung wird von einer Kollegin geleitet. Am Ende der Sitzung wird ein kurzes Ergebnisprotokoll verfasst. Die Leitung der Sitzung und das Ausfüllen des Protokollbogens rotieren wöchentlich. Zur knappen Ergebnisdokumentation nutzen die Lehrerinnen ein „Formular", dass die Protokollierung sehr einfach macht und auf das sie sich in der zweiten Sitzung geeinigt haben. Zu jedem Treffen werden im Formular die folgenden Fragen beantwortet:

- Was wurde heute bearbeitet?
  (Kurze Zusammenfassung der Diskussion und der bisherigen Arbeit.)
- Umsetzung im Unterricht: Was lernen und erreichen Schüler als Ergebnis davon, was wir hier entwickeln und erarbeiten?
- Haben wir heute Schülerarbeiten gesichtet (ja/nein)? Wer hat die Schülerarbeiten mitgebracht und mit welchen Fragen?
- Was ist zum nächsten Treffen vorzubereiten? Von wem?

Ein Großteil der Arbeit der PLG bestand in den letzten Sitzungen darin, neu angeschaffte „Unterrichtskisten" für verschiedene naturwissenschaftliche Themen zu nutzen. Die Kisten wurden zunächst arbeitsteilig gesichtet: Je-

▶ weils eine Kollegin führte in die Materialien und die Ideen der jeweiligen Unterrichtskiste ein. Anschließend bauten die Kolleginnen gemeinsam Schülerexperimente auf und klärten erst einmal gegenseitig ihre eigenen Fragen. Die Lehrerinnen haben sich daran gewöhnt, innerhalb der PLG Fragen zu stellen. Auch – und vielleicht besonders – solche Fragen, in denen klar wird, dass eine Kollegin etwas selbst noch nicht verstanden hat. Da sie sich explizit als Lerngemeinschaft verstehen, haben sie keine Angst vor Reaktionen aus dem Kollegium. Sie haben die Erfahrung gemacht, dass die gemeinsame Klärung von Fragen und das gemeinsame Aufbauen und Durchführen der Schülerexperimente ihre Sicherheit im Unterricht deutlich steigert. Das Durchspielen der Schülerexperimente sorgt nicht zuletzt regelmäßig für Spaß unter den Kolleginnen.

Innerhalb der PLG findet ganz konkret auch die gemeinsame Vorbereitung einzelner Unterrichtseinheiten statt. Die Kolleginnen bereiten eine Unterrichtseinheit gemeinsam vor, setzen sie in ihren Klassen um und reflektieren anschließend den Verlauf und die Ergebnisse. Wie ist es gelaufen? Was war gut? Was hat nicht geklappt? Wie haben die Schülerinnen und Schüler reagiert? Was müsste noch verändert, was könnte verbessert werden?

Nach einem halben Jahr äußern sich die Lehrerinnen und auch die Schulleiterin positiv über die gegenseitige Unterstützung in der PLG: „Viele Kolleginnen haben ihre Angst oder Scheu verloren: es kommt eine physikalische Frage der Kinder, die ich nicht erklären kann – was mache ich dann? Dann merkt man: Ich muss denen das gar nicht auf dem Niveau eines Erwachsenen physikalisch erklären, sondern die Kinder versuchen, mit dem was sie selber schon wissen, Erklärungsansätze zu finden." (Zitat der Schulleiterin) Eine Lehrerin äußert: „Ich würde sagen, ich mache mehr technische Sachen, weil ich ja auch das Fachwissen mit auf den Weg bekommen habe. Das hätte ich nicht einfach so gemacht, weil ich gedacht hätte: das kann ich nicht erklären. Diese Hemmschwelle so etwas zu machen, ist einfach geringer geworden für mich." (Lehrerin A) Eine andere Kollegin bestätigt diese Erfahrung: „Durch die Kisten haben wir wesentlich mehr naturwissenschaftliche Sachen gemacht. Man traut sich auch an Sachen heran, wovon man selber keine Ahnung hatte." (Lehrerin B).

In der Arbeit mit Schulen haben sich folgende „Richtlinien" für die Arbeit von Professionellen Lerngemeinschaften bewährt (vgl. Murphy/Lick 2006):

- Begrenzen Sie die Gruppengröße der Professionellen Lerngemeinschaften.
- Einigen Sie sich auf regelmäßige (wöchentliche oder zweiwöchentliche) Treffen und halten Sie diese ein.
- Alle Mitglieder der Professionellen Lerngemeinschaft sind gleichberechtigt.

- Jedes Mitglied der Lerngemeinschaft übernimmt nach dem Rotationsprinzip die Moderation einer Sitzung und führt Protokoll.
- Wählen Sie ein Entwicklungsvorhaben aus dem Unterricht, das es erfordert, regelmäßig Arbeiten von Schülern zu untersuchen und Schüler zu beobachten.
- Entwickeln Sie einen Arbeitsplan für Ihre Professionelle Lerngemeinschaft.
- Verfassen Sie nach jedem Arbeitstreffen ein Ergebnis-Protokoll.
- Nutzen Sie Fortbildungen und Workshops, um die von der Professionellen Lerngemeinschaft gesteckten Ziele zu erreichen.
- Evaluieren Sie Veränderungen, um festzustellen, welche Anzeichen es dafür gibt, dass die fokussierten Schülerbedürfnisse jetzt besser erfüllt werden.

Die Schulleitung spielt – zumindest am Anfang der Entwicklung Professioneller Lerngemeinschaften – eine, wenn nicht die zentrale Rolle. Sie tritt als Anwalt und Fürsprecher der Idee auf. Sie sollte sich aktiv einmischen, indem sie persönlich an Fortbildungen und Sitzungen teilnimmt. Sie sollte möglichst konkrete Arbeitspläne einfordern und diese zur Kenntnis nehmen. Sie sollte Interesse an den Ergebnisprotokollen der Arbeit zeigen und die regelmäßigen Treffen aktiv organisatorisch (z. B. in der Stundenplanplanung) unterstützen. Sie sollte „eigentlich Unmögliches" ermöglichen, zum Beispiel gelegentliche Hospitationen, auch wenn Lehrkräfte einwenden, dies sei aufgrund mangelnder Zeit unmöglich. Die Schulleitung sollte Kollegen, die sich in Professionellen Lerngemeinschaften engagieren, belohnen, wo es nur eben geht: durch Aufmerksamkeit, öffentliches Lob und direkte Unterstützung. Ist die Arbeit einmal ins Laufen gekommen, sollte sich die Schulleitung zurückziehen. Allerdings ist es gut, gelegentlich darauf zu achten, dass die aufgeweckten „schlafenden Riesen der Schulentwicklung" (Rolff) nicht wieder einschlafen.

6.5 Fazit

Strukturen und Voraussetzungen zu schaffen, damit Unterrichtsqualität durch Lehrerkooperation und gemeinsame Reflexion entwickelt werden kann, ist eine Sache. Lehrerinnen und Lehrer tatsächlich zur aktiven Entwicklungsarbeit und Annahme von Neuerungen zu motivieren, eine andere. Der Umgang mit individuellen oder kollektiven Widerständen gegenüber Reform und Veränderungsmaßnahmen ist und bleibt eine nahezu unbeantwortete Frage der Schulentwicklung. Es ist illusorisch, anzunehmen, dass alle Lehrpersonen einer Schule von Beginn an mitmachen – zu unterschiedlich sind die Berufsbiografien, Einstellungen und Ansichten innerhalb jedes Kollegiums. Unterrichtsentwicklung voranzutreiben, bedeutet daher einen Balanceakt zwischen Freiwilligkeit und Verbindlichkeit. Natürlich kann man Reformwillen und Lernoffenheit nicht von oben durch die Schulleitung anordnen, jedoch kann die strukturelle Verankerung kooperativer Arbeitsweisen und die vermehrte Begegnung am „Arbeitsplatz Schule" Unterrichtsentwicklung ermöglichen. Ist die unterrichtsbezogene Lehrerkooperation strukturell verankert, wird es schwieriger, ihr auszuweichen.

Literatur

Baptist, P. und Raab, D.: Auf dem Weg zu einem veränderten Mathematikunterricht. Bayreuth 2007.

Bastian, J.: Einführung in die Unterrichtsentwicklung. Weinheim/Basel 2007.

Bastian, J. et al.: Schülerrückmeldung als Instrument der Unterrichtsentwicklung. In: Bastian, J. (Hrsg.): Einführung in die Unterrichtsentwicklung. Weinheim/Basel 2007, S. 157–184.

Baumert, J.: Deutschland im internationalen Bildungsvergleich. In: Kilius, N. et al. (Hrsg.): Die Zukunft der Bildung. Frankfurt am Main 2002, S. 100–150.

Berkemeyer, N. et al: „Schulen im Team": Einblicke in netzwerkbasierte Unterrichtsentwicklung. In: Berkemeyer, N. et al. (Hrsg.): Unterrichtsentwicklung in Netzwerken. Konzeptionen, Befunde, Perspektiven. Münster 2008, S. 19–70.

Bonsen, M. und Rolff, H.-G.: Professionelle Lerngemeinschaften von Lehrerinnen und Lehrern. Zeitschrift für Pädagogik. 52(2), 2006, S. 167–185.

Bromme, R. und Rheinberg, F.: Lehrende in Schulen. In: Krapp, A. und Weidenmann, B. (Hrsg.): Pädagogische Psychologie. 5. vollständig überarbeitete Aufl., Weinheim/Basel 2006, S. 296–331.

Brunner, M. et al: Welche Zusammenhänge bestehen zwischen dem fachspezifischen Professionswissen von Mathematiklehrkräften und ihrer Ausbildung sowie beruflichen Fortbildung? Zeitschrift für Erziehungswissenschaft. 9, 2006, S. 521–544.

Garet, M. S.: What Makes Professional Development Effective? Results from a National Sample of Teachers. American Educational Research Journal. 38(4), 2001, S. 915–945.

Hanft, A.: Evaluation und Organisationsentwicklung. Vortrag zur 6. Jahrestagung der Deutschen Gesellschaft für Evaluation e.V. (DeGEval), Evaluation und Organisationsentwicklung. Hamburg 2003.

Helmke, A.: Unterrichtsqualität und Lehrerprofessionalität. Diagnose, Evaluation und Verbesserung des Unterrichts. Seelze-Velber 2009.

Höfer, C.: Unterrichtsentwicklung als Schulentwicklung. In: Buchen, H. und Rolff, H.-G. (Hrsg.): Professionswissen Schulleitung. Weinheim/Basel 2006, S. 752–788.

Holtappels, H. G.: Neue Lernkultur – veränderte Lehrerarbeit. Forschungsergebnisse über pädagogische Tätigkeit, Arbeitsbelastung und Arbeitszeit in Grundschulen. In: Carle, U. und Buchen, S. (Hrsg.): Jahrbuch der Lehrerforschung. Band 2. Weinheim 1999, S. 137–151.

Hord, S. M.: Outcomes of professional learning communities for students and staffs. In: Hord, S. M. (Hrsg.): Professional Learning Communities: Communities of Continuous Inquiry and Improvement. Austin 1997.

Horster, L. und Rolff, H.-G.: Reflektorische Unterrichtsentwicklung. In: Buchen, H. und Rolff, H.-G. (Hrsg.): Professionswissen Schulleitung. 2. erweiterte. Aufl. Weinheim/Basel 2009, S. 789–809.

Horster, L. und Rolff, H.-G.: Unterrichtsentwicklung. Grundlagen, Praxis, Steuerungsprozesse. Weinheim und Basel 2001.

Kennedy, M. M.: Form and Substance in Mathematics and Science Professional Development. NISE Brief Vol. 3, No. 2: National Institute for Science Education, University of Wisconsin-Madison, 1999.

Killus, D.: Soziale Integration in Schulnetzwerken: empirische Ergebnisse und Konsequenzen für die Praxis. In: Berkemeyer, N. et al. (Hrsg.): Unterrichtsentwicklung in Netzwerken. Münster 2008, S. 315–328.

Kiper, H.: Unterrichtsentwicklung auf der Basis empirisch fundierter Theorien über Lehren und Lernen in institutionellen Kontexten. In: Berkemeyer, N. et al. (Hrsg.): Perspektiven der Schulentwicklungsforschung. Weinheim/Basel 2009, S. 131–148.

Klieme, E. et al.: Mathematikunterricht in der Sekundarstufe I: Aufgabenkultur und Unterrichtsgestaltung. In: BMBF (Hrsg.): TIMSS – Impulse für Schule und Unterricht. Bonn 2001, S. 43–57.

Klippert, H.: Pädagogische Schulentwicklung. Weinheim/Basel 2008.

Krebs, I. und Prenzel, M.: Unterrichtsentwicklung in Netzwerken: das Beispiel SINUS. In: Berkemeyer, N. et al. (Hrsg.): Unterrichtsentwicklung in Netzwerken. Konzeptionen, Befunde, Perspektiven. Münster 2008, S. 297–313.

Lipowsky, F.: Was macht Fortbildung für Lehrkräfte erfolgreich? Befunde der Forschung und mögliche Konsequenzen für die Praxis. Die Deutsche Schule. (4) 2004, S. 462–479.

Lortie, D.: Team Teaching. Versuch der Beschreibung einer zukünftigen Schule. In: Dechert, H.-W. (Hrsg.): Team Teaching in der Schule. München 1972, S. 37–76.

Meyer, H. et al. (2007): Was wissen wir über erfolgreiche Unterrichtsentwicklung? Wirksame Strategien und Maßnahmen. In: Becker, G. et al. (Hrsg.): Guter Unterricht. Maßstäbe & Merkmale – Wege und Werkzeuge (Friedrich Jahresheft XXV). Seelze, S. 66–70.

Murphy, C. U. und Lick, D. W.: The Whole-Faculty Study Groups Fieldbook: Lessons Learned and Best Practices From Classrooms, Districts, and Schools. Thousand Oaks, CA 2006.

Prenzel, M. und Allolio-Näcke, L. (Hrsg.): Untersuchungen zur Bildungsqualität von Schule. Abschlussbericht des DFG-Schwerpunktprogramms. Münster 2006.

Rolff, H.-G.: Wandel durch Selbstorganisation. Weinheim 1993.

Schnack, J.: Die Fachkonferenzen als Motor der Schulentwicklung. Hamburg macht Schule. (1) 2005, S. 10–13.

Schneider, G.: Schulentwicklung durch Fachkonferenzen. Hamburg macht Schule. (1) 2005, S. 16–17.

Schreyögg, G.: Organisation – Grundlagen moderner Organisationsgestaltung. 2. Aufl. Wiesbaden 1998.

Seidel, T. et al.: Unterrichtsmuster und ihre Wirkungen. Eine Videostudie im Physikunterricht. In: M. Prenzel, M. und Allolio-Näcke, L. (Hrsg.): Untersuchungen zur Bildungsqualität von Schule. Münster 2006, S. 99–123.

Shulman, L. S. und Sherin, M. G.: Fostering communities of teachers as learners: disciplinary perspectives. Journal of curiculum Studies. 36(2), 2004, S. 135–140.

Staub, F. C. und Stern, E.: The nature of teachers' pedagogical content beliefs matters for students' achievement gains: Quasi-experimental evidence from elementary mathematics. Journal of Educational Psychology. 94(2), 2002, S. 344–355.

Stigler, J. W. et al: The TIMSS videotape classroom study: Methods and preliminary findings. Report prepared for the National Center for Education Statistics. Los Angeles 1999.

Terhart, E.: Struktur und Organisation der Lehrerbildung in Deutschland. In: Blömeke, S. et al. (Hrsg.): Handbuch Lehrerbildung. Bad Heilbrunn 2004, S. 37–59.

Terhart, E.: Lehrerprofessionalität. In: Rolff H.-G. (Hrsg.): Zukunftsfelder von Schulforschung. Weinheim 1995, S. 225–266.

Tillema, H. H.: Changing the professional knowledge and beliefs of teachers: A training study. Learning and Instruction. 5(4), 1995, S. 291–318.

Weick, K. E.: Administering education in loosely coupled schools. Phi Delta Kappan. 27, 1982, S. 673–676.

Weinert, F. E.: Schulleistungen – Leistungen der Schule oder der Schüler. In: Weinert, F. E. (Hrsg.): Leistungsmessung in Schulen. Weinheim 2001, S. 73–86.

7 Datengestützte Schulentwicklung

von Hans-Günter Rolff

Mir werden haufenweise Daten über den Zaun geworfen, ohne dass klar ist, was ich damit anfangen soll.
(Ein Schulleiter)

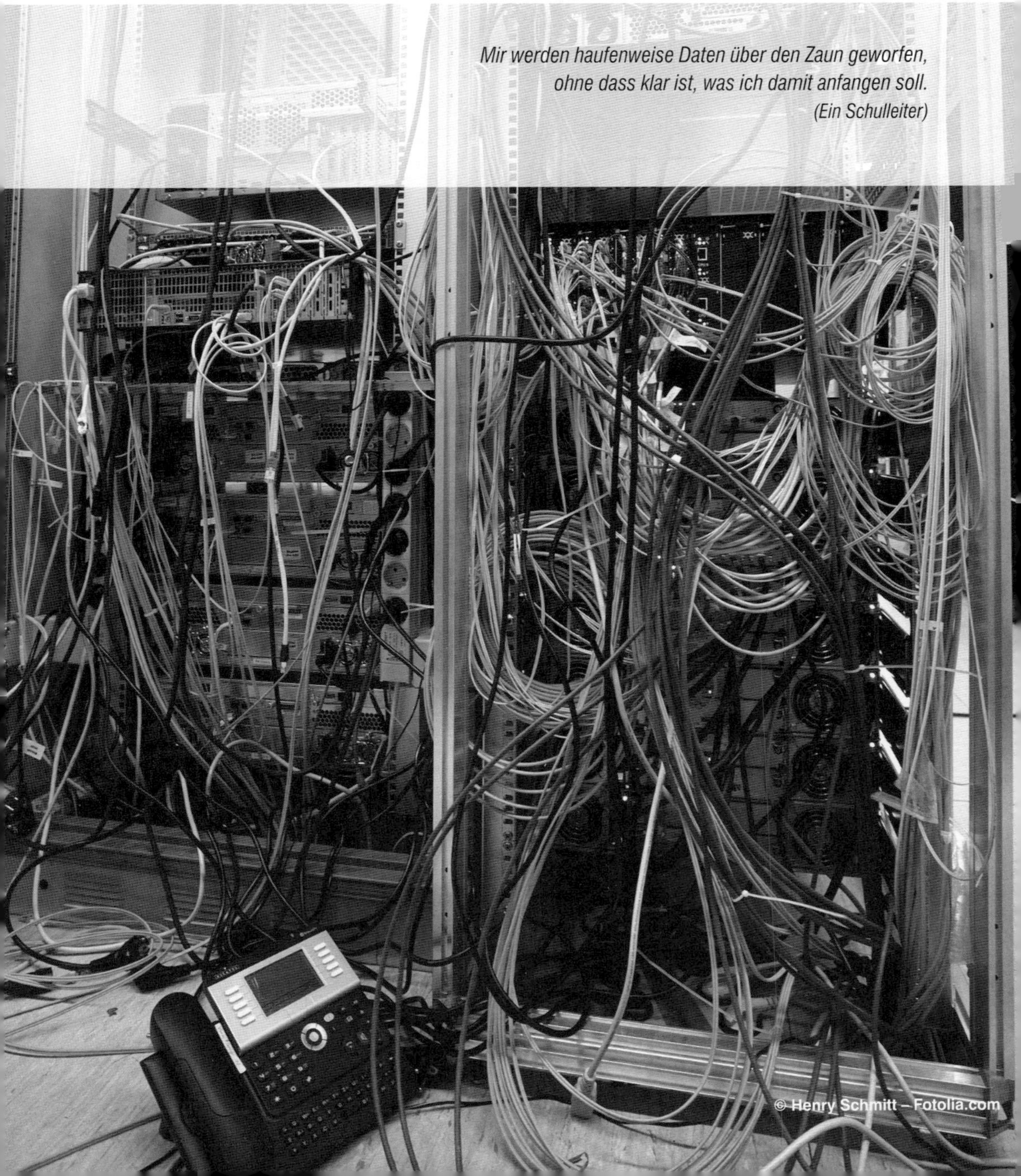

Schulentwicklung hat immer mehr mit Daten zu tun, die aus Forschung, amtlicher Statistik oder eigenen Erhebungen stammen. Man spricht von evidenzbasierter oder datengestützter Schulentwicklung. Wir ziehen den bescheideneren Begriff der datengestützten Schulentwicklung vor. Denn es fragt sich, wie evident die gemeinte Evidenz eigentlich sein kann und ob es überhaupt vorkommt, dass aus Daten(-lagen) schnurstracks Schulentwicklung entspringt. Wir gehen schon davon aus, dass Daten für Schulentwicklung nützlich sein können, aber nicht müssen und dass bei der Nutzbarmachung die Schulleitung eine entscheidende Rolle spielt. Deshalb wird in den folgenden Abschnitten an drei Beispielen dargelegt, wie Schulen Daten für Schul- und Unterrichtsentwicklung nutzen können: An Lernstandserhebungen, an Selbstevaluation und an Schulinspektion.

7.1 Datenreich und handlungsarm

Erst seit etwa 20 Jahren arbeiten Schulen in Deutschland mit empirischen Daten und sind mit der Idee konfrontiert, daraus Schulentwicklung werden zu lassen. Bis vor kurzer Zeit stammten die Daten aus Selbstevaluationsaktivitäten von Schulen, beruhten auf Freiwilligkeit und enthielten keine Schülerleistungsdaten.

Für die Zukunft der Schulentwicklung sind zudem neuere Erhebungsinstrumente bedeutsam, die sich auf Schülerleistungsdaten beziehen, und die extern, meist im Auftrag von Behörden, konzipiert sind, auch extern gerechnet und in einem extern bestimmten Rückmeldeformat an die Schulen gegeben werden.

Angesichts der flächendeckenden Einführung dieses Typs von testförmigen Vergleichsarbeiten, an dem alle (entsprechenden) Jahrgangsklassen aller Schulen eines Bundeslandes teilnehmen, verblasst die Bedeutung der Datenrückmeldung aus den großen internationalen Schülerleistungs-Vergleichsstudien („largescale assessments (LSAs)" wie TIMSS, PISA und IGLU. Dafür sind im Wesentlichen zwei Gründe zu nennen. Zum einen handelt es sich bei den LSAs durchweg um Stichprobenuntersuchungen, bei denen nur ca. 220 Schulen jeweils aus ganz Deutschland, Österreich und der Schweiz teilnehmen (wobei bei PISA für alle Bundesländer und einige Kantone Zusatzstichproben gezogen wurden); es ist also nur ein verhältnismäßig kleiner Teil aller Schulen einbezogen. Zum anderen sind die Vertraulichkeitsvereinbarungen zwischen den Veranstaltern der LSAs und den auftraggebenden Behörden z.T. derart penibel, dass nur die betroffenen Lehrpersonen und nicht die Schulleitungen die Ergebnisse rückgemeldet bekommen – und dies auch noch an die Privatadresse! Für datengestützte Schulentwicklung lässt dieses Vorgehen kaum Aktivitäten, geschweige denn Wirkungen erhoffen.

Data rich – information poor?

Seit ein paar Jahren kommt jedoch eine weitere Datenquelle hinzu, von der indes mächtige Wirkungen zu erwarten sind: Nach und nach werden in fast allen Bundesländern unterschiedliche Varianten von Schulinspektion etabliert, die nicht nur die vorhandenen Daten nutzt und interpretiert, sondern auch selbst Daten erhebt, vor allem durch Unterrichtsbesuche und Interviews, und diese den Schulen mit Bewertungen versehen zurückspiegelt.
Hinzu kommen noch Daten aus weniger innovativen Quellen:

- Ergebnisse aus breit angelegten Sprachstandserhebungen vor oder bei der Einschulung;
- Ergebnisse zentraler Prüfungen für alle Bildungsgänge (Hauptschulabschluss, Mittlerer Schulabschluss, Abitur, Abschlüsse im berufsbildenden Schulwesen);
- Ergebnisse schulinterner Evaluationen des Schulprogramms und anderer Bereiche sowie Dokumentationen zum Qualitätsmanagement.

Die Schulen stehen häufig hilflos vor diesen Datenbergen, die Behörden vielfach auch, wenngleich sie sich zunehmend Expertise verschaffen, indem sie Bildungsforscher einstellen. In den USA, wo diese Entwicklung schon viel früher eingesetzt hat, geht inzwischen das Schlagwort *DRIP* um: *data rich – information poor*. Es wird auch data obsession beklagt.

Wenn man sich fragt, wie aus einer reichen Datenbasis ebenso reichhaltige Schulentwicklung wird, kann man in der Tat nicht von einem Automatismus ausgehen. Es stellt sich vielmehr eine Grundsatzfrage und darüber hinaus eine Fülle von praktischen Handlungsproblemen.

7.2 Grundsätzliches zum Verhältnis von Wissen und Handeln

Zunächst ist anzumerken, dass die Interpretation von Daten durch die Schulen nicht nur ein technisches Problem ist (z. B. was ist eine Standardabweichung?), sondern auch Wertfragen aufwirft. Ob eine Schule ein Datum positiv sieht, negativ oder gar als belanglos einschätzt, hängt wesentlich vom Wertsystem der Beteiligten ab, das auf unterschiedlichen Vorstellungen und mentalen Modellen von Lernen beruht. Solche Wertunterschiede können vermutlich über Leitbilder und Schulprogramme ein Stück weit expliziert und ein gemeinsamer Grund kann gefunden werden, so minimal er auch sein mag (meistens gibt es viel Übereinstimmung).

Das Grundsatzproblem liegt noch etwas tiefer, weil es das ungeklärte Problem von Diagnose und Therapie oder Wissen und Handeln betrifft.

Was extern als Steuerungswissen gilt, wird intern als Intervention gedeutet

Die Frage nach dem Verhältnis von wissenschaftlichem Wissen und praktischem Handeln stellt sich vor allem auf der Ebene von Einzelschulen: Was bewirken die Rückmeldungen der Ergebnisse großflächiger Schülerleistungsmessungen wie PISA, IGLU oder von Vergleichsarbeiten für die Entwicklung einer konkreten Schule? Um sie beantworten zu können, muss zunächst bedacht werden: Was extern, also auf der Systemebene der Politik und Behörden als Steuerungswissen gilt, wird (schul-)intern als Eingriff gedeutet. Diese Antwort ist eine These. Sie ist allerdings plausibel durch das Interventionsverständnis der beiden dominierenden soziologischen Theorien zu begründen, der Systemtheorie und der Handlungstheorie.

a) Intervention aus Sicht der Systemtheorie

Die Systemtheorie behandelt Wissen als universales Steuerungsmedium. Dies ist ein zentraler Aspekt für die Rückmeldung der Ergebnisse von Leistungsuntersuchungen, ist es doch verheißungsvoll, durch außerschulisch aufbereitetes Wissen innerschulische Entwicklungen in Gang zu setzen – und dies auch noch in eine Richtung zu steuern, wie sie von der Systemebene gewünscht wird.

Dass sich dies umstandslos realisieren ließe, beruht allerdings auf einer Steuerungs-Illusion. Denn jede Rückgabe von Wissen an die Schulen ist Eingabe von externem Wissen in die Schule. Wichtiger noch, jede Rückgabe wird innerschulisch als Intervention verstanden, und solche Interventionen sind prinzipiell prekär.

Wir verdanken der Systemtheorie in der Version der systemischen Familientherapie und der Willke'schen Wendung der Allgemeinen Systemtheorie Luhmanns wichtige Erkenntnisse darüber, „[...] wie voraussetzungsvoll die gezielte Beeinflussung komplexer Systeme und wie unwahrscheinlich gelingende Intervention ist" (Willke 1994, S. VII).

Einige Stichworte mögen diesen Satz plausibel machen:

- Schulen sind komplexe, d.h. nicht-triviale Systeme;
- Interventionen sind selbst-erzeugte Irritationen;
- System und Einzelschule beziehen sich aufeinander in Form einer ganz eigentümlichen „strukturellen" Kopplung (ebd., S. 122).

Diese Kopplung ist nicht-linear. Sie ist kontingent, d.h. vieles, fast alles kann der Fall sein:

- Die Intervention wird nicht verstanden.
- Die Intervention wird verstanden, aber nicht befolgt, sondern abgewehrt.
- Die Intervention wird verstanden und befolgt (aber meistens nur teilweise).

Es kann sogar passieren:

- Die Intervention wird nicht verstanden, aber trotzdem befolgt.

Alle Zwischenformen und Brechungen sind möglich. Denn:
Das System, in das interveniert wird, entscheidet (zum Großteil) selbst, wie es (und ob es) die Intervention verarbeitet.

Das liegt u. a. daran, dass:
„Systeme [...] nicht planvoll interne Realitäten [konstruieren], sondern sie evolutionär und inkremental in Serien von Experimenten aufbauen" (ebd., S. 16). Nicht-lineare Dynamik und Unvorhersehbarkeit, Emergenz genannt, sind kennzeichnend für Prozesse dieser Art.

Direkte Interventionen sind aus der Sicht der Systemtheorie weder sinnvoll noch möglich. Im Rahmen der systemischen Familientherapie sind immerhin indirekte Interventionen denkbar, durch bewusste Verstörungen, die Routinen aufbrechen, und durch zirkuläres Fragen, die den Adressaten zur verbesserten Selbsterkenntnis verhelfen.

b) Intervention aus Sicht der Handlungstheorie

Von den Handlungstheorien ist insbesondere die Version von Argyris (vgl. 1997) interessant, weil sie Interventionshandeln ausdrücklich thematisiert. Sie geht von einer Handlungsfolge von (Leit-)Werten, Aktionsstrategien und Konsequenzen aus, die von zwei grundlegend unterschiedlichen Handlungsmodellen bestimmt wird (vgl. Abb. 1):

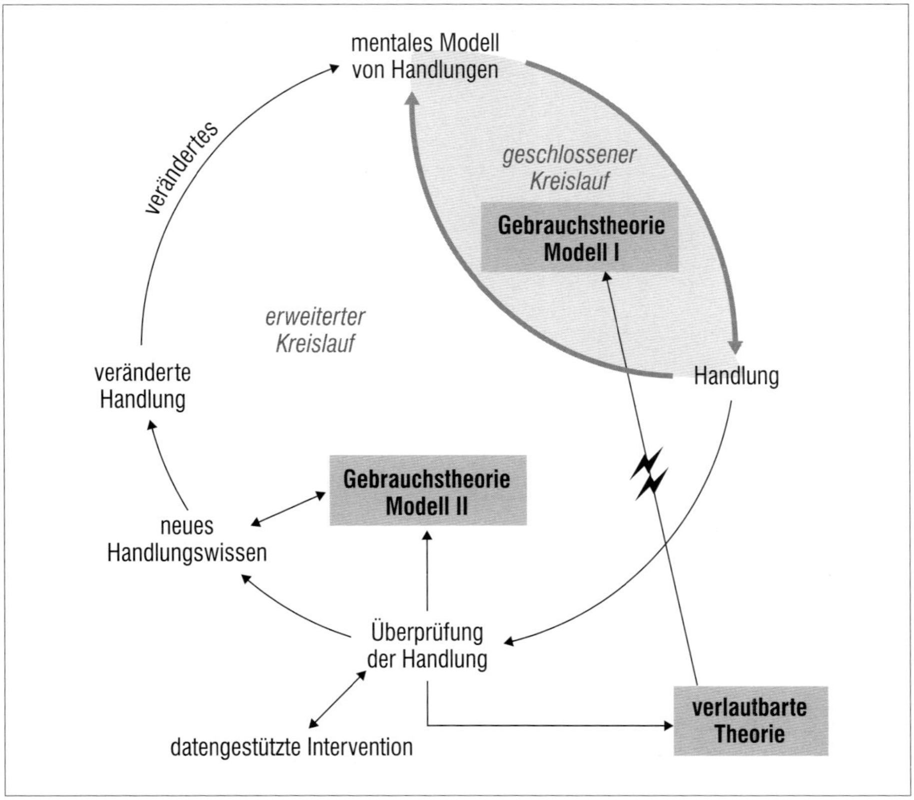

Abb. 1: Handlungskreislauf

Bestimmend ist zunächst eine sogenannte *Theory-in-use,* Modell I, die das allgemein gebräuchliche Handlungsmodell darstellt; davon sind alle Akteure auch entgegen ihrer Selbsteinschätzung durch Sozialisation und kulturell-organisatorische Gegebenheiten beherrscht. Die Leitwerte dieses Modells sind auf Durchsetzung der jeweils eigenen Handlungsrationalität gerichtet. Die darauf aufbauenden Handlungsstrategien der Akteure sehen vor, die Verteidigung der eigenen Position, die Beurteilung der Gedanken und Aktionen anderer, die Zuschreibung von Ursachen stets auf eine Weise so vorzunehmen, dass sie von anderen Menschen nicht infrage gestellt und nicht ohne Weiteres getestet werden können. Die Konsequenzen sind „defensive Routinen" wie:

- Abwehrverhalten;
- Vertuschen mikropolitischer Zusammenhänge;
- Verteidigungsverhalten oder
- Prozesse, die sich selbst verriegeln.

Anspruchsvolles individuelles und organisatorisches Handeln erfordert demgegenüber das Erlernen eines anderen Handlungsmodells: Der *Theory-in-use, Modell II*. Gegenüber Modell I ist dieses gekennzeichnet durch die Leitwerte Offenheit für relevante Information sowie freier und informierter Entscheidung, *damit Fehler entdeckt* und korrigiert werden. Aus diesen Leitwerten folgen Aktionsstrategien, die Verteidigung, Beurteilung und Zuschreibung nicht ausschließen aber so anlegen, dass *andere überprüfen können*, wie diese zustande kommen. Damit wird Abwehrverhalten reduziert.

Während defensive organisationale Routinen nach Modell I in einem sich selbst verstärkenden Prozess Strategien des „Überspielens" hervorbringen, ist es das Ziel von *Interventionen*, diese Systematik von Lernblockaden zu dechiffrieren und zu überwinden. Die für Modell II erforderlichen Fähigkeiten können allerdings nur durch eine langfristige Praxis organisationalen Lernens erworben werden, – eben weil die stets noch wirksame Modell-I-Orientierung dies beständig zu verhindern sucht.

Argyris (1997) nennt diese handlungsleitenden Theorien „mentale Modelle".
Von der Theory-in-use (Gebrauchstheorie), die das tatsächliche Handeln „steuert", ist die sogenannte *espoused theory* (verlautbarte Theorie) zu unterscheiden. Dies ist die nach außen geäußerte Theorie des Handelns, die Handeln plausibilisieren soll. Sie ist häufig Alltagsideologie, die Handeln eher legitimiert als aufklärt. Sie bewegt sich aus gesellschaftlich erwünschten Gründen gern auf der Ebene des Modells II („Lernende Organisation"), auch wenn das konkrete Handeln auf der Ebene des Modells I verharrt.

Es ist damit zu rechnen, dass *Daten-Rückmeldungen* auf Schulen treffen, die auf der Ebene des Modells I agieren, die Gespräche über Datenrückmeldungen jedoch auf Ebene des Modells II hieven und in die aufgesetzte espoused theory integrieren, ohne dass das tatsächliche Handeln davon berührt wird. Interventionen müssten derart zu erklärende Lernblockaden erst einmal dechiffrieren und dann überwinden, was möglich, aber mühselig und zeitraubend ist – und vermutlich aus eigener Kraft und im eigenen Saft nicht allzu häufig gelingt.

Interventionen kommen nur im erweiterten Handlungskreislauf vor. Sie sind als „Überprüfung der Handlung, auch durch andere" (vgl. Abb. 1), zu verstehen, welche neues Handlungswissen anbieten und eventuell auch verändertes tatsächliches Handeln zu stimulieren vermag. Interventionen sind immer datengestützt und insofern für Datenrückmeldungen prädestiniert. Es bleibt allerdings auch hier die Frage offen, wie und auf welche Weise die Daten vom Handlungssystem verarbeitet werden. Diese Frage stellt sich sowohl für Daten, die im Handlungssystem selbst als auch für solche, die extern erhoben und verarbeitet werden. Argyris kann überzeugend belegen, dass Interventionen vor allem dann wirksam sind, wenn sie von einem externen Berater begleitet werden. Dessen Aufgabe ist, die Befunde so zusammenzustellen, dass sie das Lernen und die Handlungen positiv beeinflussen (vgl. Argyris 1997, S. 95 ff.) und es erlauben, datengestützte Feedbacksitzungen durchzuführen (vgl. ebd., S. 113 ff.).

Rückmeldungen und Nutzung sind zweierlei Welten

Das Verhältnis von Rückmeldung und Nutzung von Daten zueinander ist nicht linear und auch nicht als Verschränkung zu verstehen. Oder pointiert ausgedrückt: Rückmeldungen von Daten und politische wie innerschulische Nutzung sind zweierlei Welten, die jeweils eigenen Regeln gehorchen. Die Daten stammen aus der Welt der Wissenschaft, die Nutzung passiert in der Welt der politischen und pädagogischen Praxis, wobei diese sich wiederum auch unterscheiden. Die Handelnden in der erstgenannten Welt wissen mehr als sie können, die Handelnden in der letztgenannten können mehr als sie wissen. Und zumeist stammen die Gebrauchstheorien der Bildungsforscher und -politiker aus einer anderen Welt als die Gebrauchstheorien der Lehrpersonen.

Beim Verhältnis von Datenrückmeldungen und Nutzung handelt es sich um ein *Juxtapositionsverhältnis*, also um eine Nebeneinanderstellung und nicht um ein unmittelbares Ineinandergreifen. Ein solches Juxtapositionsverhältnis betrifft nicht nur die Bildungs- und Sozialwissenschaften, sondern die Umsetzung wissenschaftlichen Wissens generell.

Eine unmittelbare Umsetzung von Daten ist im Schulbereich schon allein deshalb nicht möglich, weil die Rückmeldedaten zunächst analytisches und nicht Handlungswissen darstellen. Analytisches Wissen muss in einem komplizierten Prozess erst in Handlungswissen für die Praxis („Wissen in Aktion") übersetzt werden. Die Wirksamkeit analytischen Wissens hängt nicht nur von den Ergebnissen und der Präsentation, sondern auch vom Handlungskontext ab, d.h. ob es sich um einen Modell I- oder -II-Kontext nach Argyris handelt.

Beispielsweise weiß man inzwischen viel über das Bedingungsgefüge effektiver Schulen, aber nicht, wie man es in Handeln über- oder umsetzt.

Datenrückmeldungen treffen vermutlich auf die „verlautbarten Theorien" der Lehrpersonen, die das Handeln eben nicht steuern, sondern eher legitimieren. Schulen werden indes mehr von praktischem Handlungswissen bestimmt, von der „Gebrauchstheorie". Nicht wissenschaftliche Theorien, sondern mentale Modelle oder

Alltagstheorien von Lehrern auf der Ebene der Gebrauchstheorie, Modell I, leiten in der Regel das Handeln.

Die mentalen Modelle beruhen u.a. auf biografischer Erfahrung, auf der eigenen Unterrichtspraxis und im gelungenen Fall auf Reflexion über das eigene Handeln.

Zudem ist analytisches Wissen über Schülerleistungen wohl vorhanden. Jedoch steht praktisches Wissen oder Handlungswissen über die Verbesserung der Schülerleistungen kaum zur Verfügung. Hierüber wird im Rahmen von LSAs auch nicht geforscht. Also kann derartiges Handlungswissen auch nicht erwartet werden.

Arbeit mit Daten ist Professionalisierung

Dennoch kann man die beiden Welten der Daten-Rückmeldung und -Nutzung verkoppeln, wenngleich nur verhältnismäßig lose: durch Kontextsteuerung (nach Willke) und durch Schulentwicklung. Wenn man sich dabei an der Handlungstheorie von Argyris orientiert, dann sind Interventionen auch nicht nur als Störungen anzusehen. Sie geben auch Handlungsimpulse und sind darüber hinaus geeignet, den geschlossenen Kreislauf der (häufig) defensiven Routinen gezielt zu durchtrennen und zum erweiterten Kreislauf zu öffnen. Das kann durch datenerzeugte Selbstaufklärung der Betroffenen geschehen, durch interne oder öffentliche Provokation anhand von Datenvergleichen und durch interne oder externe Beratung anhand und auf der Grundlage der Daten. Dann trägt die Rückmeldung herausfordernder und richtungsweisender Daten dazu bei, die Unzulänglichkeiten und Verzerrungen der Gebrauchstheorie, Modell I, zu erkennen und Lösungen auf der Ebene des Modells II zu versuchen.

Arbeit mit Daten gehört folglich zum Kern zeitgemäßer Lehrarbeit, gehört also zum Professionswissen (vgl. Schön 1983). Dabei sind mindestens drei Klassen von Daten zu unterscheiden, die nacheinander dargelegt werden sollen: (1) Daten, die Schulen verhältnismäßig unaufwändig selbst erheben können (Selbstevaluation), (2) testförmige Daten bzw. Lernstandserhebungen und (3) an behördlichen Vorgaben gemessene breitgefächerte Daten, wie sie die Schulinspektion erhebt und den Schulen zurückspielt.

7.3 Mit einfach zu erhebenden Daten arbeiten – praktische Tipps

Bevor die Spannweite und Wirksamkeit von Selbstevaluation am Beispiel einer Einzelschule veranschaulicht wird, sei an die bewährtesten der unaufwendig von jeder Schule einsetzbaren Selbstevaluationsinstrumente erinnert. An:

- das Lernkreuz,
- die Zielscheibe,
- ein Diagnoseblatt zum Unterricht und
- ein Schuldaten-Blatt (Record Card).

Das Lernkreuz (vgl. Abb. 2) kann in jeder Schule jederzeit eingesetzt werden. Es wird auf die Tafel oder ein Flipchart gezeichnet und mit Schülerdaten gefüllt. Wichtig ist

Bitte notiert zwei bis drei Sachen, die beim Lernen

helfen	hindern
•	•
•	•
•	•

Abb 2: Lernkreuz

dabei der Hinweis, dass sich die Schüler vorher Notizen zur Antwort auf einem Blatt machen, die sie dann erst auf die Tafel übertragen. Würden sie gleich an die Tafel gerufen, wäre mit gruppendynamischen Effekten zu rechnen, derart, dass ein „Spaßvogel" beginnt und damit alle Nachfolgenden in eine unernste Richtung drängt.

Die Zielscheibe (vgl. Abb. 3) ist das wohl am meisten verbreitete Datenerhebungsinstrument in Schulen. Es bedarf deshalb keiner weiteren Erläuterung bis auf den Hinweis, dass es ebenfalls empfehlenswert ist, die Schülerinnen und Schüler aufzufordern, die Antworten zuerst auf ein eigenes Blatt Papier einzutragen. Die Benennung der Kriterien ist offen, sodass jede Schule ihre eigenen wählen kann, die sich auf die ganze Schule, den Unterricht und auch Weiteres beziehen können.

Das Diagnoseblatt (vgl. Abb. 4) zum Unterricht stammt aus einem Gymnasium (Liestal bei Basel) und erlaubt, eine große und dichte Fülle von Daten auf einem einzigen Blatt zu erheben. Die elf Kriterien guten Unterrichts decken ein breites Spektrum ab, das auch von der Unterrichtsforschung bestätigt wird (und selbstverständlich schulindividuell abgewandelt werden kann). Die umkästelten Daten stellen Ist-Werte dar, die anderen Soll-Werte, sodass auf einen Blick sowohl Übereinstimmungen als auch Diskrepanzen festgestellt werden können. Das Blatt eignet sich sowohl für Individualfeedback an bestimmte Lehrpersonen, als auch für die schulweite Evaluation des Unterrichts.

Liebe Schülerinnen und Schüler,
ich hätte gerne von Ihnen/Euch eine Rückmeldung über meinen Unterricht. Bitte bewerten Sie/bewertet mit einem Kreuzchen in jedem Segment der Zielscheibe die angegebenen Teilbereiche. Je näher das Kreuzchen in die Mitte der Zielscheibe gesetzt wird, desto negativer ist die Bewertung.

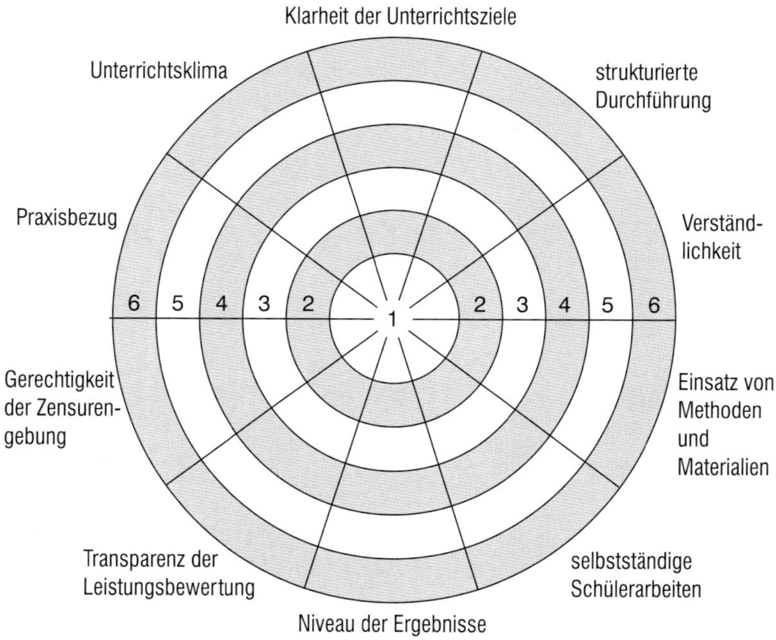

Kritik und Vorschläge:

Abb. 3: Diagnose-Zielscheibe

Unser Unterricht...	KA							Istzustand: / Sollzustand:	X
1. ... ist stark auf Stoffvermittlung ausgerichtet	1 15	26 12	38 37	23 23	2 4	2 1		... ist wenig auf Stoffvermittlung ausgerichtet	2,08 2.29
2. ... ist stark auf Persönlichkeitsbildung ausgerichtet	2 12	1 31	16 38	34 10	27 1	12 0		... ist wenig auf Persönlichkeitsbildung ausgerichtet	3,37 1,76
3. ... ist stark auf Leistung ausgerichtet	2 18	23 20	39 41	16 13	9 0	3 0		... ist wenig auf Leistung ausgerichtet	2,22 1,91
4. ... ist ohne erkennbare gemeinsame Ziele	2 13	11 7	24 3	31 2	22 24	2 43		... ist an gemeinsamen Zielen orientiert	2,78 4,18
5. ... ist fächerübergreifend	0 12	2 18	14 43	38 18	30 1	8 0		... ist nicht fächerübergreifend	3,30 2,03
6. ... fördert Kreativität	2 15	1 32	26 35	35 8	25 2	3 0		... fördert Kreativität nicht	3,03 1,74
7. ... ist prozessorientiert	6 21	6 23	19 37	29 10	20 0	21 1		... ist nicht prozessorientiert	3,15 1,86
8. ... fördert Originalität	4 18	1 23	16 40	39 10	23 1	9 0		... fördert Originalität nicht	3,26 1,85
9. ... reflektiert die Koedukationsproblematik	4 18	4 25	14 31	22 12	21 2	27 4		... reflektiert die Koedukationsproblematik nicht	3,60 2,04
10. ... thematisiert Berufswahlplanung	7 20	13 25	18 32	15 11	24 3	15 1		... thematisiert Berufswahlplanung nicht	3,12 1,93
11. ... fördert die Überwindung geschlechtsspezifischer Studien- und Berufswahl	8 19	5 18	10 28	24 12	23 2	22 3		... fördert die Überwindung geschlechtsspezifischer Studien- und Berufswahl nicht	3,56 1,96

Gymnasium Liestal / IFS – Rolff

Abb. 4: Diagnoseblatt zum Unterricht

Über ein Schuldaten-Blatt (vgl. Abb. 5) sollte jede Schulleitung verfügen, was bisher noch selten der Fall ist. Das Schuldatenblatt, international auch *Record Card* genannt, fasst die strategisch und „steuerungstechnischen" Daten zusammen, über die die Schule aufgrund der amtlichen Statistik ohnehin verfügt, und ergänzt sie durch weitere leicht erhebbare Daten. Auch kleine Datensätze können große Wirkungen haben.

Auf der anderen Seite werden Schulen zunehmend Daten zur Verfügung gestellt z.B. durch vorgefertigte und durch Service-Agenturen aufbereitete Datensätze, beginnend in den 1990er-Jahren mit dem IFS-Barometer bis zu SEIS und neuerdings IQES, deren schiere Menge sie überfordert. So enthält die SEIS-Auswertung nicht selten 180 Seiten, gefüllt mit Tabellen.

Hier geht es um die intelligente Reduktion der Datenmenge, damit sie nicht zum Datenfriedhof wird, auf die wesentlichen Aussagen. Im Grunde geht es dabei weniger um Reduktion und mehr um Konzentration.

- **Anmeldezahlen für Eingangsklassen**
- **Grundschulempfehlungen**
- **Übergänge in andere Schulformen**
- **Migranten-Anteile**
- **Daten zur Lese- und Sprachförderung**
- **Personalbestandsdaten**
- **Schul-Abschlüsse**
- **usw.**

Abb. 5: Schuldaten-Blatt

Die folgenden Abbildungen geben einige praxiserprobte Hinweise, wie man mit großen Datenmengen in der Schule umgehen kann. Die Quintessenz lautet: Erst einmal reduzieren bzw. konzentrieren (vgl. Abb. 6) und dann überlegen, wie daraus Schulentwicklungsprojekte entstehen können (vgl. Abb. 7), – oder aber die Daten als Bestätigung des ohnehin beschrittenen Weges zu begreifen. Beides sollte die Schulleitung nicht allein erarbeiten, sondern zusammen mit der Steuergruppe oder – im Rahmen einer schulinternen Fortbildung – sogar mit dem ganzen Kollegium.

- Was **überrascht?**
- Wo sind die größten **Diskrepanzen** zwischen
  - Ist/Soll und
  - Schüler-Lehrer- (und vielleicht Eltern) Angaben und was bedeuten sie?
- Welches sind die drei oder vier **bedeutsamsten** Ergebnisse?

Abb. 6: Hinweise zur Reduzierung großer Datenmengen

Es bietet sich ein Dreischritt an:

1. **Gemeinsame Analyse** der Daten (in Fach- oder Jahrgangskonferenzen bei Fachleistungsdaten, in Stufen- oder gesamtschulischen Konferenzen bei den übrigen Daten)
2. Gemeinsame Bestimmung eines **Entwicklungsschwerpunktes:** Woran wollen wir primär weiterarbeiten?
3. Umsetzung durch **Schulentwicklungsprojekte**

Zu empfehlen ist die Unterstützung durch eine Steuergruppe.

Abb. 7: Auswertungsdidaktik von Datensätzen

7.4 Nutzung von Lernstandserhebungen – ein Beispiel aus NRW

Das Kultusministerium von NRW hat unter Mitwirkung des Autors dieses Beitrags eine Handreichung erarbeitet, die es Schulen leichter macht, die Lernstandserhebungen für Unterrichtsentwicklung zu nutzen. Dabei wird empfohlen, bei der Auswertung und Reflexion der Ergebnisse, drei Ebenen zu unterscheiden:

- Auswertung auf der Ebene der **unterrichtenden Fachlehrkraft**
- Auswertung auf der Ebene der **Fachgruppe** (Fachlehrkräfte der Jahrgangsstufe) – ggf. unter Mitarbeit der/des Fachkonferenzvorsitzenden
- Diskussion und Überlegungen zu Konsequenzen auf der Ebene der **Fachkonferenz**

Diese Ebenen werden im Einzelnen ausführlich erläutert:

7.4.1 Auswertung auf der Ebene der unterrichtenden Fachlehrkraft

Zur Vorbereitung der Fachkonferenz empfiehlt es sich, dass die Kolleginnen und Kollegen ihre Erfahrungen und Eindrücke mit der Lernstandserhebung zunächst anhand folgender **exemplarischer Fragen** für sich selbst aufbereiten:

A) Vorbereitung:

- Sind angemessene Strategien zur Testbewältigung vorhanden (test wiseness)?
- Sind Text- und Aufgabenformate bekannt bzw. wurden diese im Unterricht geübt?

B) Bedingungen bei der Testdurchführung:

- Gibt es Hinweise auf mangelnde Testbereitschaft oder mangelndes Instruktionsverständnis?

- Gab es außergewöhnliche Umstände, die das Testergebnis u. U. negativ beeinflusst haben (z. B. aus dem Praktikum gerufen, Nichtteilnahme bestimmter Schülergruppen)?

C) Betrachtung der Ergebnisse
... allgemein:
- Welche Ergebnisse sind auffällig, unerwartet oder erklärungsbedürftig?
- Sind die Schwierigkeiten offensichtlich grundsätzlicher Natur oder auf einen bestimmten Bereich/Aufgabentypus bezogen?
- Lässt sich bei einzelnen Fehlerschwerpunkten eine Systematik erkennen?
- In welchem Verhältnis stehen die Ergebnisse zu Zeugnisnoten, Parallelarbeiten, Klassenarbeiten?
- Können die Ergebnisse auf Merkmale des eigenen Unterrichts bezogen werden? Lassen sich aus den Ergebnissen unmittelbare Konsequenzen für den eigenen Unterricht ableiten?
- Welche Ergebnisse müssen in der Fachgruppe, welche in der Fachkonferenz besprochen werden?

... auf der Kompetenzebene:
- In welchem Verhältnis stehen die Ergebnisse der eigenen Klasse/des eigenen Kurses zu den Ergebnissen in der eigenen Schulform bzw. in den jeweiligen Standorttypen?
- Wie verteilen sich die Schülerinnen und Schüler meiner Klasse/meines Kurses auf die Kompetenzniveaus, wie verteilt sich hier die gesamte achte – bzw. im neuen Schuljahr neunte – Jahrgangsstufe meiner Schule?
- Stimmen die Ergebnisse mit den eigenen Erwartungen überein?

... auf der Aufgabenebene:
- Stimmen die Ergebnisse mit den eigenen Erwartungen überein?
- Welche fachlichen Anforderungen stellen einzelne Aufgaben?
- Bei welchen dieser fachlichen Anforderungen haben Schülerinnen und Schüler besondere Stärken oder Schwächen gezeigt?
- Lässt sich bei einzelnen Fehlerschwerpunkten eine Systematik erkennen?
- Welche Ergebnisse sollten in der Fachgruppe, welche in der Fachkonferenz besprochen werden?

7.4.2 Auswertung auf der Ebene einer Fachgruppe (Fachlehrkräfte der Jahrgangsstufe)

Die individuellen Erkenntnisse aus den kompetenz- und aufgabenbezogenen Rückmeldungen zu der eigenen Klasse/zum eigenen Kurs sollten in einer kleineren Fachgruppe (z. B. den Fachlehrkräften der Jahrgangsstufe 9, ggf. unter Mitarbeit der/des

Fachkonferenzvorsitzenden) gewichtet und gebündelt werden. Dazu eignen sich u. a. folgende Verfahren:

- Austausch von Erfahrungen bei der Vorbereitung, Durchführung und Auswertung der Lernstandserhebungen.
- Vergleichende Sichtung der Ergebnisse der Klassen/Kurse vor dem Hintergrund des Jahrgangsstufenergebnisses bzw. der landesweiten Ergebnisse: Zeigen sich ähnliche Muster in allen Klassen/Kursen? Liegen die Ergebnisse im Bereich der eigenen Erwartungen?
- Suche nach Auffälligkeiten: Gibt es spezielle „Ausreißer"?
- Inwieweit lassen sich Erklärungsmuster für die Ergebnisse finden? Welche möglichen Ursachen lassen sich benennen? Können diese Bedingungen (kurzfristig, mittelfristig) geändert werden? Wer sollte dafür angesprochen werden?

Auf dieser Basis sollte eine Ergebnisvorlage für die Fachkonferenz erarbeitet werden, die folgende Punkte enthält:

- Zusammenstellung zentraler Ergebnisse auf Kompetenz- und Aufgabenebene,
- Reflexion der Ergebnisse vor dem Hintergrund des schulinternen Lehrplans,
- Formulierung von Hypothesen zur Erklärung der schuleigenen Ergebnisse,
- erste Überlegungen zu möglichen Konsequenzen im Hinblick auf Schul- und Unterrichtsentwicklung.

7.4.3 Diskussion und Überlegungen zu Konsequenzen durch die Fachkonferenz

Eine sensible und verantwortungsvolle Beschreibung der Situation an der eigenen Schule und eine Ursachenforschung beziehen u.a. folgende Aspekte ein:

- *Unterrichtsgestaltung* (Lehr- und Lernformen, Unterrichtsklima, ...)
- *didaktisch-methodisches Vorgehen* (thematisch-inhaltliche Schwerpunktsetzungen, Wahl der Lernmittel und Medien, ...)
- *schulischer Kontext* (schulorganisatorische Voraussetzungen, Zusammensetzung der Lerngruppen, Unterrichtsausfall, Lehrerwechsel, ...)
- *Voraussetzungen der Schülerinnen und Schüler* (Lernvoraussetzungen, Motivation, Anstrengungsbereitschaft, ...)
- *soziale Herkunft der Schülerinnen und Schüler* (Bildungsnähe des Elternhauses, sozialer Status der Eltern, Migrationshintergrund)

Die Fachkonferenz beschäftigt sich vor allem:

- mit der Sichtung und Diskussion der aktuellen Ergebnisse (auch der anderen an den Lernstandserhebungen beteiligten Fächer),
- mit der Überprüfung der Stimmigkeit und Validität der Einschätzungen aus den Vorjahren,
- mit der Sichtung und Diskussion der Vorschläge der Kolleginnen und Kollegen sowie der Fachgruppe(n),

- mit einer systematischen Ursachenforschung und Aufarbeitung erkannter Defizite (auch vor dem Hintergrund der Erkenntnisse und der Strategien aus vorausgegangenen Lernstandserhebungen),
- mit der Überprüfung der Angemessenheit der als Konsequenz aus den Ergebnissen der Lernstandserhebungen beschlossenen Maßnahmen,
- mit der Erarbeitung eines Berichts an die schulischen Gremien sowie die Schulaufsicht.

Mögliche Konsequenzen der Beratungen können sein:
- Verabredung einer systematischen Variation von Aufgabentypen, die in den Lernstandserhebungen besondere Schwierigkeiten verursacht haben;
- systematische inhaltliche Aufarbeitung von Kompetenzbereichen (z. B. ausgewählter inhalts- bzw. prozessbezogener Kompetenzen), die an der eigenen Schule Schwierigkeiten verursacht haben;
- Auseinandersetzung mit den Beschreibungen von Kompetenzniveaus – insbesondere mit den anspruchsvolleren Niveaus, deren Besetzung in der eigenen Schule (noch) nicht angemessen erscheinen;
- Einsatz gezielter Fördermaßnahmen für besonders auffällige Schülergruppen bewirken;
- Festlegung von Fortbildungsschwerpunkten innerhalb des Kollegiums erzielen.

7.4.4 Beispiele aus einer Gesamtschule

Die Schulleiterin der Dieter-Forte-Gesamtschule, Margret Rössler, berichtet, dass die Nutzung der landesweiten Lernstandserhebung mit einer amtlichen Fortbildung zu neuen Aufgabenformaten begann, aber eine fachliche Schulung, wie sich der neue Begriff der „Kompetenz" in der Gestaltung von Unterricht, in der Konstruktion von Aufgaben und Klassenarbeiten darstellen könnte, ausblieb. Daher stellt es sich für die Lehrerschaft nach wie vor als schwierig dar, die neuen Formen zu entwickeln. Die nicht in zentralen Prüfungen einbezogenen Fächer blieben in der Sekundarstufe I weitgehend ausgeschlossen von den Neuerungen.
Die Schulleiterin erinnert sich, dass die Ergebnisse zu den ersten Lernstandserhebungen mit Spannung erwartet wurden, da klar war: diese zeigen jetzt viel deutlicher, wo das Fach an unserer Schule steht, wo jede Lehrkraft mit ihrer Lerngruppe herauskommt, und selbst ein Profil des Abschneidens in allen einzelnen Aufgaben für jeden einzelnen Schüler ließ sich ablesen.

> *Jeder Lehrer, jede Lehrerin konnte ganz genau erkennen, dass die Schüler/-innen bei bestimmten Aufgaben keine oder wenige Leistungen zeigten, nämlich wenn ein Fachgebiet im Unterricht nicht bearbeitet worden war, evt. nicht bearbeitet werden konnte, wenn lange zurückliegende Themen in Aufgabenstellungen vorkamen oder wenn sie in veränderter Form auftraten und unsere Schülerinnen und Schüler den Transfer nicht leisten konnten. Unsere Ergebnisse waren in einzelnen Fä-*

chern und Lerngruppen zwar besser als bei vergleichbaren Schulstandorten, andere lagen aber auch unter dem Durchschnitt. Ein Gesamttrend bestand darin, zu viele Schülerinnen im untersten Leistungsbereich zu haben und zu wenige in der Spitze bei einer relativ stark ausgeprägten Mittelgruppe. (Margret Rössler, Dieter-Forte-Gesamtschule)

Bei der Vorstellung der Ergebnisse in der Lehrerkonferenz trat offenbar eine gewisse Betretenheit auf – zeigten sich doch innerhalb des Durchschnittswertes des ganzen Jahrgangs mit sechs Klassen große Unterschiede beispielsweise innerhalb der Erweiterungskurse des Faches Deutsch. Unausgesprochen stand die Frage im Raum, wie viel Anteil am jeweiligen Ergebnis wohl der Unterricht des Kollegen/der Kollegin haben mochte. Andererseits hatte ein Kollege in Deutsch mit zwei Parallelkursen sehr unterschiedliche Ergebnisse, sodass eine einsträngige Zurückführung auf die Lehrkraft offenkundig nicht möglich war.

In den drei Fachschaften analysierte man die Ergebnisse genauer und erstellte eine Art Stärken-Schwächen-Profil, das sich auf den gesamten Jahrgang bezog. Daraus gezogene Schlussfolgerungen für den schulinternen Lehrplan, für stärker zu berücksichtigende Aspekte in einzelnen Unterrichtseinheiten, für notwendige Übungsbereiche stellten Teile des Auswertungsberichts dar, der sowohl in der Schulkonferenz vorzustellen als auch Teil der Kommunikation zwischen Schule und Schulaufsicht war.

Die Auswertungen für einzelne Schüler/-innen wurden nur von der jeweiligen Lehrperson für die eignen Schüler/-innen gesichtet und auf der Unterrichtsebene eventuell in Form individueller Übungen für Einzelne umgesetzt. Eventuell – denn dies hatte allein die Lehrkraft zu entscheiden.

Durch dieses Vorgehen wurde der Druck von den einzelnen Fachlehrern zwar genommen, aber die Analyse des eigenen Unterrichts verblieb bei jedem Einzelnen und seiner Bereitschaft, sich seinen Ergebnissen zu stellen und sie nicht vorschnell und einseitig auf die „schlechteren" Schüler und deren mangelnde Arbeitsbereitschaft zurückzuführen, wie es nicht selten der Fall ist.

Die Schulleiterin fährt fort:

Viele der Erfahrungen mit Lernstandserhebungen ließen Rückschlüsse auf den Unterricht zu, und wie er sich verändern müsste. Eine entsprechende Umstellung des Unterrichts hätte einen Paradigmenwechsel in mehreren Dimensionen bedeutet: im Weltbild, im Bild vom Schüler-Lehrerverhältnis, in der Auffassung von Arbeitskultur unter Lehrern, im Selbstverständnis als Lernender, in der Didaktik und Methodik, im Verständnis der Schule als Organisation, in den vielen ungeprüften Vorstellungen der Alltagspädagogik.

Dies konnte jedoch aus später noch zu benennenden Gründen bisher nicht geleistet werden; mit nicht abreißenden Veröffentlichungen neuer Vorgaben des Ministeriums können Schulen zunächst nicht Schritt halten, und die Umsetzung bleibt bislang in vielen Bereichen der Innovation eine offene Herausforderung.

Die Auswertung der Daten über die Schülerleistungen wurde in den Fachschaften in den Folgejahren nicht in derselben Genauigkeit beibehalten. Geblieben sind die gemeinsamen Absprachen in den Jahrgangsstufen über Unterrichtsinhalte, überprüft an vorgegebenen Kompetenzen und Inhalten der Kernlehrpläne, die Parallelarbeiten im 8., 9. und 10. Jahrgang in den drei Fächern und die gemeinsame Auswertung von Lernstandserhebungen und zentralen Prüfungen zu zweit. Die Kooperationspartner vergewissern sich gegenseitig bei der Vergabe der Punkte und geben sich gegenseitig Rückmeldungen. Dadurch sind die Bewertungen gleichartiger und gesicherter, wenn die eigene Korrektur zur Fremdkorrektur außerhalb der Schule eingezogen wird. Hierbei wird die Qualität der Leistungen der Lerngruppe des jeweils Anderen sehr deutlich und im Detail gesehen.

Diese konkreten Ergebnisse und die Datenrückmeldung des Ministeriums zu jedem einzelnen Kurs werden eher selten zum Anlass genommen, die eigene Arbeit als Lehrerin oder Lehrer zu befragen oder zu hinterfragen, jedenfalls nicht als regulärer Teil der Fachschaftsarbeit. Die Fähigkeiten der Selbstreflexion und der Analyse des eigenen Unterrichts spielen während der Lehrerausbildung eine große Rolle; während der folgenden langen Jahre der Praxis sind sie weitestgehend aus den Gesprächen zwischen Lehrerinnen und Lehrern und zwischen Schulleitung und Lehrkraft verbannt. (Margret Rössler, Dieter-Forte-Gesamtschule)

Es gab aber auch positive Überraschungen

Der Bericht der Schulleiterin hebt hervor, dass die Mathematiker die Ersten waren, die sich genauer für praktikable diagnostische Verfahren im Rahmen der eigenen Unterrichtsarbeit interessierten und sie an entscheidenden Stellen einführten, z. B. im Laufe des 9. Jahrgangs. Dieser ist wichtig, weil an dessen Ende Schüler/-innen auch an der Gesamtschule sitzen bleiben, wenn sie an den Zielen des Jahrgangs scheitern, und weil im dann folgenden 10. Jahrgang sich endgültig entscheidet, welchen der drei Abschlüsse der Sekundarstufe I die Schüler/-innen erreichen. Die Diagnosebögen führten zu Förderempfehlungen für die gefährdeten Schüler/-innen.
Es heißt weiter im Bericht:

Nach und nach folgten weitere Fächer. Als im vorletzten Schuljahr Diagnosebögen für Englisch, Deutsch und Mathematik bei den Schulbuchverlagen und im Internet erschienen, war dieses ein Anlass eine Auswahl daraus im Rahmen eines neuen Förderkonzepts unserer Schule einzusetzen, des sogenannten Inselmodells. Hier werden Schüler/-innen gemäß einem diagnostizierten Bedarfs individuell gefördert.

Auch diese Idee, ein Fördermodell, das nicht wie bisher ein ganzes Schuljahr oder Schulhalbjahr lang irgendwelches Grundwissen aus Deutsch, Mathematik oder Englisch über alle Teilnehmer ergießt, sondern kleine wechselnde Trainingseinheiten ermöglicht, konnte eigentlich nur entstehen bei der Suche nach passgenauen Angeboten für jeden Schüler/jede Schülerin.

(Margret Rössler, Dieter-Forte-Gesamtschule)

Die ersten zentralen Prüfungen im 10. Jahrgang wiesen einen ähnlichen Trend auf wie die Lernstandserhebungen: Eine vergleichsweise kleine Spitze, eine breitere mittlere Leistungsgruppe und ein vergleichsweise höherer Anteil an Schülerinnen und Schülern ohne Schulabschluss. Die Daten selber geben wenig her für Rückschlüsse auf den einzelnen Fachunterricht; sie zeigen das Ergebnis der Schule in Form von Noten und bei den Abschlüssen im Landesvergleich, auf den Standort bezogen.

Dieses Ergebnis entsprach ziemlich genau den Ergebnissen bei den Abschlüssen im 10. Jahrgang, wie wir sie über Jahre beobachtet hatten. Schon vor einigen Jahren hatten wir uns mit der Frage befasst, wo der Weg des Scheiterns bei denjenigen Schülerinnen und Schülern beginnt, die bei uns ohne Abschluss abgehen. Dabei konnten wir einen Leistungs- und Motivationsknick beobachten, der im ersten Halbjahr der 7. Jahrgangsstufe liegt. Wir vermuteten, dass dies mit dem Einsetzen der äußeren Fachleistungsdifferenzierung in Englisch und Mathematik im 7. Jahrgang zu tun hatte, gefolgt von Deutsch im 8. und Chemie im 9. Jahrgang, wobei sich die Leistungsschwächsten durch die Zuweisung zu Grundkursen als festgeschrieben und abgeschlagen sehen. Andere Faktoren, z.B. im familiären Umfeld, kamen hinzu. Die Erwartungen, die unsere zahlenmäßig klein gehaltenen Grundkurse erfüllen sollten, dass Schüler sich in einem homogeneren Leistungsspektrum einer entmischten Lerngruppe und angesichts eines geringeren Leistungsanspruchs besser bewähren, bewahrheiteten sich nicht. Gruppenverkleinerung allein kann das offenbar nicht auffangen und führt zumindest bei dieser Leistungsgruppe nicht ohne Weiteres zum Erreichen eines ausreichenden Leistungsstandes.

In einem längeren Prozess entwickelten wir ein neues Konzept zur Unterstützung guter Schulabschlüsse nach dem 10. Jahrgang für: Hauptschulabschluss – Fachoberschulreife – Abitur. Die letzten zwei Jahre standen daher im Zeichen der Vorbereitung für eine Schwerpunktbildung im 9. und 10. Jahrgang in Richtung Berufsübergang einerseits und Vorbereitung auf die vollzeitschulische Oberstufe andererseits. Der Einstieg in die Umsetzung begann mit diesem Schuljahr.

Gleichzeitig wird in den Fächern Deutsch, Mathematik und Englisch der Unterricht bis zum 8. Jahrgang nicht mehr in Grundkurse einerseits und Erweiterungskurse mit höherem fachlichen Anspruch andererseits unterteilt, sondern die unterschiedlich leistungsstarken Gruppen werden weiterhin im Klassenverband unterrichtet. Diese Veränderung muss durch vielfältige individualisierende Unterrichtsformen unterstützt werden, wofür Entwicklungszeit und Fortbildung nötig ist. Beide Veränderungen gehören zusammen und sollen sich gegenseitig stützen: so viel Integration, binnendifferenzierende Förderung und individueller Ergänzungsunterricht wie möglich von Jahrgang 5-8; deutliche Zielorientierung auf Beruf oder (Fach-)Abitur in 9/10.

Beide Veränderungen, die als Versuch durch die Schulkonferenz beschlossen wurden, bedurften der Genehmigung durch die Schulaufsicht. (Margret Rössler, Dieter-Forte-Gesamtschule)

Die Schulleiterin schreibt in ihrer Zusammenfassung, dass die Daten aus Lernstandserhebungen und zentralen Prüfungen Anlass gaben, die schulinternen Lehrpläne einer Überprüfung zu unterziehen, verstärkt Diagnoseinstrumente einzusetzen und zielgenauere Angebote zur individuellen Förderung der Schülerinnen und Schüler zu entwickeln.

Die bisherigen Antworten auf identifizierte Schwächen bzw. auf neue Orientierungen waren dabei eher unterrichtsorganisatorischer Art und beziehen sich auf die ganze Schule oder ganze Fachbereiche:

- fachbezogene und fachübergreifende Fortbildungen,
- Aufhebung der äußeren Fachleistungsdifferenzierung – Erprobungsphase,
- Schwerpunktbildung im 9. und 10. Jahrgang,
- Inselmodell des Förderunterrichts und
- veränderte Inhalte und Schwerpunkte in schulinternen Lehrplänen.

Diese Veränderungen machen eine andere Art des Unterrichtens notwendig und streben diese auch an; auch wenn sie bisher nicht direkt auf das Unterrichten der einzelnen Lehrkraft zielen.

7.5 Selbstevaluation als Ausgangspunkt und Motor – ein Beispiel aus einem Gymnasium

Maier (2008) berichtet aus einer Umfrage bei Lehrpersonen in Baden-Württemberg, aus der hervorgeht, dass der Umstand der externen Erarbeitung von Vergleichsarbeiten bei nicht wenigen Personen zu einer grundsätzlichen Ablehnung externer Tests führt. Aus anderen Studien wissen wir (vgl. dazu Rolff 2010), dass Impulse und Orientierungen für die Weiterentwicklung von einzelnen Schulen vor allem von interner, also Selbstevaluation zu erwarten sind. Von daher ist es aufschlussreich, eine Schule vorzustellen, die Schulentwicklung fast ausschließlich auf der Basis von Selbstevaluation betreibt. Es handelt sich um das Gymnasium Schloss Neuhaus (GSN) in Paderborn, das im Jahre 2008 zu den fünf Schulen gehörte, die den Deutschen Schulpreis erhielten. Es hat ca. 1400 Schülerinnen und Schüler und etwas über 100 Lehrkräfte.

Der Schulleiter Bernhard Gödde berichtet, dass das GSN seit Jahren eine Fülle von Daten erhebt und nutzt, die für Schulentwicklung bedeutsam sind, wie die Folgenden:

Anmeldezahlen

Zu den wichtigsten Indikatoren für die Akzeptanz einer Schule in ihrem Umfeld gehören ihre Anmeldezahlen. Sie müssen nach Herkunftsschulen und -orten sorgfältig aufgeschlüsselt und analysiert werden. Bei Auffälligkeiten – insbesondere bei Anmelderückgang – sind Nachfragen an die abgebenden Systeme zu stellen, Ursachenforschung mit Rückfolgerungen sind zu betreiben.

Obwohl in direkter Nachbarschaft an dieser Schule in den letzten zehn Jahren zwei Gymnasien gegründet worden sind, nahmen die Anmeldungen an dieser Schule deutlich zu.

Sitzenbleiberquote

Die Sitzenbleiberquote ist ein wichtiges Maß für die Effektivität der individuellen Förderung an der Schule. Nur im nicht zu vermeidenden Ausnahmefall soll ein Schüler ein Lebensjahr investieren, um schulische Lerninhalte zu verstehen oder verfehlte Abschlüsse durch ein Wiederholungsjahr zu erreichen. Am Gymnasium Schloss Neuhaus wird diese Zahl seit über zehn Jahren beobachtet und den Jahrgangsstufenleitern und Fachkonferenzen rückgemeldet. Die Quote bewegt sich um 1 %.

Anzahl der Mahnungen (Versetzung gefährdende Leistungen)

Am Gymnasium Schloss Neuhaus wird in jedem Jahr eine Übersicht erstellt, die nach den Mahnungen (Schreiben an die Eltern, dass die Versetzung ihrer Kinder gefährdet ist) alle Minderleistungen sämtlicher Schülerinnen und Schüler klassen- und fachweise tabellarisch zusammenstellt. Damit erhalten alle Lehrerinnen und Lehrer – und damit auch alle Klassenleiter – Vergleichsmöglichkeiten für die von ihnen beurteilten Lerngruppen.

Erkenntnisse und Folgerungen:

- Die Anzahl der angemahnten Defizite war anfangs viel zu hoch und wurde inzwischen – allein durch die ausgehängten Vergleichszahlen und durch Besprechungen in der Konferenz der Fachvorsitzenden sowie in den Fachkonferenzen – auf ein erträgliches Maß wirklich notwendiger Mahnungen reduziert.
- Einige Lehrkräfte neig(t)en dazu, ihre Schülerinnen und Schüler mit „blauen Briefen" (= Mahnungen) zu höheren Leistungen zu zwingen/motivieren. Diese Fälle wurden (fast gänzlich) eliminiert, da Motivation nicht durch „Druck" entstehen soll.
- Einigen Lehrkräften konnte sichtbar verdeutlicht werden, dass ihre flächendeckenden Mahnungen im Vergleich zu anderen Lerngruppen und im Vergleich zu ihren eigenen, später erteilten tatsächlichen Zeugniszensuren nicht angemessen waren.
- Die nach den Mahnungen anzusetzenden individuellen Fördermaßnahmen wurden passgenauer, weil sie für weniger Schüler konzipiert werden mussten (vgl. Gödde 2010, S. 4 f.).

Systematische Auswertung aller Zeugniszensuren

Die Fachvorsitzenden erhalten nach jedem Schulhalbjahr alle erteilten Zeugniszensuren tabellarisch zusammengestellt – nach Klassen und Lerngruppen geordnet –, und zwar von ihren eigenen Fächern und ihren Fächergruppen (also von allen Sprachen, allen Naturwissenschaften, allen Gesellschaftswissenschaften ...). Diese Übersichten von Zeugniszensuren, zu denen selbstverständlich auch die dafür verantwortlichen Lehrpersonen bekannt sind, werden in den Fachkonferenzen besprochen mit dem Ziel, zu möglichst validen Beurteilungen mit möglichst gerechten und gleichen Maßstäben zu kommen. Das erreichte Minimalziel ist, dass alle Fachlehrer zwangsläufig in ein Fachgespräch und einen Meinungsaustausch über Beurteilungen eingebunden werden, was auf die Dauer zwangsläufig eine Maßstabsangleichung nach sich zieht, da niemand über längere Zeit Ausnahmesituationen für sich reklamieren kann.

Systematische Analyse der Ergebnisse aller Zentralprüfungen

An den angebotenen und verordneten Vergleichsprüfungen nimmt das Gymnasium Schloss Neuhaus in jedem Fach teil.

Für die systematische Erfassung und übersichtliche Darstellung der Ergebnisse sind auf allen Ebenen Spezialisten aus dem Kollegium zuständig, die ihre Ergebnisse wiederum der Schulleitung zuführen. Zusammen mit den Koordinatoren der jeweiligen Jahrgangsstufen und den entsprechenden Fachvorsitzenden werden die Ergebnisse ausgewertet. Sollten irgendwelche Defizite bei den Schülern erkennbar sein, ist es Aufgabe der jeweiligen Fachkonferenz, entsprechend gegenzusteuern (Korrektur der schulinternen Curricula, der Methoden oder der Intensität der Übungen etc.) und das schriftlich zu dokumentieren.

> *Bis jetzt lagen alle Ergebnisse sämtlicher Jahrgangsstufen und Fächer immer signifikant über den Ergebnissen vergleichbarer Gymnasien. Lediglich einzelne Lerngruppen waren in Einzelergebnissen manchmal etwas schwächer, was durch individuelle Fördermaßnahmen oder eine wöchentliche Zusatzstunde für die Klasse über ein oder zwei Monate behoben werden konnte. In Einzelfällen kann das schwächere Ergebnis einer Lerngruppe auch durch ein tatsächlich niedrigeres Leistungsniveau (insgesamt weniger begabte Kinder) der zufällig so zusammengestellten Lerngruppe zustande kommen. Solche Erklärungen für Minderleistungen einer Lerngruppe werden zugelassen, wenn sie über die Jahre aus der Sicht verschiedener Lehrer plausibel erklärt werden können.*
>
> *Die Besprechung der Ergebnisse mit den zuständigen Lehrpersonen ist im GSN wie anderswo auch Aufgabe der Schulleitung. Da das Leistungsniveau der gesamten Schule bis jetzt immer überdurchschnittlich war, gab es kaum Minderleistungen auf Lehrerseite – auch deswegen, weil die Lehrer für die Abschlussklassen ausgesucht werden. Wohl aber bestehen große Unterschiede in den Wegen, auf denen die Ergebnisse erzielt werden, die sich in der Atmosphäre innerhalb der Lerngruppe und in der Zufriedenheit der Schüler niederschlagen. So ist zu vermuten, dass etliche Lerngruppen noch bessere Ergebnisse hätten erzielen können, wenn es gelänge, die Zufriedenheit der Schüler beim Lernen zu erhöhen.* (Gödde 2010, S. 5 f.)

Das GSN nutzt nicht nur die vorhandenen Daten in intelligenter Weise, sondern erhebt auch selbst eigene Daten. Sie orientieren sich dabei am Prinzip der personalen Triangulation, es befragt also Schüler, Lehrer und Eltern.

Schülerfragebogen

Ein zentraler Punkt in der Evaluationskultur dieser Schule ist der sogenannte GSN-Fragebogen. Es handelt sich um einen standardisierten Fragebogen, der in fast der gleichen Form an alle Schülerinnen und Schüler schon seit mehr als zehn Jahren in jedem Frühjahr nach dem Mahnungstermin ausgegeben wird. Nach einem von der Lehrperson vorzulesenden Einführungstext, der die Schüler zu Ehrlichkeit anhalten und eine besondere Situation schaffen soll, die von ruhigem Nachdenken und großer Ernsthaftigkeit geprägt sein soll, werden folgende Punkte in einer fünfstufigen Skala zum Ankreuzen abgefragt: Klassengemeinschaft, Schulklima, Mobbing, Toilettensauberkeit, Hausaufgabenzeit pro Tag, außerunterrichtliche Aktivitäten neben der Schule, Zeitaufwand für regelmäßiges Jobben (Geld verdienen nebenbei). Außerdem wird in jeder Lerngruppe die Anzahl der Nachhilfelehrer pro Fach ermittelt.

Die Zufriedenheitsbefragung aller Schüler wird neuerdings direkt auf die einzelnen Lehrpersonen bezogen: „Mit der Unterrichtssituation im Fach Mathematik in der Klasse 7a beim Lehrer XL bin ich zufrieden: (stimmt völlig (1), stimmt ziemlich (2), stimmt teils, teils (3), stimmt wenig (4), stimmt gar nicht (5)."

Auf einige Aspekte und Ergebnisse des GSN-Fragebogens soll auf der Grundlage eines Berichtes des Schulleiters ausführlich eingegangen werden (vgl. Gödde 2010, S. 8 ff.):

Nachhilfesituation in der Klasse

Seit vielen Jahren hat sich der GSN-Fragebogen als sehr gutes Instrument gegen übermäßige Nachhilfe bewährt und etabliert. Wenn es ab und zu eine Nachhilfesituation in einer Klasse gibt, ist das in den meisten Fällen erklärbar und in diesen Ausnahmefällen auch in Ordnung (etwa nach längerem Fehlen oder bei besonderen familiären Umständen, nach Umzügen). Nicht akzeptabel ist, wenn z. B. in einer 8. Klasse außer dem Fachlehrer noch vier oder mehr Fachlehrer zu Hause damit beschäftigt sind, den „Kindern den Stoff beizubringen". Dieses Maß ist inzwischen von allen Lehrkräften akzeptiert. Sollte ein solcher Tatbestand in einer Klasse durch den GSN-Fragebogen aufgedeckt werden, ist der abzustellen – in Zusammenarbeit mit Schülern und Lehrkraft. Es hat sich inzwischen gezeigt, dass die Nachhilfesituation in Grenzen gehalten werden kann, wenn die Lehrer an diese Kontrollfrage gewöhnt sind. In den Nebenfächern (ohne Klausuren) gibt es praktisch keine Nachhilfe. In Deutsch liegt die Nachhilfequote um 1 %, in den anderen Hauptfächern (Französisch, Latein, Englisch und Mathematik) bei etwa 5 %, mit abnehmender Tendenz in der Oberstufe. Diese Zahlen waren am Anfang sehr viel höher und haben sich inzwischen auf diesem Niveau eingependelt. Sie sind sicher verbesserbar – aber noch akzeptabel.

Gefühlslage der Schülerinnen und Schüler

Erfahrungsgemäß spielt das Schul- und das Klassenklima, das Klima in den Lerngruppen für das Lernen eine große Rolle: „Wer sich in seinem sozialen Umfeld nicht wohl fühlt, der kann nicht (optimal) lernen!" (ebd., S. 8) Deswegen sind die Rückmeldungen zu diesem Themenkreis für alle Lehrer – besonders für die Klassenleitungen – von sehr hoher Wichtigkeit. Auch dem wachsenden Thema „Mobbing" kann durch dieses Instrument frühzeitig begegnet werden. Jeder Klassenleiter erhält die Einschätzungen seiner Schüler in einer übersichtlichen Zusammenstellung und kann die Ergebnisse seiner Klasse mit den Durchschnittswerten der Parallelklassen vergleichen. Auf Dauer erhält man durch dieses Benchmarking gute Hinweise für Problemlagen im Klassenverband. Auch wenn die Angaben anonym gemacht werden, gibt es oft Anzeichen auf Außenseiterprobleme, denen die Klassenleiter mit viel Fingerspitzengefühl „hinterhergehen" müssen. Klärende Gespräche im Klassenverband über die Klassenergebnisse – auch mit den Eltern(-vertretern) – haben sich als sehr hilfreich erwiesen. Schüler und Lehrer werden sensibel für Probleme, die außerhalb des fachlichen Rahmens liegen, aber in der Regel von großer Bedeutung sind.

Neue Medien, Hausaufgaben und Zeitmanagement

Der GSN-Fragebogen ist ein gutes Instrument zu Globalabfragen: Haben alle Schüler schon einen Internetzugang? Haben alle einen eigenen Computer oder (beliebigen) Zugang zu einem Computer? Wie viel Zeit benötigen unsere Schülerinnen und Schüler zur Erledigung ihrer Hausaufgaben? Hier kann sehr schnell festgestellt werden, ob Nachsteuerungsbedarf in die eine oder andere Richtung besteht, da die entsprechenden Vergleichswerte von Parallelklassen vorliegen. „Schnell ist auch für die Schulleitung zu erkennen", schreibt Gödde (ebd.), „wo eventuell zufällig ein paar etwas strengere Lehrkräfte in einer Lerngruppe die Hausaufgabenzeit überziehen. Die täglich benötigte Zeit für Hausaufgaben wird übrigens durch die Einschätzung im Elternfragebogen in etwa kontrolliert – und fällt auch tendenziell etwas unterschiedlich aus. Insgesamt ist aber davon auszugehen, dass auch diese Ergebnisse relativ valide sind, weil die Schüler über lange Jahre erfahren haben, dass ihnen eine ehrliche Beantwortung nützt, weil alle zum selben Zeitpunkt gefragt werden, in einer Situation, die mit demselben Einführungstext in allen Lerngruppen zu Ehrlichkeit und Individualität auffordert [...]

Eine nicht uninteressante Erkenntnis ist zum Beispiel, dass die Schüler des GSN in Paderborn rein rechnerisch über 50 volle Arbeitsplätze besetzt halten, die sie in unterschiedlichen Teilzeitbeschäftigungen zum Geldverdienen für unterschiedlichste Zwecke nutzen und z. T. auch dringend brauchen!" (ebd., S. 9)

Lehrerfragebogen

Die Schulprogrammentwicklungsgruppe befragt im 2-Jahres-Rhythmus die Lehrer. In einem sehr einfachen – aber offenen – Fragebogen werden die Lehrer nach schlechten, verbesserungsbedürftigen und guten sowie auszubauenden Elementen des Schullebens gefragt, was ausdrücklich die wichtige Arbeit in den Fachkonferenzen mit einbezieht.

Der Schulleiter legt den Lehrerinnen und Lehrern in regelmäßigen Abständen einen Fragebogen zu seiner Person vor, da die Zusammenarbeit des Lehrerkollegiums mit der Schulleitung von besonderer Bedeutung für die Qualitätsarbeit an einer Schule ist. In der anonymen Befragung des Kollegiums geht er mit gutem Beispiel voran und lässt die wichtigsten Positionen seines Führungsstils bewerten.

Die Ergebnisse werden im Personalrat (= Lehrerrat) diskutiert und führen ggf. zu entsprechenden Veränderungen.

Elternfragebogen – in der Jahrgangsstufe 8 (in Klassenpflegschaften)

Unter Mitwirkung von Elternvertretern ist ein Fragebogen für Eltern entworfen worden, der seit vielen Jahren an alle Eltern in der Jahrgangsstufe 8 gegeben wird, und zwar am Informationstag für die große Europafahrt dieser Schule. Durch diese Terminierung erhalten wir eine Rückmeldung von über 90% unserer Eltern. Weil immer zum selben Zeitpunkt gefragt wird, sind die Ergebnisse, die im Intranet unserer Schule veröffentlicht werden, gut vergleichbar.

In dem sehr umfangreichen Fragebogen werden Einschätzungen zum Schulgebäude, zum Informationsmanagement der Schule, zu den Lehrkräften und Klassenleitungen, zum Benehmen und zum Gefühl der Schülerinnen und Schüler aus Elternsicht, zum Schulklima, zu den besonderen Angeboten der Schule, zum Umgang mit Medien und einiges mehr abgefragt. Quasi zusammengefasst wird der Fragebogen mit den „Abschlussbewertungen", die in Schulnoten abgegeben werden: Fühlt sich das Kind an der Schule wohl? Hat die Schule in unserer Stadt einen guten Ruf? Würden Sie Ihr Kind wieder an diese Schule schicken? Können Sie anderen Eltern diese Schule empfehlen?

Die Ergebnisse des Fragebogens werden von der Schulprogrammentwicklungsgruppe (Eltern, Lehrer, Schüler, Schulleitung) diskutiert, daraus resultierende Folgerungen werden protokolliert und zusammen mit den Ergebnissen in die Schulkonferenz gegeben. Auch wenn insgesamt die Befragungsergebnisse immer relativ gut waren, wurden doch einige wesentliche Veränderungen aufgrund dieser Elternbefragungen installiert, u. a.:

- im Informationssystem der Schule (Schulbrief, Newslettersystem, breite Informationsmöglichkeiten im Intranet, Elternforum im Intranet),
- Erweiterung des Angebotes an zusätzlichen Arbeitsgemeinschaften – auch durch Eltern (!).

In jedem Schuljahr werden die Eltern in einem extra Tagesordnungspunkt der ersten Klassenpflegschaftssitzung dazu angehalten, einen Verbesserungsvorschlag für die Schule zu unterbreiten. Aus allen Klassen werden diese Vorschläge, hinter denen dann ganze Klassenverbände stehen, gesammelt, in den Gremien diskutiert, ggf. weiterentwickelt sowie modifiziert und in der Schulkonferenz verabschiedet.

Inzwischen gibt es professionelle Instrumente wie SEIS oder IQES, die ebenfalls alle drei genannten Personengruppen befragen und der Schule eine Grundauszählung und z. T. auch eine -auswertung liefern. Aber ein selbstentwickeltes Instrument ist doch etwas Besonderes, wie der Schulleiter Gödde betont:

Zufriedenheitsbefragung

Die lerngruppenscharfe Zufriedenheitsbefragung ist ein besonderer Meilenstein in unserem Evaluationsmanagement. Die Fragestellung, ob der einzelne Schüler mit der Unterrichtssituation in seinen Fächern zufrieden ist und seine Einschätzungen in einer Fünferskala, ist quasi eine Beurteilung der Lehrenden und deswegen auch ein sehr großer Diskussionspunkt in allen Gremien gewesen. Und er ist es noch! Dabei erhält nur der Schulleiter die Zufriedenheitseinschätzungen der Schüler, wertet sie aus und gibt den einzelnen Lehrkräften die entsprechenden Ergebnisse aus den jeweiligen Lerngruppen.

Das gesamte Verfahren wurde – auf ausdrücklichen Wunsch des Kollegiums – am Tag vor der Zufriedenheitsbefragung allen Schülern klassenweise von der Schulleitung erläutert. Zielsetzung: „Wir wollen, dass alle Schülerinnen und Schüler in ihren Lerngruppen zufrieden sind! Und wenn sie es nicht sind, dann wollen wir uns darum kümmern!" (Gödde 2010, S. 9)

Die Zufriedenheitsbefragung

- ist ein Frühwarnsystem, das verbesserungswürdige Situationen nicht erst bei der Beschwerde oder nach dem Abitur aufdeckt.
- bringt die gesamte Lage in einer einzigen Frage auf den Punkt. Bei Zufriedenheit (in den allermeisten Gruppen) ist alles in Ordnung. Sonst sind Verbesserungen anzustreben (s. u.).
- deckt die Schwachstellen der Schule für die Schulleitung sichtbar auf, mit der Chance, genau an der Stelle mit gezielten und wirkungsvollen Verbesserungsversuchen reagieren zu können, wo es tatsächlich notwendig ist.
- kann von den Schülerinnen und Schülern exakt eingeschätzt und beantwortet werden, wohingegen alle Befragungen zu methodischen und didaktischen Gesichtspunkten von den Heranwachsenden nur laienhaft und höchstens teilweise wirklich beurteilt werden können.
- muss den Schülerinnen und Schülern erklärt werden. Sie müssen zu einem ehrlichen und verantwortungsvollen Umgang damit erzogen werden. Dazu ist ein längerer Prozess notwendig, in dem geklärt wird, dass die Schüler nicht zufrieden sein können, wenn sie alle im Unterricht in Ruhe vor sich hinträumen können, halbwegs nicht anzweifelbare Zensuren nach Intelligenzquotient vergeben werden und niemand einen dauerhaften Lernzuwachs hat. Die Einsicht, dass Erziehung und Lernen mit Anstrengung und ab und zu mit „Ziehen" des Lehrers verbunden sein müssen, muss den Schülern vermittelt werden! Je früher, desto besser!
- muss von allen Beteiligten als wirksames und positiv hilfreiches Instrument erfahren werden!
- muss den Schülern auch im Hinblick darauf erklärt werden, dass sie zu ihrer Zufriedenheit beitragen müssen: Anstrengungsbereitschaft und gutes Benehmen sind im Schulprogramm verankert und werden von den Lehrern zu Recht eingefordert. Dieses Einfordern der Lehrerschaft ist kein Grund zu Unzufriedenheit!
- erzeugt keinen neuen Zustand. Sie fragt nur einen Zustand ab, vor dem man die Augen verschließt, wenn man nicht fragt! Umgekehrt erhält man aber die Chance, unzufriedene Schüler zu zufriedenen Schülern zu machen und damit die Unterrichtsergebnisse zu verbessern.
- ist ein Instrument, um im Unzufriedenheitsfall mit Sicherheit miteinander in ein zielgerichtetes Gespräch zu kommen (evtl. mit Hilfestellungen von außen), um die Unterrichtsprozesse transparenter zu gestalten und zu optimieren und damit zu besseren Unterrichtsergebnissen zu gelangen.

- wirkt schon im Vorfeld, da sich die Lehrenden mit geeigneten Maßnahmen in den Lerngruppen auf die Abfragesituation einstellen.

Ergebnisse, Folgerungen und Auswirkungen
Insgesamt wurden am GSN alle Lehrerinnen und Lehrer in allen Lerngruppen durchschnittlich mit 2,0 bewertet. Das kann als enormer Erfolg angesehen werden.

> *Wenn einige Schüler mit einer Unterrichtssituation nicht (ganz) zufrieden sind, ist das hinnehmbar. Wenn aber der überwiegende Teil der Lernenden nicht zufrieden ist, kann der Lehrer (und das System) damit nicht zufrieden sein. An diesem Unzufriedenheitszustand muss gearbeitet werden, sonst ist kein erfolgreiches Lernen möglich. Die Zufriedenheitsbefragung liefert Ansatzpunkte, an denen die Schule nachfragen und reagieren muss, um Verbesserungen zu erzielen. Der Lehrende ist dabei Herr des Verfahrens. Er bestimmt, welche Folgerungen er aus den Ergebnissen zieht, ob er einen Kollegen (evtl. den Klassenleiter) um Rat fragt. Oft kommen von „etwas negativen" Ergebnissen betroffene Kollegen zum Schulleiter, um sich Rat für das weitere Vorgehen zu holen. Die etwa 4% der Lehrkräfte mit gravierend schlechten Ergebnissen in einer oder mehreren Lerngruppen wurden vom Schulleiter zu einem Gespräch gebeten, in dem gemeinsam nach Wegen zur Verbesserung gesucht wurde. Auch hier bleibt der Lehrer Herr des Verfahrens.*
>
> (Gödde 2010, S. 11)

Die Fächer haben sehr unterschiedliche Durchschnittszufriedenheiten bei den Schülern erzielt: Von der Durchschnittsnote 1,7 bis zu 2,6. Diese Unterschiede werden in Fach- und Lehrerkonferenzen diskutiert und auf fachimmanente Gegebenheiten (z. B. sind die Schüler im Fach Sport durchweg sehr zufrieden) und auf personelle Zusammensetzungen zurückgeführt. In den Fachkonferenzen wird diese Fachzufriedenheit mit den anderen Daten verglichen.

Insgesamt hat die Zufriedenheitsbefragung die Lehrerschaft selbstbewusster gemacht – gerade im Hinblick auf zweifelhafte Internetbefragungen.

> *Unsere Schüler werden regelmäßig befragt – und zwar alle. Die Schüler am Gymnasium Schloss Neuhaus sind mit dem hier erteilten Unterricht zufrieden! Und wenn nicht, dann kümmern wir uns darum! Und das können wir! Die meisten Lehrer bekommen hier auch zum ersten Mal eine regelmäßige positive Rückmeldung von der Schülerseite: Es entsteht eine „Kultur des Lobens", mit der Schüler sonst eher sehr sparsam umgehen. Die eigene Stärke und das Bewusstsein der Leistungsanerkennung heben die Berufszufriedenheit der Lehrer erheblich und tragen auch durch diesen Aspekt zur Qualitätsentwicklung bei. Die Zufriedenheitsbefragung leistet einen Beitrag zur Optimierung unserer Ergebnisse in erzieherischer und bildungstheoretischer Hinsicht.*
>
> (Gödde 2010, S. 11)

Eltern und Schüler sehen die Zufriedenheitsbefragung als sehr gutes Rückmeldeinstrument an. Viele Lehrer, vor allem die jungen, betrachten es als zeitgemäße Vorgehensweise, die sie von den Universitäten kennen. Nicht unerhebliche Teile der Lehrerschaft meinen, dass Zufriedenheit nicht oberstes Ziel einer erziehenden Bildung ist, weil man auch zufrieden sein könne, ohne überhaupt etwas zu lernen. Lernen könne auch mit schmerzhaften Prozessen verbunden sein, die erst im Nachhinein (vielleicht erst nach der Schulzeit) eine gewisse Zufriedenheit mit der Ausbildung nach sich zögen. Der Wert der Bildung könne im Bildungsprozess nicht (voll) erkannt werden und sei deshalb erst im Nachhinein zu beurteilen – auch hinsichtlich der Zufriedenheit der Erzogenen.

Andererseits ist unbestritten, dass die Zufriedenheit der Beteiligten von großem Nutzen für den jeweiligen Lernprozess ist. Es bleibt abzuwarten, welche Langzeiterfahrungen an dieser Stelle gemacht werden.

„Die Zufriedenheitsbefragung ist aufgrund ihrer Konzeption kein Instrument, um ein Ranking unter Lehrern herzustellen. Dafür ist die einzige Frage zu grob und zu ungenau" betont der Schulleiter (Gödde 2010, S. 12).

Dieser – von einigen Lehrern anders befürchtete – Tatbestand ist inzwischen unbestritten. Zur Feststellung feiner Unterschiede ist die Fragestellung zu grob, zu undifferenziert und die verwendeten Maßstäbe sind zu unterschiedlich. Deshalb wird von der Schulleitung auf keinen Fall ein Ranking aufgestellt, das auch wissenschaftlich nicht haltbar wäre.

Wohl aber werden die Extreme deutlich: Wenn in einer Lerngruppe von 28 Schülern 20 oder mehr Schüler sagen, sie wären überhaupt nicht zufrieden mit der Unterrichtssituation (Beurteilung 4 oder 5), dann muss in dieser Lerngruppe nachgefragt werden, weil der Zustand nicht hinnehmbar ist. Die Zufriedenheitsbefragung deckt in ihren negativen Extremfällen Situationen auf, auf die unbedingt reagiert werden muss. „Allein schon wegen dieser Extremfälle hält die Schulleitung den Einsatz der Zufriedenheitsbefragung für absolut notwendig, seitdem wir wissen, dass so etwas vorkommen kann." (ebd., S. 12) Wenn man nicht fragt, bleiben diese Zustände vermutlich unbekannt – mit unbekannten, aber auf jeden Fall negativen Folgen. Ohne die Zufriedenheitsbefragung wären in solchen Fällen über kurz oder lang Beschwerden erfolgt, deren Bearbeitung und Behandlung für alle Seiten auf jeden Fall unangenehmer wären.

Die Zufriedenheitsbefragung stellt vielen Lehrern ein sehr gutes Zeugnis aus. Gegenüber dem schulweiten Durchschnitt von 2,0 werden durch die Zufriedenheitsbeurteilung Lehrerpersönlichkeiten „geoutet", die ohne Befragung oft „im Verborgenen Gutes tun", merkt der Schulleiter an (ebd., S. 12). Denn mit den besten Zufriedenheitswerten wurden in der Regel nicht diejenigen Lehrkräfte bedacht, die Unterrichtsstunden nach lupenreinen Unterrichtsmodellen von Fachleitern abhalten. Vielmehr erwiesen sich alltagstaugliche Lehrerpersönlichkeiten, die mit Konsequenz, Humor, Strenge, Einfühlsamkeit, Fachwissen, Erklärungsgeschick und Gerechtigkeit angemessenen Unterricht mit Langzeitwirkung geben, als „Stars". Ihnen gelang es, von 28 Schülerinnen und Schülern mit 1,0 beurteilt zu werden, obwohl die Lehrenden selber durchaus die Leistungen mehrerer Schüler mit „mangelhaft" bewerteten.

Diese nachgewiesene Tatsache hat viele nicht so erfolgreiche Lehrer am GSN zum Staunen gebracht. Es ist möglich, von Schülerinnen und Schülern etliches zu verlangen, sie mit Anstrengung zu sehr guten Ergebnissen zu führen und trotzdem sehr hohe Zufriedenheit bei den Schülerinnen und Schülern zu erzeugen. Nach zwei Zufriedenheitsbefragungen ist inzwischen auch völlig unbestritten, dass die Qualitätsunterschiede zwischen den Lehrkräften beträchtlich sind. Früher ging man hier und anderswo eher davon aus, dass alle Lehrenden gleich gut sind, nur die Schülerintelligenz in den Klassen unterschiedlich verteilt sei, deswegen gleich gute Arbeit natürlich zu unterschiedlichen Ergebnissen führe und deswegen auch der Altersreihenfolge nach befördert werden müsse. Dieser Irrglauben ist am GSN durch Daten widerlegt – und in das Bewusstsein der Lehrerschaft gedrungen. Das ist ein sehr großer Fortschritt schon deswegen, weil mancher Lehrer nun von sich aus fragt: Wie macht der andere das?!

Abiturientenbefragung

Am (vor-)letzten Schultag werden am GSN alle Abiturienten nach ihrer Einschätzung der Schule in der Rückschau gefragt. Allerdings ist dieser Fragebogen bisher nicht lerngruppenspezifisch und deswegen in dieser Hinsicht für eine Qualitätsentwicklung nicht optimal. Bei guten Ergebnissen weiß man nicht, wer diese produziert hat. Bei schlechten Ergebnissen ist nicht klar, wer dafür die Verantwortung trägt. „Hier muss noch optimiert werden", meint der Schulleiter. Interessant ist, dass viele Schülerinnen und Schüler oft mit „einer Träne in den Augen" auf ihre offensichtlich gute und „anheimelnde" Schulzeit zurückblicken. Die Abiturienten nutzen ihre Feedbackmöglichkeit häufig zu persönlichen Äußerungen, die aufschlussreich, oft aber nicht verwertbar sind (Gödde 2010, S. 13).

Evaluationen aller außerunterrichtlichen Aktivitäten

Fast alle außerschulischen Aktivitäten werden ebenfalls evaluiert:

- Fragebogen am Tag der Offenen Tür (ToT) – Dieser Fragebogen soll von möglichst vielen Besuchern des „Tages der offenen Tür" ausgefüllt werden, um u. a. Hinweise über Anmeldungsgründe, über den Schulweg, über den Ruf der Schule zu geben. Die Ergebnisse werden hinsichtlich unserer Anmeldezahlen aus den verschiedenen Grundschulen – auch wegen des dort aufgebauten Rufes der Schule – ausgewertet. An dieser Stelle wird dieser wichtige Baustein, der Aufschluss über die Erwartungshaltung der Kunden liefert, nicht weiter erörtert, weil er nicht direkt zur Verbesserung der Unterrichtsqualität beiträgt.
- Fragebögen zu allen regelmäßigen Schulveranstaltungen – Alle außerunterrichtlichen und zyklisch durchgeführten Schulaktivitäten werden nach ihrer Einführung durch Evaluationen gesteuert und optimiert. Das grundlegende Konzept muss tragfähig sein und das bewirken, wozu es erdacht wurde. Dann müssen Veränderungen messbar sein, die in die gewünschte Zielrichtung weisen. „Wie viel spielt dann keine Rolle! Solange man sich in die richtige Richtung bewegt, ist es eine Frage der

Zeit, wann man exzellent wird!", betont der Schulleiter (Gödde 2010, S. 14). Er fügt emphatisch hinzu:

> *Am Gymnasium Schloß Neuhaus sollen (junge) Persönlichkeiten herangebildet werden, die auf der Grundlage eines reflektierten und anerkannten Wertesystems denken und handeln. Kompetenz, gutes Benehmen, Soft-Skills spielen dabei eine große Rolle [...]. Mit dieser Zielsetzung ist das Geschehen an der Schule zu optimieren. Dabei ist nicht primär die Frage, welcher Unterricht optimal ist, sondern: Die Ergebnisse von Unterricht und Erziehung müssen im Hinblick auf die Ziele optimiert werden.* (Gödde 2010, S. 16)

Zur systematischen Verbesserung der Unterrichtsergebnisse werden am GSN die Ergebnisse ganzer Jahrgangsstufen in vielen Fächern erfasst, verglichen, analysiert und in Relation zu den Befragungsergebnissen gesetzt. Wenn die Schülergruppe mit ihrem Lehrer zwar zufrieden ist, die Ergebnisse des Zentralabiturs aber bekunden, dass sie nichts gelernt haben, ist die Zufriedenheit groß, aber problematisch.

Zur Optimierung der Unterrichtsergebnisse ist die Einbeziehung aller Beteiligten unabdingbar, im Mittelpunkt des Prozesses stehen allerdings die Lehrerinnen und Lehrer. Die Lehrenden werden vom Schulleiter als hochkarätig ausgebildete Experten, als Gestalter, Begutachter und Beurteiler von Lernergebnissen verstanden und unmittelbar aktiv beteiligt. Die Lernenden und deren Eltern sind in angemessener Weise zu berücksichtigen, was auf verschiedenen Ebenen mit verschiedenen Methoden passieren kann. Dabei sind systematische Rückfragen und systematische Einschätzungen von (möglichst) allen unabdingbar. Dabei gehen wir davon aus, dass die Lernenden die Fachmethoden und deren Didaktik nicht kennen und also auch nicht beurteilen können, ob diese bei ihnen gut angewendet werden. Wohl aber können sie sehr genau beurteilen, ob sie zufrieden mit dem bei ihnen wirksamen Unterrichtsprozess sind.

Längerfristige Ziele dieser Schule sind deswegen: Die Schülerinnen und Schüler, Lehrerinnen und Lehrer sollen mit ihrem Tätigkeitsfeld zufrieden sein. Und wenn sie das nicht sind, soll daran gearbeitet werden.

Die abfragbare Zufriedenheit der Beteiligten und die feststellbaren Ergebnisse der pädagogischen Bemühungen werden als die beiden zentralen Treiber zur Optimierung der Bildungsarbeit an einer Schule verstanden. Ohne eine gewisse Zufriedenheit sind die Schülerleistungen nicht zu optimieren. Eine Zufriedenheit ohne Sicherung der in den Curricula auferlegten Kompetenzen ist nicht zielführend.

Zusammenwirken von Messergebnissen und Befragungen

Wenn ein großes System Schule sich zielgerichtet entwickeln will, ist eine angemessene Kommunikation aller Beteiligten unerlässlich. Regelmäßige Konferenzen, regelmäßige Informationsbriefe (Newslettersystem) und die Offenlegung aller schulischen Protokolle im schuleigenen Intranet sind die wesentlichen Garanten dieser Kommunikation, die durch Lehrertreffen und Elternabende notwendigerweise ergänzt werden muss.

Datengestützte Schulentwicklung hilft den Lehrenden zu der (für sie oft neuen!) Einsicht, dass es erhebliche Unterschiede zwischen ihnen gibt. Diese Tatsache ist in vielen Kollegien nicht bekannt bzw. nicht eingesehen und nicht akzeptiert. Nur so ist das an Schulen oft zu beobachtende Einzelkämpfertum halbwegs zu erklären. Wenn die Schulleitung die äußerst unterschiedliche Wirksamkeit der Lehrenden nachweisen kann und damit von allen akzeptiert bekommt, ist der grundlegende Schritt zu Verbesserungen getan. Die meisten Lehrer, die einsehen, dass andere erfolgreicher arbeiten, bemühen sich von sich aus um Optimierungen. Die Offenlegung wesentlicher Ergebnisse wirkt langfristig und sehr intensiv auf die Lehrkräfte.

Wenn zum Beispiel in jedem Jahr die Mahnungslisten der Schule im Lehrerzimmer ausgehängt werden und jeder nachsehen kann, in welcher Lerngruppe die meisten defizitären Leistungen zu verzeichnen sind, dann hilft die Aussage des betroffenen Lehrers, es handele sich um eine besonders schlechte Lerngruppe, höchstens ein- oder zweimal. Danach ist klar, dass die Lehrkraft sich ändern muss. Und wenn sie das kann, wird sie das auch tun.

Die Vorsitzenden der Fachkonferenzen haben eine zentrale Bedeutung für das System Schule und sind konzeptionell unterbewertet. Die Schulleitung muss größten Wert darauf legen, dass die Fachkonferenzen thematisch (curricular) und auf personaler Ebene effektiv und teamorientiert arbeiten, die dafür notwendigen Rahmenbedingungen schaffen, die Ergebnisse wertschätzen und integrierend koordinieren. Schulleitung muss veranlassen, dass den Fachkonferenzen alle Zensurenübersichten, alle relevanten Befragungsergebnisse in angemessener Form zur Verfügung stehen, zum Gegenstand des Expertenforums gemacht werden und zu Ergebnissen führen, die parallele Fachkonferenzen (z. B. in allen Sprachen) wieder zur Kenntnis bekommen. Vereinheitlichung der Maßstäbe, neue Erkenntnisse in der Unterrichtsoptimierung werden durch Annäherung der Meinungen aufgrund gemeinsamer Datenbasis erarbeitet und sind nicht das Diktat irgendwelcher Personen oder Didaktiken.

Die Anzahl der Nachhilfelehrer in den einzelnen Lerngruppen ist ein zentraler Gesprächsgegenstand in Mitarbeitergesprächen mit der Schulleitung. Es kann nicht gleichgültig hingenommen werden, wenn zahlreiche, von den Eltern bezahlte Nachhilfelehrer notwendig sind, um zu hinreichenden Unterrichtsergebnissen zu kommen. In aller Regel sind die Lehrkräfte, die eine solche Situation vorgetragen bekommen, sofort einsichtig und bereit, alles in ihrer Macht stehende zu tun, um diesen – auch von ihnen empfundenen – Missstand abzustellen. Wenn sie das allein nicht können, sind Fachkollegen, Fachleiter oder Schulleitung hinzuzuziehen oder es muss für angemessene Fortbildungen gesorgt werden.

Personalentwicklung

Datengestützte Schulentwicklung deckt Fehlleistungen der Lehrkräfte systematisch auf. Auch wenn in den ersten beiden Jahren immer noch gesagt werden kann, dass vielleicht zufällig schlecht zusammengesetzte Lerngruppen am Misserfolg schuld waren, entfällt dieses Argument langfristig. Dann ist die Analyse klar: Eine Lehrkraft hat

in einem bestimmten Fach oder mit einer bestimmten Altersgruppe von Schülerinnen und Schülern oder – schlimmstenfalls – auf ganzer Linie defizitäre Leistungen vorzuweisen – und das ist unbestreitbar und nicht hinnehmbar.
„Was passiert dann mit einem beamteten Lehrer?", fragt der Schulleiter.

Diese Problematik ist im Beamtentum ungelöst. Das umfassende Problem, dass eine Lehrkraft mit vielen Lerngruppen nicht zufriedenstellend und ergebnisgerecht arbeiten kann, ist gravierend und trifft die betreffende Person existenziell. Außerdem kann dieses gravierende Problem keinesfalls in einer der üblichen nachmittäglichen Fortbildungen zwischen 15.00 Uhr und 17.00 Uhr gelöst werden.

Hier müssen völlig neue Wege der Persönlichkeitsentwicklung von examinierten Lehrkräften gesucht werden, die in langfristig angelegten Intensivtrainings Erfolg suchen. Außerdem wird es unerlässlich sein, auch Alternativen zum Lehrersein zu eröffnen. Einem beamteten Lehrer, der in seinem Beruf nicht (mehr) zurechtkommt, muss eine einigermaßen akzeptable Alternative geboten werden – zum Wohle für ihn selber – und zum Wohl der ihm anvertrauten Kinder.

Bis dahin müssen im Schulalltag die Lehrkräfte mitgetragen werden, die der Schulleiter nicht freundlich, aber klar „Minderleister" nennt:

> *Sie [Minderleister] sind durch gezielte Hospitationen, Fortbildungen, begleitete Teamarbeit in den Lehrprozess eines Faches so einzubinden, dass sie wieder mit (etwas mehr) Freude ihrer Arbeit nachgehen können. In einigen Fällen sind solche Wege erfolgreich beschritten worden. Manchmal hilft es, wenn die betroffene Lehrkraft für eine gewisse Zeit eine Teilzeitbeschäftigung beantragt. Dann ist der Spielraum für echte Fortbildungen erheblich größer und die guten Lehrer sehen, dass sie nicht alles aufgebürdet bekommen. Im Übrigen sind die Minderleister, die es in jedem System gibt, im Schulsystem nicht überrepräsentiert. Aber im Schulsystem sind die Auswirkungen von Minderleistern gravierend und punktuell sehr negativ für die betroffenen Schülerinnen und Schüler. Außerdem sind die psychologischen Auswirkungen nicht erfolgreicher Arbeit auf den Unterrichtenden selber auf Dauer unerträglich.* (Gödde 2010, S. 18).

Für den weitaus größten Teil der Lehrenden sind die Messergebnisse und die Befragungsergebnisse ihrer Arbeit motivierend:

> *Ihre Bemühungen werden anerkannt, die stillen Lehrer, die im Lehrerzimmer keine Lobby haben, die keine spektakulären Unterrichtsneuerungen veröffentlichen und keine neuen Unterrichtsmodelle vorzeigen können, die aber verlässliche und langfristig erfolgreiche Arbeit abliefern, werden sichtbar und erfahren große Anerkennung.* (Gödde 2010, S. 18 f.)

Der Schulleiter zieht ein vorläufiges Fazit seiner datengestützen Schulentwicklungsarbeit:

Datengestützte Schulentwicklung steht noch in den Kinderschuhen. Zentralprüfungen und systematische Befragungen bestehen noch nicht lange und flächendeckend genug, um zuverlässige Folgerungen zu ermöglichen, die unabhängig von zufälligen Gegebenheiten sind. Ein sehr interes-

santes Untersuchungsfeld sind mit Sicherheit die geschlechtsspezifischen Unterschiede bei Befragungssituationen, von denen jetzt schon sicher ist, dass es sie gibt! Auch wäre eine Zufriedenheitsbefragung mit zeitlichem Abstand zur Schule von sehr hohem Wert, wenn der Bildungs- und Erziehungswert der Schule aus der Retrospektive in der Studien- oder Berufswelt sichtbar wird. Mit aller Vorsicht sollten nach den bisher vorliegenden Erkenntnissen aber doch einige Fragen neu gestellt werden:

- *Ist die Lehrerpersönlichkeit die entscheidende und überaus dominierende Variable beim Lernen?*
- *Ist es wichtiger Menschen als Fächer zu unterrichten? (Persönlichkeit vor Fachkenntnissen?)*
- *Sind Menschlichkeit, Verlässlichkeit und Langfristigkeit wichtiger als aktuelle Unterrichtsmethoden?*

Es könnte sein, dass wir nach etlichen Jahren mess- und befragungsintensiven Forschens feststellen, dass es „ein" wie auch immer geartetes Unterrichtsmodell gar nicht gibt, dass es aber sehr wohl viele Lehrerpersönlichkeiten gibt, die junge Menschen auf vielfältigste Weise zu erstaunlichen Lernergebnissen führen können, wobei ihre Klientel ihnen große Zustimmung für ihr Tun bescheinigt! Vielleicht heißt dann die Richtlinie in Studienseminaren nach dem Erlernen der Grundfertigkeiten: Nur dann, wenn Du jetzt als Person gar keine weitere Idee hast, wie Du Deine Schüler zu Lernerfolgen führen kannst, schaue einmal bei uns in den Rezepten nach!

(Gödde 2010, S.19)

7.6 Schulinspektion als Datenlieferant – und was folgt daraus?

Ein besonders belangreicher Datenlieferant für alle Schulen ist durch die Schulinspektion entstanden, die in NRW Qualitätsanalyse genannt wird. Die Schulinspektion entwickelt nicht unmittelbar den Unterricht, aber sie kann helfen, Entwicklungsschwerpunkte richtig zu setzen und Unterrichtsentwicklung zielgerichteter anzugehen.

„Schulen haben schon immer Schulentwicklung betrieben und investieren in diese Arbeit z. T. erhebliche Zeit und Ressourcen", schreibt der Leiter der Qualitätsanalyse in NRW, Wulf Homeier. Schulleiterinnen bzw. Schulleiter und Lehrkräfte berichten immer wieder über verschiedene Herausforderungen, die sich im Rahmen dieser Arbeit ergeben. Sie lassen sich in vier zentralen – pointiert formulierten – Aussagen zusammenfassen. Diese werden – auch wenn die Datenbasis noch schmal ist – durch erste Ergebnisse der Qualitätsanalyse und durch Berichte aus anderen Bundesländern bestätigt, wie Homeier hervorhebt.

- *Schulentwicklung erfolgt teilweise auf Initiative einzelner Personen oder kleiner Gruppen, bei denen sich die Belastung konzentriert.*
- *Schulentwicklung erfolgt zum Teil eher unsystematisch und aufgrund zufälliger Eindrücke und individueller Interessen.*
- *Schulentwicklung erfolgt nicht immer auf der Basis gemeinsam festgelegter Zielvorstellungen.*
- *Schulentwicklung folgt oftmals keinem periodisch durchlaufenen Qualitätszirkel, wodurch innovative Entwicklungen in der Schule nicht als Ganzes und nicht dauerhaft verankert werden, und auf mittlere oder lange Sicht verpuffen.* (Homeier 2009, S. 1)

Die Qualitätsanalyse Nordrhein-Westfalen wie die Inspektion in anderen Ländern versucht den Schulen zu helfen, diese genannten Hemmnisse für eine erfolgreiche Qualitätsentwicklung zu überwinden. Das umfangreiche Datenmaterial soll die Schulen bei der Identifikation und konzentrierten Umsetzung wichtiger Handlungsschwerpunkte unterstützen. Da das Qualitätstableau für alle Schulen dieselbe Basis für gute Schule beschreibt, gründet der Klärungsprozess auf gleicher Terminologie und vereinfacht die Diskussion. Gemeinsame Rezeption und Diskussion der Ergebnisse der Qualitätsanalyse ermöglichen es Schulen, sich auf die zentralen – und in ihrer Zahl begrenzten – Handlungsfelder zu konzentrieren und die Entwicklungen in diesen Bereichen gemeinsam und systemisch voranzutreiben. Sich daran anschließende interne Evaluationen helfen zu erkennen, ob die begonnenen Entwicklungsschritte auch zu den angestrebten Verbesserungen führen. Wird dieser Entwicklungsprozess einer gemeinsamen Diskussion unterzogen, kann es auch gelingen, als richtig und wichtig erkannte Entwicklungen dauerhaft zu verankern, sodass sie nicht abbrechen und die geleistete Arbeit dem System nicht mehr verloren geht. Es empfiehlt sich Entwicklungsprozesse durch ein Qualitäts- und Projektmanagement zu steuern, um sie allgemein verbindlich zu gestalten und so die Entwicklungen auf Dauer im schulischen Alltag zu verankern.

Mit einem datenbasierten, effektiverem und effizienterem Vorgehen könnten die Qualität der schulischen Arbeit und damit – nicht zuletzt – die Berufszufriedenheit aller Beteiligten gesteigert und so langfristig Ressourcen und Zeit gespart werden. Effektive Nutzung von Ressourcen, Zeitersparnis und höhere Arbeitszufriedenheit sind angesichts der Arbeitsbelastung, der Lehrkräfte unterliegen, gute Gründe, mit diesem Prozess zu beginnen. In diesem Sinn ist Qualitätsanalyse durch Schulinspektion nichts, was als zusätzliche Aufgabe zu verstehen ist. Wenn Schulen sich auf die Ergebnisse einlassen, kann sie sehr gut helfen, Zeit und Kraft zu sparen.

Die Qualitätsanalyse versucht ein möglichst realistisches Bild der schulischen Arbeit zu zeichnen. In diesem Sinne stellen die Ergebnisse der Qualitätsanalyse eine Beschreibung des Ist-Zustandes dar. Die Feststellungen der Qualitätsprüferinnen und -prüfer sollen Entwicklungsimpulse geben und sind weder als Schuldzuweisungen noch als Vorwürfe gemeint. Deshalb wird eine Schule dann den größten Gewinn aus einer Analyse ziehen, wenn sie sich so darstellt wie sie ist. Das bedeutet vor allem, dass es nicht sinnvoll ist, Konzepte nur anlassbezogen für eine bevorstehende Qualitätsanalyse zu produzieren. Konzepte dienten ausschließlich der Qualitätsverbesserung innerhalb der Schule, nicht der Qualitätsanalyse, betont Homeier (ebd.). Sie machen Erziehungs- und Bildungsarbeit nachhaltig und verbindlich. Es ist die Aufgabe der Qualitätsteams, sich vor Ort davon zu überzeugen, ob und wie weit die vorgelegten Papiere in der täglichen Arbeit der Schule realisiert werden.

Wie kommt die Qualitätsanalyse zu ihren Bewertungen?

Schulinspektion ist ein Verfahren, das Schulen systematisch als Ganzes, also systemisch untersucht. Grundlage für die Analyse der Schulen ist ein Qualitätstableau, das in NRW wie in den meisten Ländern in sechs Qualitätsbereiche mit 28 Qualitätsaspekten und über 150 Kriterien die Qualität schulischer Arbeit erfasst. Die Kriterien, über die der Unterricht beschrieben wird, sind darüber hinaus nochmals mit ca. 40 Indikatoren hinterlegt. Mit solchen Referenzrahmen wurden einheitliche Standards gesetzt. Homeier (vgl. 2009) hebt hervor, dass schulinterne Diskussionen – z. B. über Entwicklungsschwerpunkte – allein schon dadurch vereinfacht wurden, dass mithilfe der Qualitätstableaus eine einheitliche Begrifflichkeit verwendet werden kann. Darüber liefert die Qualitätsanalyse den Schulen Referenzwerte, mit deren Hilfe die eigene Qualität über den Abgleich mit diesen Werten besser einschätzbar wird.

Die Rückmeldungen, die Schulen im Anschluss an eine Qualitätsanalyse zunächst mündlich, später in einem schriftlichen Bericht erhalten, beschreiben, in wie weit ihre Arbeit den Qualitätskriterien entspricht.

Für die Bewertungen werden unterschiedlichste Quellen mithilfe standardisierter Instrumente und Verfahren analysiert. Zu ihnen gehören:

- ein Schulportfolio, in dem eine Schule ihre Daten darlegt und Schwerpunkte ihrer pädagogischen Arbeit darstellt, nebst Datenanalyse in Bezug auf das Schulportfolio.
- ein Schulrundgang, in dem die Rahmenbedingungen in Augenschein genommen werden, unter denen eine Schule arbeitet.
- Unterrichtsbeobachtungen, bei denen mindestens 50% aller Lehrkräfte oder in kleinen Systemen mindestens 20 Unterrichtseinheiten besucht werden. Dabei werden alle Jahrgänge und die Fächer nach ihrem Wochenstundenanteil besucht. Die Schule und auch die Schulleitung werden vorab nicht darüber informiert, welche Lehrkraft besucht wird und wann dieser Unterrichtsbesuch ggf. stattfindet. Eine Bewertung einzelner Lehrkräfte findet nicht statt, wohl aber der Unterricht insgesamt. Deshalb erhalten Lehrkräfte grundsätzlich keine Rückmeldung über den erteilten Unterricht. Alle Ergebnisse werden auf der Systemebene aggregiert.
- Interviews, bei denen Vertreterinnen und Vertreter der schulischen Gruppen (Schulleitung, Lehrkräfte, Schülerinnen und Schüler, Eltern, nichtlehrendes Personal, Schulträger, ggf. duale Partner) auf der Basis des Qualitätstableaus getrennt voneinander zur Situation der Schule befragt werden.

Unmittelbar am Ende des Schulbesuchs erhält eine Schule eine mündliche Rückmeldung, etwa vier Wochen danach einen Berichtsentwurf, zu dem sie Stellung nehmen kann, um sachliche Fehler richtig zu stellen. Der endgültige Bericht wird an die Schule, die zuständige Schulaufsicht sowie den Schulträger versandt. Dem Bericht wird die Stellungnahme der Schule beigefügt.

Welche Daten liefert die Qualitätsanalyse?

Die Qualitätsanalyse beschreibt den Entwicklungsstand der besuchten Schule in Bezug auf das Qualitätstableau. Auf dieser Grundlage bewertet sie die Qualitätsaspekte, die Kriterien sowie die Indikatoren aus den Unterrichtsbeobachtungen. In die Bewertungen fließen alle Daten und Erkenntnisse aus unterschiedlichen Quellen ein. Die differenzierte Bewertung ermöglicht einer Schule, den Stand ihrer Qualitätsentwicklung einzuordnen und datengestützt Entscheidungen über ihre weitere Arbeit zu treffen.

Die Qualitätsanalyse bewertet die Qualitätsaspekte und -kriterien sowie die Indikatoren jeweils auf einer vierstufigen Skala, bei der jeweils die gleiche Farbkodierung verwendet wird.

Auf der Ebene von **Qualitätsaspekten** erfolgt die Bewertung in allen Qualitätsbereichen in den vier Stufen:

- **4** vorbildlich = Die Schule erfüllt nahezu alle Kriterien dieses Qualitätsaspekts in hohem Maße,
- **3** eher stark als schwach = Die Schule weist bei diesem Qualitätsaspekt mehr Stärken als Schwächen auf,
- **2** eher schwach als stark = Die Schule weist bei diesem Qualitätsaspekt mehr Schwächen als Stärken auf,
- **1** erheblich entwicklungsbedürftig = Die Schule weist bei der Mehrzahl der Kriterien des Qualitätsaspekts erhebliche Schwächen auf.

Auf der Ebene von Qualitätskriterien erfolgt die Bewertung in allen Qualitätsaspekten ebenfalls in den vier Stufen:

- ++ = Das Kriterium/der Indikator ist beispielhaft erfüllt.
- \+ = Das Kriterium/der Indikator ist eher erfüllt.
- \- = Das Kriterium/der Indikator ist eher nicht erfüllt.
- -- = Das Kriterium/der Indikator ist überhaupt nicht erfüllt.
- 0 = Keine Beurteilung möglich.

Diese Bewertung gilt auch für die Ebene der **Indikatoren** bei der Beobachtung von Unterricht.

Schulen erhalten in ihren Rückmeldungen zunächst einen Überblick über die Bewertungen aller Qualitätsaspekte, das sogenannte „Kurzprofil". Neben den Bewertungen der Qualitätsaspekte erhalten die Schulen die Bewertungen aller Kriterien und Indikatoren. Dadurch entsteht ein sehr differenziertes Bild über die Qualität der Arbeit einer Schule. Selbst unter einer scheinbar gleichförmigen Bewertung mit der Stufe 3 verbergen sich u. U. erhebliche Handlungsbedarfe, weil diese Stufe bereits vergeben werden kann, wenn die Mehrheit der hinterlegten Kriterien positiv bewertet wurde. Daher ist eine eingehende Analyse des Datenteils der Berichte unabdingbar.

Im Datenteil befinden sich für den Bereich des Unterrichts die über alle Stunden aggregierten Bewertungsverteilungen.

Ein Beispiel

Homeier (vgl. 2009, S. 6 ff.) dokumentiert ein Beispiel, das er typisch nennt. Daran lässt sich nachvollziehen, wie Schulen vorgehen können, wenn sie ihren Qualitätsbericht erhalten haben. In den folgenden Grafiken (vgl. Abb. 8–12) sind die

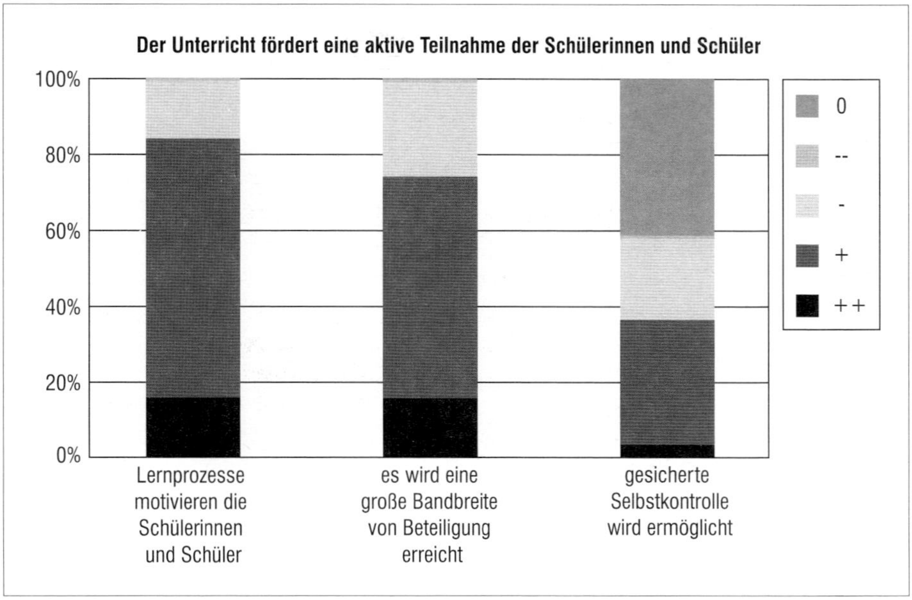

Abb. 8: Schüleraktivierung

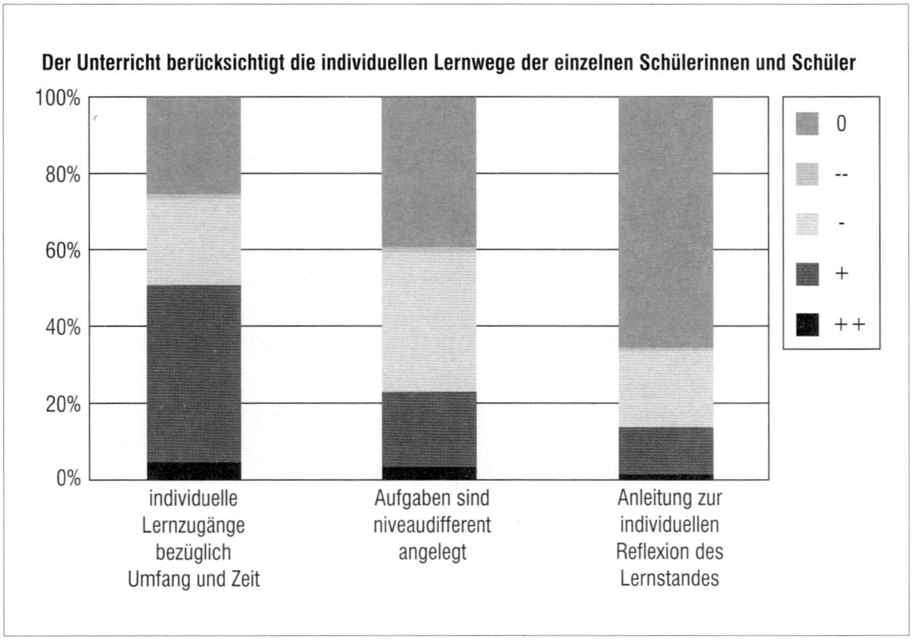

Abb. 9: Individuelle Lernwege

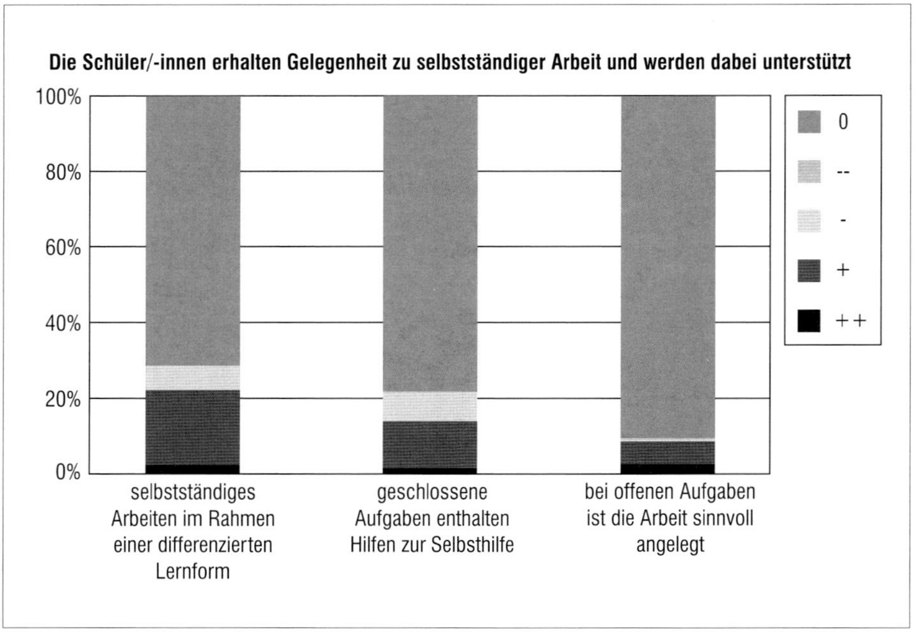

Abb. 10: Selbstständiges Arbeiten

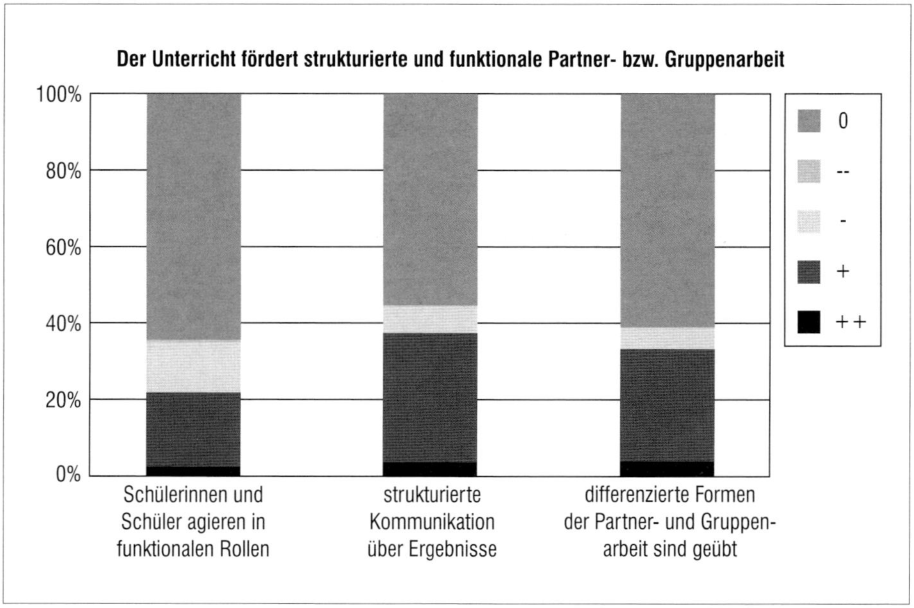

Abb. 11: Partner- und Gruppenarbeit

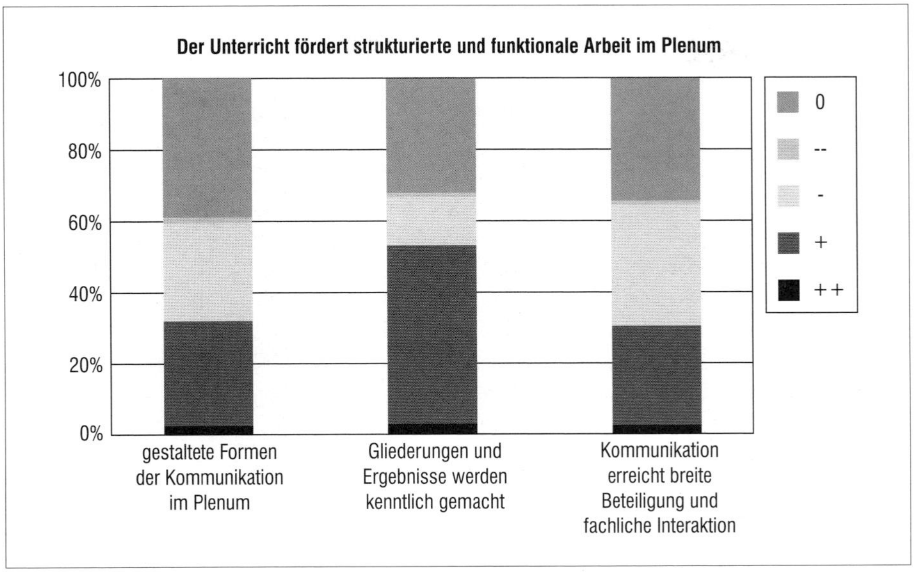

Abb. 12: Arbeit im Plenum

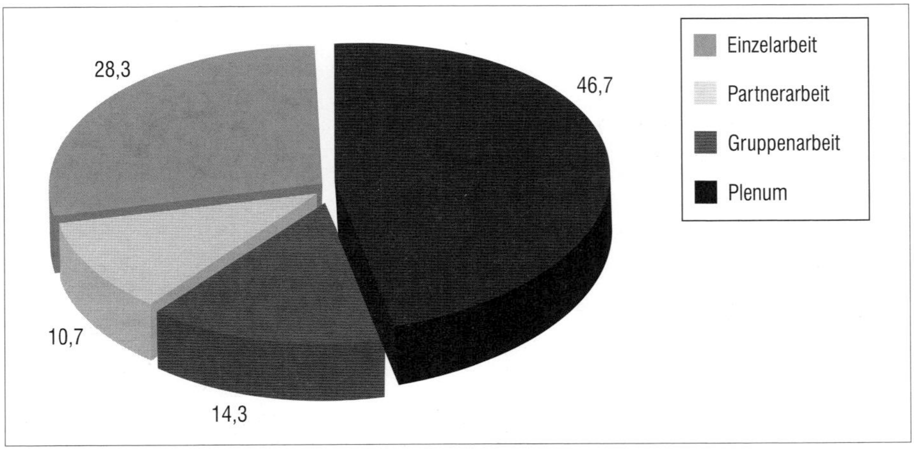

Abbildung 13: Zeitanteile Sozialformen

zu niedrig	angemessen	zu hoch
1,4 %	76,3 %	22,3 %

Abb. 14: Redeanteil der Lehrkraft

Bewertungsverteilungen für ausgewählte Indikatoren aus dem Unterricht als Säulendiagramme dargestellt. In jeder Grafik ist die Legende enthalten, die die Bewertungsstufen erklärt.

Die Beispielschule legt besonderen Wert auf schüleraktiviertes und selbstständiges Lernen unter Nutzung kooperativer Lernformen. Die Qualitätsanalyse besuchte 55 Unterrichte und spiegelt u. a. folgende Daten zurück:

Homeier schreibt:

Schon auf den ersten Blick lassen sich hier einfache Schlüsse ziehen:

Aus Abbildung 8 wird deutlich, dass ein erstes wesentliches Element selbstständigen Lernens – nämlich die gesicherte Selbstkontrolle – in über 40% aller Unterrichte gar nicht angetroffen wird. Außerdem gibt es in etwa 1/5 aller Stunden gesicherte Selbstkontrollen, die nicht gelingen – das ist ein Drittel der Stunden, in denen Selbstkontrollen überhaupt genutzt werden.

Abbildung 10 zeigt darüber hinaus, dass die Indikatoren, über die das selbstständige Arbeiten erfasst wird, in etwa 3/4 aller besuchten Unterrichte gar nicht beobachtet werden.

Kooperative Lernformen treten nur in etwa 30-40% aller Stunden auf. In diesen Fällen gelingen sie weitgehend, wenn auch nicht herausragend. Der schlechteste Wert findet sich in Abbildung 11. Dass Schülerinnen und Schüler keine funktionalen Rollen wahrnehmen, weist darauf hin, dass notwendige Mechanismen kooperativer Lernformen zumindest noch nicht hinreichend verankert sind.

Schüleraktivierung und -kooperation lässt sich auch in gelungener Plenumsarbeit realisieren. In dieser Schule ist Plenumsarbeit zwar die dominierende Lernform, es gelingt die Gliederung der Stunden und das Verdeutlichen von Ergebnissen. Das, was schüleraktiviertes Lernen ausmacht (z. B. eine breite Beteiligung und fachliche Interaktion), gelingt in der Hälfte der beobachteten Unterrichte nicht. Wenn gestaltete Formen der Kommunikation beobachtet werden, werden davon über die Hälfte dieser Situationen mit den Bewertungsstufen „-“ oder „- -“ bewertet. Außerdem zeigt auch die Verteilung der für die verschiedenen Sozialformen verwendeten Zeiten (Abbildung 13), dass Plenumsarbeit vom Zeitanteil deutlich im Vordergrund steht, aber – siehe Abbildung 12 – nicht durchgängig erfolgreich ist. Zu vermuten ist, dass das fragend-entwickelnde dialogische Unterrichtsgespräch im Vordergrund steht. Darauf weist auch hin, dass der Redeanteil der Lehrkräfte in etwa 1/4 aller besuchten Stunden als zu hoch beurteilt wird.

Abbildung 11 weist direkt darauf hin, dass die von der Schule angestrebte Nutzung kooperativer Lernformen im Unterricht nur in etwa 30–40% aller Situationen auftritt, dann allerdings erfolgreich praktiziert wird. (Homeier 2009, S. 9 f.).

Wie kann die Schule mit diesen Daten arbeiten?

Die bisher behandelten Daten beziehen sich nur auf einen, wenngleich den wichtigsten Bereich, den Unterricht. Der nächste und in der Regel aufwendigere Schritt ist, Zusammenhänge der oben gezeigten Daten mit anderen Qualitätsbereichen und -kriterien zu finden und zu analysieren.

Wenn die Beispielschule für sich feststellt, dass die Umsetzung des bearbeiteten Entwicklungsschwerpunktes nicht die gewünschte Qualität hat, wird sie die Gründe ermitteln müssen.

Homeier (vgl. 2009) schlägt vor, dass die Schule dann die folgenden Fragen bearbeitet:

Zum Inhalt:
- *Sind die Inhalte und Methoden für alle (festgelegten) Fächer erarbeitet?*
- *Stehen die Materialien allen zur Verfügung?*
- *Sind die Inhalte und Methoden in den schulinternen Curricula integriert?*
- *Sind sie durch Beschlüsse dokumentiert?*
- *War die schulische Fortbildungsplanung auf die Entwicklungsschwerpunkte abgestimmt?*
- *Haben genügend Lehrkräfte an diesen Fortbildungen teilgenommen („kritische Masse")?*
- *Wie ist abgesichert worden, dass die Fortbildungsergebnisse nachhaltig in das System eingehen und in die schulinternen Curricula eingearbeitet werden?*

Zum Verfahren:
- *Ist das Entwicklungsvorhaben in der Schule als gemeinsames Ziel verankert?*
- *Sind die Ziele klar definiert?*
- *Ist ein Maßnahmenplan erstellt worden, der Entwicklungsfristen ausweist und Verantwortlichkeiten festlegt?*
- *Wurde die Zielerreichung kontrolliert?*
- *Wurde überlegt, welche Abweichungen von der ursprünglichen Planung aufgetreten sind und woran das ggf. liegt?*
- *Ist gegen Fehlentwicklungen ggf. gegengesteuert worden?*
- *Wer hat diese Funktion eingenommen?*
- *Ist ein entsprechendes System der Rechenschaftslegung vereinbart?*

(Homeier 2009, S. 10 f.)

In den Fragen zum Verfahren bildet sich der „Qualitätszirkel" (vgl. Huber in diesem Band) ab. Die Daten der Qualitätsanalyse weisen darauf hin, dass Unterrichtsentwicklung in Schulen dann besonders erfolgreich ist, wenn sich die Entwicklungsarbeiten an solch einem Qualitätszirkel orientieren.

In der Regel ergeben sich aus der Beantwortung solcher Fragen weitere Fragen und es werden Schlussfolgerungen ermöglicht, die dabei helfen, den gesamten Prozess zielführend zu steuern. Die Arbeit mit Zielvereinbarungen zwischen der leitenden bzw. steuernden Ebene und schulischen (Arbeits-)Gruppen hat sich dabei als besonders wichtig, aber auch schwierig herausgestellt.

Es empfiehlt sich also in besonderem Maß, sich vor einer weitergehenden Unterrichtsentwicklung mit den Instrumenten und Verfahren der Qualitätsentwicklung zu befassen, um die Entwicklungsarbeiten strukturiert anzugehen, dauerhaft im System zu verankern und auf diese Weise auf Dauer Arbeitserleichterung zu erreichen.

7.7 Dilemmata und offene Fragen

Dass in Daten ein positives Potenzial steckt, ist nicht zu übersehen, denn datengestützt über die eigene Praxis zu reflektieren, ist der Kern von professionellen Lernprozessen. Das gilt für Lehrpersonen wie für Schulleitungen. Deshalb könnte aus datengestützter Schulentwicklung der Königsweg zur lernenden Schule werden.

Aber aus dem bisher Dargelegten ergeben sich auch einige Dilemmata und Problemlagen, die man nicht übersehen sollte. Dilemmata entstehen vor allem aus der Frage, wer die anfallenden Daten bekommt: Nur die Schule? Auch die Schulaufsicht? Die Eltern? Die Presse?

- Dilemma 1: Schulen sind öffentlich – aber: Bei uneingeschränkter Öffentlichkeit werden Daten in Watte gepackt (Daten, die etwas bewirken, müssen auch weh tun)
- Dilemma 2: Wenn Personenschutz, dann Datenaggregation, dann gibt es keine Einzel-(Lehrer-)Rückmeldungen; wenn keine Einzelrückmeldung, dann entstehen Enttäuschungen (bei Inspektion, Peer-Review, SEIS usw.)

Zudem bleiben etliche offene Fragen:

Sollten Daten individualdiagnostisch verwendet werden?

Fraglich ist, ob die Ergebnisse von Schulleistungstests auf Schülerebene ausgewertet und zur Diagnose der Lernleistung oder gar der Leistungsfähigkeit (Stärken und Schwächen) von individuellen Schülerinnen und Schülern verwendet werden sollen. Expertinnen und Experten warnen davor, indem sie betonen, dass die hier genannten Tests nicht für diagnostische Zwecke konstruiert wurden und dass die Fehlerwahrscheinlichkeit (der „Schätzfehler") auf individueller Ebene vor allem an den „Rändern" viel zu groß ist. Individualdaten sind nicht „robust", wie man gern sagt. Schulen sind auf der sicheren Seite, wenn sie die Schulleistungsdaten zur Schul- oder auch zur Klassendiagnose benutzen, nicht aber zur Individualdiagnose.

Sollten Individualdaten an die Eltern weitergeleitet werden?

Die Antwort ergibt sich aus der Antwort zur zweiten Leitfrage: Die Eltern sollten keine nicht-robusten Individualdaten erhalten, wohl aber Klassendaten und in den Mitbestimmungsorganen auch Schuldaten. Es kann auch interessante Anregungen für Schulentwicklung geben (und auch Unterstützung dazu), wenn die Eltern die Daten intensiv diskutieren und interpretieren.

Was bewirken Datenrückmeldungen auf das Lehrer-Eltern-Verhältnis?

Wir wissen keine erfahrungsgestützte Antwort. Datenrückmeldungen sind sehr neu für Eltern, zum Großteil noch unbekannt. Aber es scheint eine ambivalente Angelegenheit zu sein, die es verdient, empirisch genauer untersucht zu werden. Daten könnten eine objektivierende Grundlage für eine engere Zusammenarbeit und Anlass für mehr Elternbeteiligung sein. Daten könnten aber auch Anlass für einen „engen"

Egoismus werden („Kümmern Sie sich gefälligst mehr um mein Kind") und für amateurhaftes Hineinreden in professionelle Angelegenheiten der Lehrperson.

Wie häufig sollten Daten erhoben und rückgemeldet werden?
Bis vor Kurzem wurden Leistungsdaten an deutschsprachigen Schulen gar nicht erhoben und jetzt scheint das jedes Jahr zu passieren. Das hat vielfach zur Folge, dass die Daten aus dem letzten Jahr noch gar nicht verdaut sind und schon wieder neue Daten aus diesem Jahr den Schulen „über den Zaun" geworfen werden. Schulen müssen erst lernen, mit Daten produktiv umzugehen und die entsprechenden Lernerfahrungen systematisch auszuwerten, was Zeit kostet. Damit Schulen nicht in Daten ersticken und bloß Abwehrstrategien entwickeln scheint ein zweijähriger Turnus angemessener zu sein als ein einjähriger.

Welches ist die Rolle von Fachkonferenzen?
Fachkonferenzen sind der geeignete, ja der zentrale Ort für die Umsetzung von Schülerleistungsdaten in fachbezogene Unterrichtsentwicklung. Auch wenn jeweils nur die Fachlehrer einer Jahrgangsgruppe (3. bzw. 4. Klassen und 8. bzw. 9. Klasse) von Datenerhebungen bzw. Rückmeldungen „betroffen" sind, ist es sinnvoll, sie in den Fachkonferenzen mit allen Fachlehrern zu analysieren und Ideen zur Weiterentwicklung des Unterrichts zu entwickeln. Denn erstens sind im Laufe der Jahre alle Lehrpersonen „dran", und zweitens gilt es, über Vorbereitungen in den unteren Jahrgängen ebenso nachzudenken wie über Fortsetzungen in den oberen.

7.8 Fazit

Bei der Nutzung von Daten für Schulentwicklung und erst Recht für Unterrichtsentwicklung kommt der Schulleitung eine zentrale Rolle zu; denn eine so relativ neue Angelegenheit wie schulische Datenerhebung und -nutzung regelt sich nicht durch individuelles, mehr oder weniger aufgeschlossenes und kompetentes Lehrerhandeln. Die Schulleitung ist hier der entscheidende Akteur:

- Sie muss wissen und mit dem Kollegium analysieren, wo die Schule Stärken und Schwächen hat und welches die Chancen und Gefährdungen von außen sind.
- Sie muss wissen, über welche Daten die Schule verfügt.
- Sie muss wissen und vermitteln, welche Daten die Schule wirklich braucht und welche nicht.
- Sie muss wissen und organisieren, wie man die aufwendigen Daten erhält oder erhebt.
- Sie muss sicherstellen, dass die am Beispiel der Lernstandserhebungen beschriebenen Analyse- und Austauschprozesse auch tatsächlich stattfinden.

Die Aufgaben der Schulleitung kann man auch in einem Katalog auflisten:

- Die Organisation von zentralen Tests, Erhebungen, Überprüfungen und Evaluationen.

- Die Deutung und Kommunikation der Ergebnisse mit dem Kollegium.
- Die Unterstützung der Lehrkräfte in allen ihren neuen Aufgabenfeldern wie Umgang mit neuen Aufgabenformaten, Unterstützung nachhaltigen Lernens, Dateneingaben und -interpretation, Materialentwicklung u. a.
- Abfederung der Anforderungen und Schaffung von Zeiträumen.
- Weiterqualifizierung und Fortbildungsplanung.
- Schaffung wichtiger Koordinierungsaufgaben und Möglichkeiten der Honorierung (Entlastung; Beförderung).

Zur verteilten Führung gehört allerdings auch, diese Aufgaben überlegt und akzeptabel zu verteilen auf Funktionsträger und auch auf Lehrkräfte.

Aber nicht delegieren kann die Schulleitung die Aufgabe der Datenintegration, die man auch Datenkonferenz nennen könnte. Hier geht es um das Problem, aus der Fülle der Daten ein Gesamtbild zu gestalten. Diese Kompetenz ist wohl nur anhand von Fallstudien zu vermitteln.

Literatur

Ackeren, I. v. et al. (Hrsg): Pädagogik. 12, 1998, S. 10–15.

Argyris, C.: Wissen in Aktion. Stuttgart 1997.

Gödde, B.: Datengestützte Schulentwicklung. In: Buchen, H. et al. (Hrsg.): Schulleitung und Schulentwicklung. Berlin 2010, Ergänzungslieferung 47.

Homeier, W.: Unterrichtsentwicklung durch Qualitätsanalyse. Papier verfasst für die 1. deutsch-chinesische Schulleiterkonferenz. Shanghai (Dezember) 2009.

Jäger, R. S. und Helmke, A.: Musterrückmeldung. Erweiterte Rückmeldung MARKUS. Universität Landau 2001.

Klug, C. und Reh, S.: Was fangen die Schulen mit den Ergebnissen an? Die Hamburger Leistungsvergleichsstudie aus der Sicht „beforschter Schulen". Pädagogik. 12, 2000, S. 16–21.

Maier, U.: Rezeption und Nutzung von Vergleichsarbeiten. In: Zeitschrift für Pädagogik. 54, 1, 2008, S. 95–117.

Peek, R.: Die Bedeutung vergleichender Schulleistungsmessungen für die Qualitätskontrolle und Qualitätsentwicklung. In: Weinert, F. E. (Hrsg.): Leistungsmessungen in Schulen. Weinheim/Basel 2001.

Rolff, H.-G.: Was bringt die vergleichende Leistungsmessung für die pädagogische Arbeit in Schulen? In: Weinert, E. (Hrsg.): Leistungsmessungen in Schulen. Weinheim/Basel 2001.

Rolff, H.-G.: Studien zu einer Theorie der Schulentwicklung. Weinheim/Basel 2007.

Rolff, H.-G.: Unterrichtsbezogenes Qualitäts-Management. In: Buchen, H. et al. (Hrsg.): Schulleitung und Schulentwicklung. Berlin 2010, Ergänzungslieferung 48.

Rössler, M.: Lernkultur als Ziel der Schulentwicklung. Papier verfasst für die 1. deutsch-chinesische Schulleiterkonferenz. Shanghai (Dezember) 2009.

Schön, D. A.: The Reflecting Practitioner. London 1983.

Simon, F. B.: Die Kunst, nicht zu lernen. Heidelberg 1999.

Terhart, E.: Wie können die Ergebnisse von vergleichenden Leistungsstudien systematisch zur Qualitätsverbesserung in Schulen genutzt werden? Zeitschrift für Pädagogik. 48, 2002, S. 91–110.

Willke, H.: Systemtheorie II (Interventionstheorie). Stuttgart 1994.

8 Schulleitung als Qualitätsmanagement

von Stephan Gerhard Huber

Qualität ist kein Zufall; sie ist immer
Ergebnis anstrengenden Denkens.
(John Ruskin)

Der abschließende letzte Beitrag geht von den Handlungsfeldern von Schulmanagement aus und verortet Qualitätsmanagement als zentrale Schulleitungsaufgabe. Er erläutert und diskutiert den Begriff „Schulqualität" und stellt Modelle zu Bereichen der Schulqualität und Qualitätssicherung vor. Anschließend werden Zugänge zu Qualitätsmanagement erörtert. Einige Qualitätsmanagement- und Controlling-Modelle, die man im schulischen Kontext findet, werden kurz skizziert. Formen von Evaluation im schulischen Kontext werden dann beleuchtet. Am Schluss wird noch einmal deutlich, dass für das Gelingen von schulischem Qualitätsmanagement die Schulleitung eine besondere Rolle spielt.

8.1 Handlungsfelder von Schulmanagement

Schulische Managementaufgaben und -rollen sind im Laufe der Jahre und besonders durch die Erweiterung der Eigenverantwortlichkeit der Einzelschule erheblich komplexer geworden, als sie dies tradiert bereits waren. Das folgende Modell versucht, diese Aufgaben in Handlungsfelder von Schulmanagement zu differenzieren (vgl. Abb. 1).

Diese Handlungsfelder umfassen Organisation, Personal, Unterricht und Erziehung, Qualitätsmanagement (also Qualitätssicherung und -entwicklung) sowie Kooperation (innerhalb der Schule und nach außen). Ziel aller Maßnahmen ist letztendlich immer, die Schüler bei der Entwicklung ihrer Kompetenzen zu fördern und zu unterstützen. Modellhaft können diese verschiedenen Handlungsfelder von schulischem Management wie in Abbildung 1 dargestellt werden.

Zentral und alle anderen Handlungsfelder berücksichtigend ist das Qualitätsmanagement. Es muss vorrangig darauf ausgerichtet sein, sich zu vergewissern, dass der Unterricht ein hohes Maß an Lernwirksamkeit besitzt, und die Ergebnisse so auszuwerten und aufzubereiten, dass sie in Entwicklungs- und Verbesserungsmaßnahmen der pädagogischen Arbeit umgesetzt werden. Darüber hinaus orientiert sich das Qualitätsmanagement an der Einzelschule daran, qualitätssichernde Maßnahmen (Evaluation) in Qualitätsentwicklung, also in Maßnahmen der Optimierung, zu überführen. Dabei müssen alle genannten Handlungsfelder im Blick behalten werden.

Qualitätsmanagement ist ein Leitbegriff, der heute sowohl in privatwirtschaftlichen als auch in öffentlichen Handlungsfeldern von größter Relevanz ist. Vor allem im Bildungsbereich spielen Fragen nach der Qualität im Rahmen von Schulentwicklung eine zunehmend bedeutende Rolle: Was ist eine gute Schule? Was ist guter Unterricht? Wie können Schule und Unterricht verbessert werden?

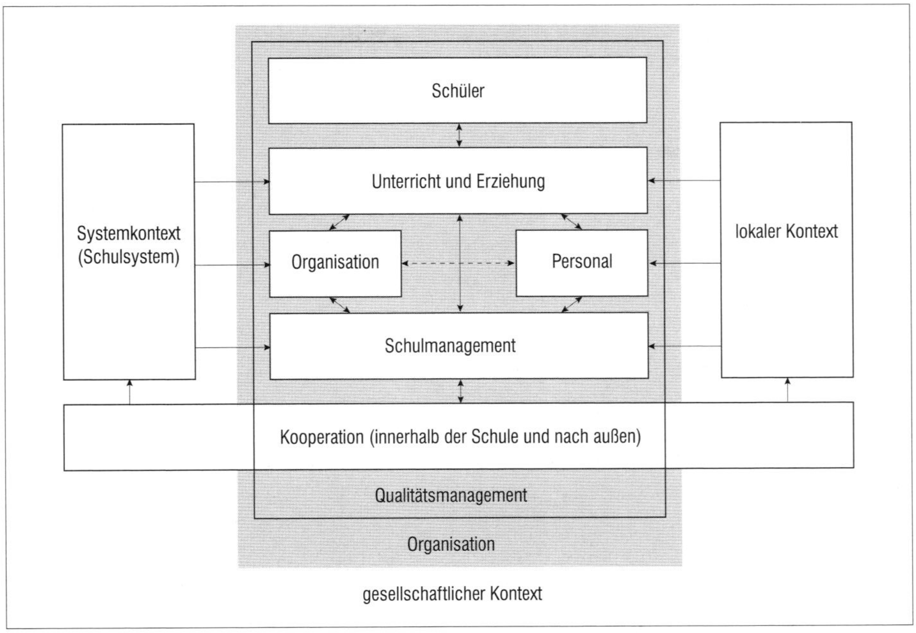

Abb 1: Handlungsfelder von Schulmanagement (Huber 2009, S. 4)

8.2 Schulqualität im Kontext: Input, Prozess, Outcome

Zunächst ein Blick auf den Schlüsselbegriff in dieser Diskussion, nämlich „Qualität". Der Begriff leitet sich vom lateinischen Substantiv „qualitas" ab und bedeutet „Beschaffenheit". Die Qualität eines Systems ergibt sich demnach aus bestimmten, messbaren Eigenschaften. Diese objektive Qualität, verstanden als Beschaffenheit eines Systems, ist eigentlich wertneutral. Übertragen auf Schule gäbe es damit keine guten oder schlechten Schulen, sondern nur Schulen mit bestimmten Eigenschaften, in denen sie sich ähneln oder durch die sie sich unterscheiden.

Allerdings erhält der ursprünglich wertneutrale Qualitätsbegriff eine Wertung, sobald an ein System konkrete Anforderungen gestellt werden. In der Wirtschaft dominierte bis in die 1960er-Jahre des letzten Jahrhunderts ein herstellerorientierter Qualitätsbegriff. Fehlerfreie Produktion und Prüfung des Endproduktes standen im Mittelpunkt der Qualitätssicherung. Der Perspektive der Kunden, sowohl die der externen als auch die der internen, wurde keine Bedeutung beigemessen.

Aufgrund von Absatzkrisen setzte sich seit Anfang der 1970er-Jahre ein zunehmend kundenorientierter Qualitätsbegriff durch. Nach der DIN-EN-ISO-Norm wird Qualität verstanden als die „Gesamtheit von Merkmalen (und Merkmalswerten) einer Einheit bezüglich ihrer Eignung, festgelegte und vorausgesetzte Erfordernisse zu erfüllen"

(Stawicki 2001). Ein erweitertes Verständnis von Qualität zeigt folgende Definition: „Qualität heißt nicht nur genau das zu liefern, was der Kunde wollte, sondern auch das, was er gewollt hätte, wenn er richtig beraten worden wäre" (So Chul Bang, zit. in: Stabstelle für Verwaltungsreform im Innenministerium Baden-Württemberg 1999, S. 19).

Auf Schule übertragen würde ein konsequent herstellerorientiertes Qualitätsverständnis bedeuten, dass die Lehrer bestimmen, was unter Qualität von Unterricht und Schule zu verstehen ist, ohne dabei gesetzliche Anforderungen und Interessen der Schüler und deren Eltern, weiterführender Schulen und einstellender Betriebe etc. zu beachten. Das klingt natürlich absurd. Indes griffe aber auch ein rein kundenorientierter Qualitätsbegriff für ein Verständnis von Schulqualität zu kurz, sind die Wünsche und Erwartungen der „Kunden" ja durchaus widersprüchlich: Eltern wollen z. B. wissen, wie Schule die Zukunftsperspektiven ihrer Kinder in der „Wettbewerbsgesellschaft" verbessern kann und ob sie ihre Kinder das lehrt, was zukünftig wichtig und auf dem Arbeitsmarkt gefragt ist. Sie wollen aber auch, dass ihre Kinder in der Schule einen Schutzraum genießen, sich wohl fühlen, nicht unnötigem Druck ausgesetzt sind, dass sie individuell gefördert werden und ihre Potenziale entfalten können.

Die Anforderungen an Schule in einem staatlich verantworteten Schulsystem sind ohnehin nicht ohne Weiteres aus den Wünschen der Kunden mit unterschiedlichen, möglicherweise widersprüchlichen Interessen abzuleiten, sondern vorrangig aus dem Bildungs- und Erziehungsauftrag in der Verfassung und den Schulgesetzen. Aufgrund unterschiedlicher Ausgestaltung, verschiedener Ausgangsbedingungen und unterschiedlicher Schulkontexte kommt es zu unterschiedlichen Qualitäten.

Wie definiert die Schulqualitätsforschung den Terminus? Mortimore (vgl. 1991) definiert eine gute bzw. wirksame Schule als eine, in welcher der Lernfortschritt der Schüler größer ist bzw. deren in Noten gemessene Leistungen besser sind, als von ihren Eingangsvoraussetzungen her zu erwarten gewesen wäre. Wenn man die Qualität von Schule ausschließlich auf Schülerleistung reduziert, also auf messbare Ergebnisse durch reine Outputkontrolle im Sinne der reinen Qualitätssicherung, zeigt dies allerdings ein einseitig begrenztes Bild von Schulqualität. Schülerleistungen sind nur ein im Kontext von Schule zu betrachtendes Merkmal von Schulqualität im Sinne von Leistungen einer Schule.

Bereits Anfang der 1970er-Jahre griff Cronbach (vgl. 1972) bei der Evaluation und Qualitätssicherung im Bildungsbereich auf ein Strukturmodell zurück, das die Komplexität von Schule widerspiegelt. Cronbachs Strukturmodell, das Ditton (vgl. 2000, 2002) für den schulischen Bereich weiter ausdifferenzierte, unterscheidet

- gegebene Bedingungen des Curriculums;
- seine Ziele und Intentionen;
- beteiligte Institutionen;
- konkrete Lehr- und Lernsituationen mit den Einzelelementen Personen, Inhalte und Methoden;
- erzielte kurzfristige Ergebnisse sowie
- langfristige Wirkungen.

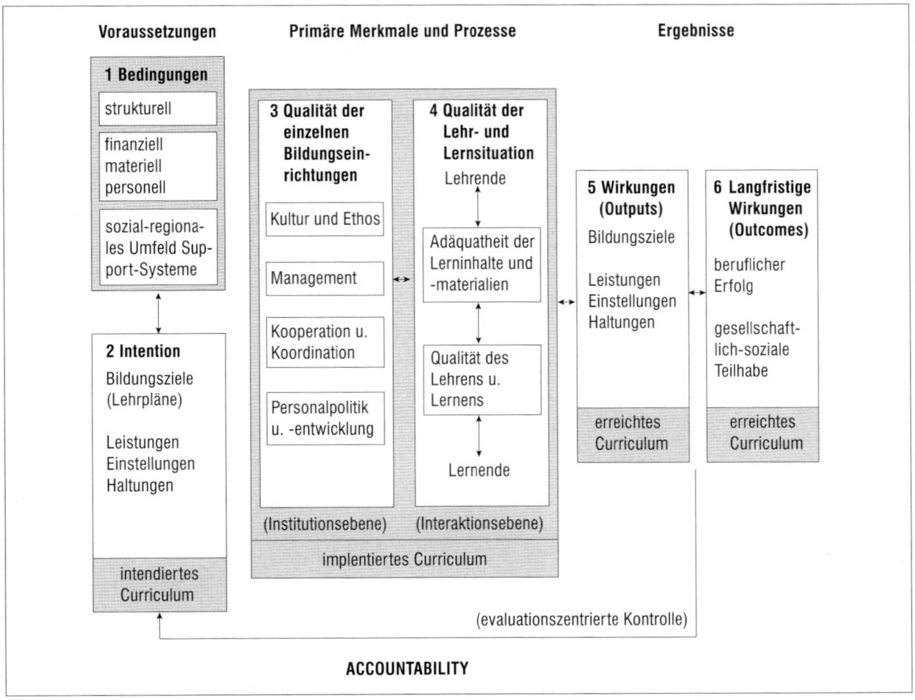

Abb. 2: Strukturmodell zur Evaluation und Qualitätssicherung im Bildungswesen (Cronbach 1972, zit. in Ditton 2002)

Ein ähnliches, aber grafisch vereinfachtes Modell von Dubs (1998) unterscheidet drei grundlegende Qualitätsbereiche zur Erfassung und Beurteilung der Schulqualität: Input, Prozesse und Output/Outcome (vgl. Abb 3).

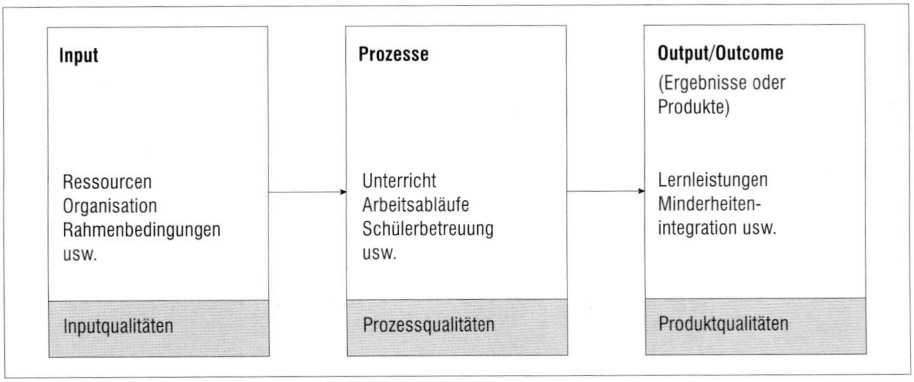

Abb. 3: Grundlegende Bereiche der Schulqualität (Dubs 1998)

Der Bereich der Inputqualitäten (auch Kontext-, Strukturqualitäten) umfasst all jene Faktoren, welche als Ressourcen oder als Rahmenbedingungen in den Leistungserbringungsprozess der Schule eingehen und mithin dessen Qualität beeinflussen. Inputqualitäten sind bezogen auf Leistungsvoraussetzungen und die Arbeitsbedingungen einer Organisation. Im Handlungskontext von Schule bedeutet dies:

- Leistungsvoraussetzungen der Mitarbeiter: Zahl der Lehrkräfte, Stärken und Schwächen, fachlich-methodische Kompetenzen, Belastung, Gesundheitszustand des Kollegiums usw.;
- Ausstattung und arbeitshygienische Bedingungen: Zustand der Arbeitsmittel, finanzielle und räumliche Bedingungen, Lehr- und Lernmittel usw.;
- Maß an Eigenständigkeit: Budgetierungsrechte, personelle Auswahlmöglichkeiten, flexible Arbeitszeitmodelle usw.;
- Ökologie: Gestaltung der Schule und des Schulhofs, Energiesparmaßnahmen usw.

Die Prozessqualitäten beziehen sich auf das Schulleben als Ganzes und sie sind durch die Wirksamkeit der Abläufe in einer Organisation gekennzeichnet. Im Handlungskontext von Schule sind dies insbesondere die Lern- und Arbeitsprozesse der Lernenden und Lehrenden. Dazu gehören:

- Unterrichtsprozesse: Ziele, Inhalte, Didaktik und Methodik, Organisationsformen, Lern- und Leistungskontrollen, Zeitrhythmen usw.;
- Kooperation von Lehrkräften und Schülern: Regeln, Vertrauen, Möglichkeiten der Konfliktlösung usw.;
- soziales Klima: Ausmaß an Toleranz, demokratische Mitgestaltung, Gewaltfreiheit usw.;
- Kooperation innerhalb des Kollegiums: Unterrichtsplanung und -gestaltung, allgemeine pädagogische Aufgaben, Konferenzarbeit, Netzwerkarbeit usw.;
- Schulleitungshandeln: Führungshandeln bei Unterrichts-, Personal-, Schul- und Qualitätsentwicklung, Entwicklung und Umsetzung des Schulprogramms, Delegation von Verantwortung, Unterstützung bei Teamarbeit, Mitarbeitergespräche usw.;
- Kooperation mit Eltern: Elterngespräche, Elternabende, Integration der Eltern in das Schulleben usw.;
- Gremienarbeit: zielorientierte Beschlüsse, Partizipation, Informationsfluss, Transparenz usw.;
- Verlässlichkeit: Garantie von Ansprüchen auf Unterricht und bestimmte Öffnungszeiten usw.;
- Verwaltungsarbeit, Hausmeisterei: Arbeit unter pädagogischen Prämissen;
- Kooperation mit Schulaufsicht, mit Wirtschaft und anderen externen Partnern: gegenseitige Information, Unterstützung, Transparenz, gemeinsame Reflexion usw.

Die sogenannten Produktqualitäten (auch Ergebnis-, Wirkungsqualitäten, Output und Outcome) stellen den Bezug zum „Leistungsabnehmer" her und bilden damit die

Grundlage für die „Kundenorientierung". Mit ihnen werden Effekte beschrieben, die eine Organisation erzielt. Im Handlungskontext von Schule sind solche Effekte beispielsweise:

- Schülerleistung: Erreichen von Bildungsstandards und Zielen in den Bildungs- und Lehrplänen, fachliche und überfachliche Kompetenzen, Leistungen in kognitiven, sozialen, sportlichen und künstlerischen Bereichen usw.;
- Integrations- und Abbruchsquote: Anzahl der Schüler, die eine erfolgreiche Schullaufbahn realisieren, in Bezug zu denen, die vor Abschluss der letzten Klasse die Schule verlassen usw.;
- Werdegang der Absolventen: Erfolg bei Bewerbungen für eine weiterführende Ausbildung oder Tätigkeit und spätere berufliche Laufbahn usw.;
- öffentliches Ansehen: Stellung und Prestige der Schule, Akzeptanz in der Öffentlichkeit usw.

8.3 Zugänge zu Qualitätsmanagement

Eine genuine Schulleitungsaufgabe ist Qualitätsmanagement, so wurde eingangs gesagt. Ziel dieses Qualitätsmanagements ist die kontinuierliche Verbesserung unter Anpassung an sich verändernde Rahmenbedingungen und Anforderungen. Zum einen geht es dabei um die Entwicklung von (Arbeits-)Abläufen und Prozessen in Richtung dessen, was angestrebt und nötig ist (Qualitätsentwicklung), und zum anderen um die Sicherung der Veränderungen und Verbesserungen, die infolge dieser Entwicklung erreicht werden (Qualitätssicherung). Das Management von Qualität meint das bewusste Gestalten dieser beiden Vorgänge. Es geht nicht um die Frage, was zuerst geschehen muss, die Entwicklung oder die Sicherung von Qualität. Es geht darum, wie diese beiden Arbeitsbereiche systematisch und sinnvoll miteinander in Beziehung gesetzt werden (vgl. u.a. Huber/Büeler 2009).

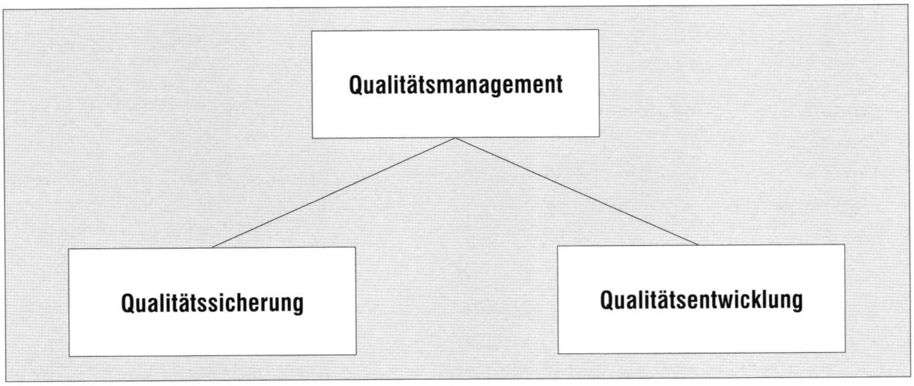

Abb 4: Differenzierung des Begriffs Qualitätsmanagement (Huber 2009, S. 359)

Nach Dubs (vgl. 2005) kann Qualitätsmanagement neben dieser oftmals zentralen Entwicklungsfunktion auch weitere, sich ergänzende oder widersprechende Funktionen erfüllen. Darunter sind die Kontrolle der Wirksamkeit einer Organisation, die Rechtfertigung gegenüber der Öffentlichkeit und der Nachweis für die erbrachte Qualität sowie das Sichtbarmachen der Qualität nach außen als Instrument der Öffentlichkeitsarbeit.

Für Ditton (vgl. 2002) ist Qualitätsmanagement ein weit gefasster Begriff. Qualitätsmanagement erhält, fördert und verbessert die Qualität systematisch und grenzt sich demnach ab von Qualitätskontrolle, die sich auf die Ermittlung der Verfahrens- und Produktqualität beschränkt. Ein höherer Grad der Institutionalisierung sowie geregelte Zuständigkeiten, Kompetenzen und Befugnisse bei der Planung und Umsetzung von qualitätsverbessernden Maßnahmen kennzeichnen das Qualitätsmanagement. Idealerweise sollte sogar die Wirksamkeit des Qualitätssicherungssystems selbst einer Prüfung unterzogen und daraufhin weiterentwickelt werden.

Qualitätsmanagement ist ein zyklischer Prozess, ein „ständige[r] Kreislauf des Planens, Handelns, Prüfens und Verbesserns" (Reese 2005, S. 2), der als Kreislauf dargestellt werden kann:

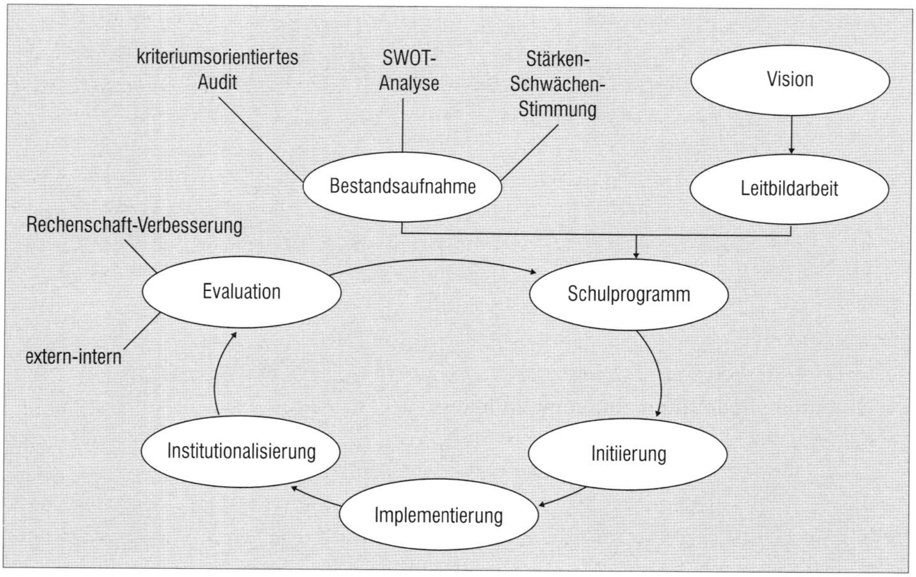

Abb. 5: Idealtypischer Kreislauf des Qualitätsmanagements in der Schule (Huber 2009, S. 362)

Was sind wesentliche Schritte zu einem Qualitätsmanagement? Als erster wesentlicher Schritt gilt die Ist-Zustands-Erhebung in Form einer Qualitätsanalyse bzw. einer Bestandsaufnahme. Hier besteht die Schwierigkeit darin, alle relevanten Qualitätsmerkmale zu erfassen. Ziel ist es, die Komplexität von Qualität einzugrenzen und zu reduzieren. Indem eine Beschränkung auf bestimmte Gegenstandsbereiche stattfindet, wird die Qualitätsanalyse für alle Beteiligten handhabbar. Es muss ein Kompromiss aus Messgenauigkeit und Aufwand gefunden werden.

Mit der Erhebung des Ist-Zustandes können Stärken und Schwächen identifiziert werden. Die genaue Analyse der Verbesserungsbereiche ermöglicht eine Ableitung der nächsten Entwicklungsschritte und die Erstellung eines Aktionsplans, wobei die Kapazitäten und Prioritäten berücksichtigt werden. Im nächsten Schritt erfolgt die konsequente Umsetzung dieses Plans (vgl. Reese 2005). Natürlich muss dieser Prozess überprüft bzw. wiederholt werden, um eine kontinuierliche Qualitätsverbesserung zu ermöglichen.

Ausgehend von einer Vision von Schule bzw. von einem Leitbild oder von einer Bestandsaufnahme kommt es zur Erstellung eines Schulprogramms. Das Schulprogramm entsteht im Idealfall aufgrund einer doppelten Perspektive, nämlich einem Blick nach vorn sowie einer Bilanzierung vergangener und gegenwärtiger Bemühungen. Dann folgen drei sich überlappende Phasen des *Change Management*: Initiierung, Implementierung und Institutionalisierung. Der Qualitätskreislauf schließt sich, wenn der Institutionalisierung eine Evaluation folgt, die Hinweise auf den Erfolg des Schulentwicklungsprozesses sowie auf die zu planenden nächsten Schritte gibt.

Soll in einem Land oder Bezirk Change Management in Einzelschulen durch vorhandene Angebote an Innovationsanstößen und -projekten angeregt werden, müssen zunächst die Zugangsmöglichkeiten der einzelnen Schulen zu Informationen über solche Innovationsangebote sichergestellt sein. Darüber hinaus müssen die Innovationsbestrebungen vonseiten der Schulaufsicht, des zuständigen Trägers bzw. der jeweiligen Kommune, den Eltern, Schülern und den Lehrkräften mitgetragen werden, von deren Bereitschaft und Engagement der Erfolg wesentlich abhängt. Anregung und Begleitung durch externe Berater und Moderatoren können hilfreich sein, das Ausmaß an Problemlösungs- und Veränderungskompetenz der einzelnen Einrichtung zu erhöhen.

Zu bedenken ist allerdings: Die Initiierung von Qualitätsmanagement ist nicht beschränkt auf die pädagogischen Führungskräfte in den Schulen, obwohl ihnen sicherlich eine große Bedeutung zukommt, indem sie wichtige Kollegen einbinden und entsprechende Rahmenbedingungen schaffen. Initiierung und Anstöße können von ganz verschiedenen Richtungen an Schulen herangetragen werden.

Sollen dann schulische Innovationen implementiert werden, so ist es zunächst wesentlich, gemeinsam getragene Zielvorstellungen zu bilden. Dann werden konkrete Maßnahmen geplant, wobei die Planung Modifikationen zulässt. Verantwortlichkeiten werden auf Kollegen übertragen, deren Engagement und Motivation so genutzt werden. Lehrerfortbildung und kooperationsfördernde Maßnahmen können Anknüpfungspunkte sein.

Sollen letztlich kontinuierliche Qualitätsmanagementstrukturen und -prozesse institutionalisiert werden, so ist es wichtig, die Innovation in die organisatorische Struktur der Schule einzubetten, auftauchende Widersprüche mit geltenden Regelungen zu überwinden und die einzelnen Innovationen mit anderen schulischen Aktivitäten und dem Unterricht zu koordinieren. Stetig sind die Bereitschaft und der Rückhalt des Kollegiums zu überprüfen und sicherzustellen sowie die für die Umsetzung nötigen neuen Kompetenzen zu vermitteln.

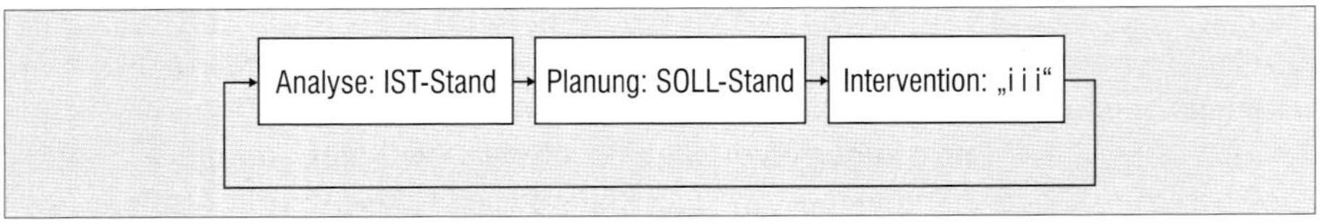

Abb. 6: Prozess des Qualitätsmanagements (Huber 2009, S. 363)

Zusammenfassend lässt sich konstatieren: Qualitätsmanagement beinhaltet alle systematisch eingesetzten Verfahren zur Qualitätsverbesserung in Schulen. Kritisch angemerkt werden muss indes, dass diese Verfahren meist unverbunden und ohne gegenseitige Bezüge nebeneinander stehen. Auch ist keine einheitliche Methodik der Verfahren erkennbar. Das macht einen Vergleich oftmals schwer.

In einem weiten Sinn trägt Qualitätsmanagement zur Verbesserung der Organisation bei und ist Bestandteil der Organisationsentwicklung, die laut French und Bell (vgl. 1994) eine langfristige Bemühung ist, die Problemlösungs- und Erneuerungsprozesse in einer Organisation zu verbessern, vor allem durch eine wirksamere und auf Zusammenarbeit gegründete Steuerung der Organisationskultur. Dies kann unterstützt werden durch Berater und/oder durch Anwendung von Theorie und Technologie, wie sie etablierte Qualitätsmanagement-Modelle (vgl. unten) bieten.

Eine besondere Verantwortung hierbei kommt den Führungskräften zu. In Schulen ist für Qualitätssicherung und -entwicklung eine entsprechend motivierte und kompetente Schulleitung wesentlich. Selbst von der Notwendigkeit einer sinnvollen Weiterentwicklung der Schule überzeugt, sollte sie gemeinsame Zielvorstellungen verhandeln, eine Kultur des Vertrauens und des Respekts vor der Arbeit der anderen fördern, Initiativen wecken und bündeln, Teamstrukturen fördern und auch auf ein angemessenes Aufwand-Nutzen-Verhältnis achten. Diese Aufgabe kann jedoch die Schulleiterin oder der Schulleiter nicht allein angehen. Vielmehr sind kooperative Strukturen, beispielsweise Steuergruppen (vgl. Rolff 2001), gefordert, die entsprechend qualifiziert sind.

8.4 Qualitätsmanagement- und Controlling-Modelle

In Wirtschaftsunternehmen finden Qualitätsmanagementmodelle oder -systeme seit Jahrzehnten Anwendung. Qualität herzustellen muss Anliegen jeder Organisation und all ihrer Mitarbeiter sein. Wegen dieser übergeordneten Bedeutung wird ein Qualitätsmanagement zum Teil auch als eine Philosophie oder als eine umfassende Führungsstrategie verstanden. Kunden-, Produkt-, Mitarbeiter-, Prozess- und Gemeinwohlorientierung sind die Bestandteile und zugleich die Ziele von Qualitätsmanagement. Diese sind nur begrenzt stabil und daher kontinuierlich weiterzuentwickeln.

Die gegenwärtige Diskussion um Qualitätsmanagement in Schulen ist eingebettet in die Entwicklung, dass in vielen Ländern eine größere Eigenverantwortlichkeit und eine zunehmende Profilierung der Einzelschule angestrebt werden. Solche Dezentralisierungstendenzen, die Schulen und ihren Akteuren (unterschiedlich große) Freiräume bei der Gestaltung zugestehen, werden oftmals begleitet von gleichzeitigen Zentralisierungsbestrebungen, die eine Kontrolle der Zielerreichung garantieren sollen (Rechenschaft in externen Evaluationen, Schul-TÜV). Dabei nutzen die einzelnen Länder grundsätzlich ein ähnliches Vorgehen zur Qualitätsverbesserung, zu dem die Festlegung von Kriterien, Indikatoren und Standards in Qualitätsbereichen gehört. In vielen Bundesländern in Deutschland und Österreich und in vielen Kantonen in der Schweiz werden Qualitätsmanagementmodelle für den schulischen Kontext eingeführt. In den „Qualitätsrahmen", „Referenzrahmen für Schulqualität", „Qualitätsbereichen" etc. werden vielfältige Kriterien einer „guten Schule" formuliert. Sie werden hier nicht im Einzelnen vorgestellt, da sie im regionalen Kontext durch Informationsmaterial ohnehin sehr detailliert dargestellt werden. Diese Informationen sollten von Schulleitungen abgerufen werden.

Im Folgenden sollen einige Ansätze kurz skizziert werden. Ausführlicher beschrieben sind sie bei Huber und Schneider (vgl. 2009).

Ein besonders einflussreicher und weitverbreiteter Ansatz ist der des *Total Quality Management (TQM)*. Der Begriff steht weniger für ein konkretes Verfahren des Qualitätsmanagements, sondern ist mehr ein Oberbegriff für verschiedene Vorgehensweisen, die sich durch charakteristische Gemeinsamkeiten auszeichnen. TQM ist „[...] nicht nur eine verfeinerte Qualitätssicherung. Vielmehr geht es darum, ein Qualitätsbewusstsein und eine Qualitätssicherung in allen Phasen der Wertschöpfungskette zu schaffen, und zwar bei allen Führungskräften und Mitarbeitern. TQM wird damit zu einem umfassenden Denk- und Handlungsansatz, der sich in der Unternehmensphilosophie, also dem Selbstverständnis und Leitbild eines Unternehmens, sowie im konkreten Führungskonzept für das gesamte Unternehmen niederschlägt" (Töpfer/Mehdorn 1994, S. 8). TQM zielt auf die Steigerung von „Effizienz" und „Effektivität". Im schulischen Kontext bestimmt Effizienz das Verhältnis des Outputs der Schule zu ihrer Vision, ihren Ressourcen (Input) und ihrem Lehrplan bzw. der Unterrichtsgestaltung (Prozesse). Je besser die gesetzten Ziele mit den verfügbaren Mitteln erreicht worden sind, desto höher ist die Effizienz der Schule. Effektivität bestimmt das Verhältnis des Outputs sowie der Effizienz der Organisation zu den Ansprüchen und Erwartungen der „Kunden" (Schüler, Gesellschaft, Hochschulen, Wirtschaft, Eltern). Je besser sie z. B. durch einen guten Lebens- und Berufserfolg der Absolventen erfüllt sind, desto höher ist die Effektivität der Schule.

In der Schweiz wurde das System *„Qualität durch Evaluation und Entwicklung (Q2E)"* entwickelt und erprobt. Q2E wird als Qualitätsmanagementsystem sowie als Qualitätsmanagement-Aufbaumodell bezeichnet. Letzteres deutet an, dass sich durch Q2E schulinternes Qualitätsmanagement Schritt für Schritt aufbauen lässt. Das Schweizer Modell erfüllt alle Voraussetzungen, um als formell zertifizierbares Modell zu gelten. Q2E orientiert sich am TQM, versucht aber ganz bewusst die pädagogischen Komponenten, wie beispielsweise Unterricht, zu integrieren. Es gilt als erstes Modell, das gezielt für die Schule entwickelt wurde. Als essenzielle Voraussetzung gilt die individuelle und institutionelle Lernbereitschaft. „Treiber" – um die Bezeichnung Rolffs für die Komponenten des PQM (siehe unten) hier zu übernehmen – sind bei Q2E sechs Komponenten: Qualitätsleitbild der Schule, Individualfeedback und persönliche Qualitätsentwicklung, externe Evaluation, interne Evaluation, Steuerung der Qualitätsprozesse durch die Schulleitung und die Zertifizierung. Q2E umfasst darüber hinaus drei Konzepte: das Handlungsmodell, das Funktionsmodell und den Referenzrahmen. Handlungs- wie Funktionsmodell befassen sich mit dem Aufbau und der Nachhaltigkeit von Qualitätsmanagement. Im Referenzrahmen werden die „Evaluationsbereiche und -kriterien" genannt (Landwehr/Steiner 2003)

Eine verbreitete Form des TQM-Konzepts ist auch das Modell der *European Foundation of Quality Management (EFQM)*. Es wird sowohl für interne Qualitätsanalysen als auch für Zertifizierung und Preisverleihung eingesetzt. Wie eine Art Self-Assessment lässt sich ein Stärken-Schwächen-Profil im Rahmen einer Selbstbewertung erstellen und daraus lassen sich wiederum Verbesserungsbereiche identifizieren sowie qualitätsfördernde Maßnahmen ableiten (vgl. Arnold/Faber 2000). Im schulischen Kontext steht EFQM häufig im Mittelpunkt des Interesses, da es ein prozessorientierter, ganzheitlicher und transparenter Ansatz ist. Die EFQM-Kriterien beinhalten Führung, Politik und Strategie, Mitarbeiterorientierung, Ressourcen, Prozesse, Kundenzufriedenheit, Mitarbeiterzufriedenheit, Einfluss auf die Gesellschaft sowie Ergebnisse.

Das System des *Pädagogischen Qualitätsmanagements (PQM)* gilt laut Rolff (2007, S. 237) als ein „umfassendes pädagogisches Modell des Qualitätsmanagements für Schulen". Es wird vor allem in den Deutschen Auslandsschulen eingesetzt; für die Weiterentwicklung in den deutschen Bundesländern (in NRW und Berlin) heißt es jetzt UQM (Unterrichtsbezogenes Qualitätsmanagement). PQM intendiert sowohl die Qualitätssicherung als auch -entwicklung. Das Modell wird von vier Steuerkreisen und drei Komponenten, genannt „Treiber", getragen. Diese Steuerkreise lenken das Qualitätsmanagement; es sind:

- *der inhaltliche Steuerkreis:* Er gilt als prägend für das Pädagogische dieses QM-Systems, das sich im Leitbild der Schule manifestiert. Bezugspunkte sind die Lernfortschritte der einzelnen Schülerinnen und Schüler, die als Benchmark für mögliche PQM-Maßnahmen gelten können.
- *der operative Steuerkreis:* Er beinhaltet die Kernaufgabe der Schule, den Unterricht.
- *der Leitungs-Steuerkreis:* Schulleitung und Steuergruppe (STG) befinden über „den Einsatz von Instrumenten und Methoden des PQM" (ebd., S. 239).
- *der Evaluations-Steuerkreis:* Er befasst sich mit dem Abgleich zwischen dem PQM der Einzelschule und den Anforderungen des gesamten Schulsystems.

Die „Treiber" stellen die Entwicklung der schulischen Qualität sicher und bewirken eine „qualitätsfördernde Lernkultur" (ebd., S. 241). Zu diesen als „Treiber" bezeichneten Komponenten gehören:

- zielführendes Handeln (mit einem ständigen Kreislauf aus Zielklärung, Datensammlung und -analyse, Feedback, Maßnahmenplanung, neuerlicher Klärung des Evaluationsfokus etc.),
- Teamentwicklung (laut Rolff am besten unterrichtsbezogen) und reziprokes Feedback (im Sinne einer wechselseitigen lernbezogenen Feedbackkultur).

Das Ziel, das mit PQM verfolgt wird, ist, ein formell zertifizierbares Modell für alle Schulformen zu schaffen, wobei gemäß Rolff die Zertifizierung allerdings nicht das wesentlichste Element des PQM darstellt, sondern vielmehr die pädagogische Verortung, welche die Verwendung für Schulen erleichtert.

Im Unterschied zum Qualitätsmanagement wird beim Controlling stärker die Umsetzung einer Unternehmungsstrategie fokussiert. Den vielleicht populärsten Ansatz stellt die von Robert S. Kaplan und David P. Norton entwickelte *Balanced Scorecard (BSC)* dar. Als Management- und Steuerungssystem verfolgt die BSC das Ziel, „die Strategien einer Organisation in klar formulierte, messbare und damit überprüfbare Steuerungsgrößen zu übertragen" (Arnold/Faber 2000, S. 76), eine Übertragung auf den schulischen Kontext befindet sich in Erprobung (vgl. Hartmann/Rolff 2003). Formen und Bedeutung von Bildungscontrolling geraten zunehmend in den Fokus des Interesses von Bildungswissenschaften und Bildungspraxis. Das Beraternetzwerk für Schulentwicklung der Sächsischen Akademie für Lehrerfortbildung unternimmt beispielsweise den Versuch, die BSC in den Schulkontext zu integrieren. Die BSC dient hier als Grundlage für die (Weiter-)Entwicklung eines Schulprogramms.

8.5 Evaluation im schulischen Kontext

In Schulen reflektieren Lehrkräfte seit jeher die Qualität ihrer Arbeit, z. B. im Rahmen ihrer Unterrichtsplanung, in informellen Gesprächen oder in Konferenzen. Eine Reflexion wird jedoch professionell, wenn sie regelmäßig und systematisch erfolgt. Erst dann ist sie fester Bestandteil des schulischen Qualitätsmanagements. Diese Art der Reflexion, das Überprüfen und Evaluieren der Qualität der Arbeit, verbunden mit dem Wunsch nach Verbesserung und Optimierung von Schule und Unterricht, ist meist noch nicht fester Bestandteil im schulischen Alltag.

Häufig wird der Begriff Evaluation noch nicht klar abgegrenzt verwendet. Im engen Sinn gilt Evaluation als die Beschreibung einer Maßnahme, die einen erreichten Zustand, den Erfolg oder Fortschritt überprüft. Im weitesten Sinn kann Evaluation auch als ein umfassendes Kontroll- und Managementsystem für Qualität verstanden werden (vgl. Ditton 2002). Evaluation beinhaltet also auch Erfolgs-, Wirkungs- oder Qualitätskontrolle und Begleit-, Effizienz- oder Bewertungsforschung.

In der Praxis wird Evaluation meist in einem Spannungsverhältnis zwischen Rechenschaftslegung einerseits und Verbesserungsbemühung andererseits erlebt (vgl. Huber 1999, 2009; Altrichter 2009; Buhren 2009). Zu unterscheiden ist neben der Zielsetzung der Evaluation zudem, welche Kriterien man anlegt und welcher Instrumente man sich bedient, ob Standards vorgegeben sind oder diese selbst formuliert werden. Auch kann und muss differenziert werden, wer die Evaluation durchführt.

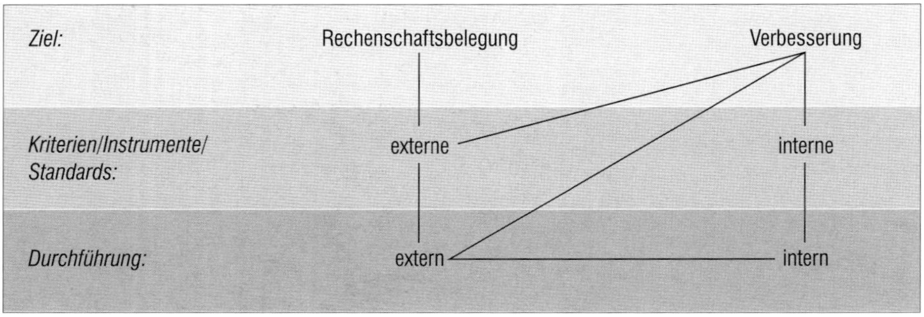

Abb. 7: Differenzierung des Begriffs Evaluation I: Evaluation nach Zielsetzung (Huber 2009, S. 380)

Eine weitere Differenzierung würde wie folgt aussehen:

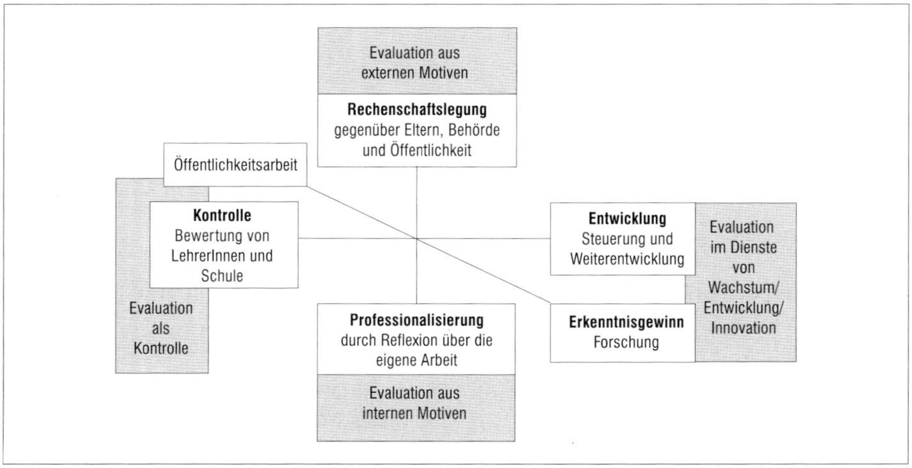

Abb. 8: Differenzierung des Begriffs Evaluation II: Zwecke von Evaluation (Altrichter in Huber 2009)

Bei Evaluation werden die Begriffe Selbst- versus Fremdevaluation und interne vs. externe Evaluation unterschieden. Dass die einzelnen Evaluationsformen, in erster Linie Selbst- und Fremdevaluation, in der schulischen Praxis nicht unabhängig voneinander stattfinden, sondern Hand in Hand gehen, zeigt Abbildung 10.

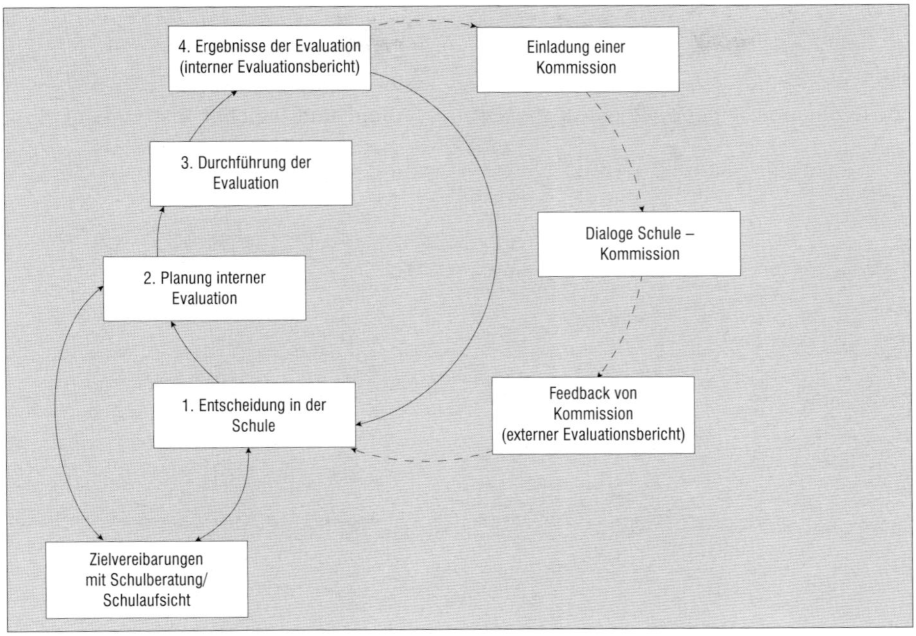

Abb. 9: Evaluationskreislauf (Tegelhoff 1999, S. 14, frei nach Rolff 1995)

Die interne Evaluation dient einerseits der Selbststeuerung und andererseits der Rechenschaftslegung gegenüber den Anspruchsgruppen. Die externe Evaluation verfolgt das Ziel, der Innensicht der Schule eine Außensicht gegenüberzustellen. Gleichzeitig liefert die externe Evaluation den Schulbehörden steuerungsrelevante Informationen (vgl. Bildungsdirektion des Kt. Zürich 2001).

Neben dem Identifizieren von Defiziten mittels einer Bestandsaufnahme sowie der Verbesserung dieser Defizite kann Evaluation auch dazu dienen, den bisherigen schulischen bzw. unterrichtlichen Erfolg zu bestätigen. Generell erfordert jede Evaluation im Hinblick auf ihre Konsequenzen für die Praxis eine enge Kooperation von Evaluatoren und Evaluierten (vgl. Ditton 2002). Ebenso wie die Einbeziehung der Evaluierten in die Planung des Programms sind gemeinsam definierte Bewertungsmaßstäbe, z. B. Standards, die sich wiederum an den zuvor festgelegten Zielen orientieren sowie eine gemeinsame Analyse der Daten und die entsprechende Rückspiegelung der Daten an die Beteiligten und Betroffenen von Bedeutung. „Nur durch die gemeinsame Analyse der Daten können mögliche Widersprüche aufgeklärt, Ursachen für bestimmte Erkenntnisse gefunden und Kausalzusammenhänge erforscht werden" (Buhren 2009). Auf diese Art wird (Selbst-)Evaluation zu einem Verfahren für die schulische Qualitätssicherung und -entwicklung und kann dem Anspruch, den Schule an Evaluation hat, nämlich Evaluation als eine die Praxis beratende, praxisbegleitende und unmittelbar in die Praxis integrierte Evaluation" (Ditton 2002, S. 779), gerecht werden.

Um die Diskussion der Differenzierung des Begriffs Evaluation zusammenzufassen, lässt sich in Anlehnung an Kromrey, ähnlich auch Altrichter (2004), folgende Übersichtstabelle konstruieren:

Was?	wird evaluiert?	Welche Person, welche Prozesse?	Evaluationsobjekt
Wofür?	wird evaluiert?	Zu welchem Zweck, mit welchem Ziel?	Evaluationsfunktion
Wer?	evaluiert?	Von wem wird die Evaluation durchgeführt?	Evaluator/Evaluatoren
Woran?	wird gemessen?	An welchem Maßstab?	Evaluationsmaßstäbe
Wie?	wird evaluiert?	Auf welche Art und Weise?	Evaluationsverfahren/ -methoden

Abb. 10: Konzeptualisierung von Evaluation (Huber 2009, S. 382)

Je nachdem, wie man die hier aufgeworfenen Fragen beantwortet, handelt es sich um verschiedene Arten der Evaluation.

Beachtet werden sollte, dass schulisches Qualitätsmanagement, z.B. in Form von Evaluation, von den Beteiligten, also in erster Linie von der Schulleitung und dem Kollegium, nicht als zusätzliche und äußerst aufwendige Aufgabe erlebt wird, sondern dass das Ziel konkret ist und dass der Aufwand für die Durchführung so gering wie nötig bleibt. Unterstützung „von außen" sollen beispielsweise Kriterien- und Fragenkataloge sowie Instrumente zur Datenerhebung bieten, wie sie zum Beispiel von Ministerien, der Schulaufsicht und von Landesinstituten oder von Universitäten entwickelt werden.

8.6 Gelingensbedingungen

Erfolgreiches Qualitätsmanagement unterliegt einigen zentralen Gelingensbedingungen. Im Folgenden sollen sie skizziert werden.

Entwicklung eines gemeinsamen Verständnisses von Qualität

Positiv ist, dass durch die Beschäftigung mit Qualitätsmanagementsystemen oder -modellen ein gemeinsames Verständnis von Qualität (im jeweiligen Kontext) entwickelt und ein systematischer Qualitätsmanagementprozess angestoßen werden kann. Zudem berücksichtigen umfassende Verfahren im Sinne des *Total Quality Management* alle relevanten Interessengruppen und ermöglichen somit einen systematischen Gesamtüberblick über alle Aktivitäten einer Organisation. Aufgrund ihrer Standardisierung stellen diese Verfahren einen Bezugs- bzw. Bewertungsrahmen für alle Beteiligten dar.

Zu beachten sind u.a. zentrale Aspekte:

Kompetenzen

Notwendig ist, dass die schulischen Akteure entsprechend qualifiziert werden, so die Ergebnisse von wissenschaftlichen Begleitungen. Der zeitliche, personelle und materielle Aufwand, der bei der Implementierung schulischen Qualitätsmanagements entstand, wurde von den Beteiligten als erheblich eingeschätzt, zumal häufig weder die Eingangsqualifikation optimal war, noch eine angemessene prozessbegleitende Unterstützung durch einen Berater stattfand. Kritisch wurde bemerkt, dass die neuen Aufgaben im Rahmen des Qualitätsmanagements in das Spektrum der bestehenden Aufgaben integriert werden sollten, ohne dafür Ressourcen zur Verfügung zu haben. Teilweise zeigte sich daraufhin deutlich Überlastung bei den Akteuren.

> *Es ist zudem davon auszugehen, dass Aufgaben im schulischen QM wie andere Überlastungen auf Kosten des Unterrichts gehen, da einerseits dessen Gestaltung und Förderung neben Zeit auch Motivation erfordert, andererseits Mängel in diesem Bereich kaum nach außen dringen und damit zu Konsequenzen führen können. Diese Annahme wird durch die häufig getroffene Äußerung bestätigt, schulisches QM führe vom Kerngeschäft Unterricht weg bzw. ließe dafür kaum noch Zeit.* (Tenberg, o. J.).

Eine ausreichende und angemessene Qualifikation und die Bereitstellung entsprechender Ressourcen – vor allem Zeit – sind grundlegend. Lehrkräfte sind in der Regel hinsichtlich ihres Wissens und ihrer Erfahrungen im Umgang mit wissenschaftlichen Methoden der Evaluation nur unzureichend qualifiziert. Tenberg (o. J.) empfiehlt, dass die erforderlichen Informationen und Qualifikationen bzgl. des Instrumentariums mit ausreichender Zeit von – im Schulbereich – qualifizierten Experten vermittelt werden sollten, damit es nicht dazu kommt, dass eventuell Daten „unsauber" erhoben werden, dadurch Verfälschungen entstehen und die Ergebnisse damit wertlos sind.

Motivation

Grundsätzlich ist ein hohes Maß an Bereitschaft aller Beteiligten erforderlich, besonders der Schulleitung (vgl. Esser 2005). Viel Zeit und umfangreiche personelle und materielle Ressourcen müssen aufgewendet werden. „Die wichtigsten Voraussetzungen sind dabei Transparenz, Beteiligung möglichst aller Kolleginnen und Kollegen (wenigstens informativ) und eine breite Zustimmung zur Einführung innerhalb der Schule" (Reese 2005, S. 4). Tenberg (o. J., S. 59) spricht sich ebenfalls für eine aktive Beteiligung aller Kollegen bereits bei der Entscheidung für ein Qualitätsmanagement aus: Die Implementierung eines solchen „[...] kann zwar von schulintern ausgewiesenen Referenten administriert werden, dabei sollten diesen KollegInnen jedoch überwiegend operative bzw. kommunikative Aufgaben obliegen, Gestaltungs- und Entscheidungsprozesse aber beim Gesamtkollegium bleiben".

Darüber hinaus müssen Passungen hergestellt werden:

Konzeptionelle Passung (Passung erster Ordnung)

Die Qualität einer Evaluation hängt ab von der Abstimmung zwischen dem Evaluationsobjekt, der -funktion, der Kompetenz und Akzeptanz der Evaluatoren, den Evaluationsmaßstäben, -verfahren sowie -methoden. Es ist also nicht nur relevant, wie die methodologische und methodische Qualität ist, sondern vielmehr, ob sie – ausgehend von der Zielsetzung – das erreicht, was sie erreichen will. Entscheidend ist eine klare Zielorientierung, denn Evaluationen sind kein Selbstzweck und keine Modeaktivität, sondern müssen sich an Zielen ausrichten und daran messen lassen (Evaluation der Evaluation). Im pädagogischen Kontext ist eine pädagogische Zieljustierung entscheidend. Deutlich ist auf die Notwendigkeit einer Passung der Evaluation mit der Zielsetzung hinzuweisen („Passung erster Ordnung", einer konzeptionellen Passung sozusagen).

Soziale Passung (Passung zweiter Ordnung)

Darüber hinaus muss beachtet werden, dass zum einen Bildungsprozesse und -produkte höchst komplex sind und zum anderen es sich vorrangig um soziale Prozesse im schulischen Kontext handelt, in die Menschen unterschiedlichen Alters (Schüler und Lehrer) involviert sind. Umso größer ist die Bedeutung, die der sozialen Akzeptanz zukommt, zumal einfache Transaktionsmodelle aufgrund des professionellen Selbstverständnisses psychologisch und faktisch nicht funktionieren. Akzeptanz ist entscheidend, einerseits, wenn es um die Mitwirkung bei einer Evaluation geht, und zwar sowohl bei der Datenerhebung (also Fragebogen ausfüllen, sich interviewen lassen, sich beobachten lassen) wie auch im Umgang mit den Evaluationsergebnissen. Dabei ist ohne Belang, um welche Art der Evaluation es sich handelt, denn letztendlich ist immer das Ziel (vor allem aus einer pädagogischen Perspektive), eine positive Veränderung, eine Verbesserung zu erreichen. Auch hier muss eine Passung beachtet werden, die man „Passung zweiter Ordnung" nennen könnte: eine soziale Passung, eine Passung des sozialen Kontextes, eine Passung mit der Organisations- bzw. Schulkultur. Beachtet man dies nicht, wird vermutlich Reaktanz die Folge sein. Reaktanz ist das psychologische Phänomen der Reaktion auf die Einengung der eigenen Handlungsfreiheit, was dazu führt, zumindest für sich selbst erlebt, eine gewisse Freiheit wiederherzustellen, z. B. durch Verweigerung.

Transparenz als Grundlage für Akzeptanz – Akzeptanz als Konsequenz aus sozialer Passung und Wahrnehmung der konzeptionellen Passung (soweit jeweils vorhanden)

Bedeutend ist v.a. für die Passung zweiter Ordnung das Vorhandensein von Transparenz. Fehlende Transparenz geht oft einher mit dem Erleben hoher Unbestimmtheit, folglich mit Unsicherheit, demzufolge oft mit Widerstand. Beteiligte können durch Transparenz des Verfahrens das Bewusstsein einer gewissen – selbst, wenn nicht vollständigen – Kontrolle über das Verfahren erlangen. Transparenz ist notwendig zur Erhöhung der Akzeptanz, natürlich nur, wenn auch die Passung erster Ordnung vorliegt.

Zusammenfassend muss betont werden: Es müssen zwei Arten von Passung beachtet werden, eine konzeptionelle Passung erster Ordnung und eine kulturelle, eine soziale Passung zweiter Ordnung. Sie entscheiden über die Qualität der Evaluation.

Notwendigkeit der Unterstützung

Bei dieser Arbeit benötigen Schulen zunächst Unterstützung. Ausmaß, Umfang und Art der Unterstützung unterscheiden sich je nach Schule sehr stark und können meist nur individuell festgestellt und zufriedenstellend gegeben werden (vgl. hierzu u. a. Hopkins 1996). Viele Schritte der Qualitätsentwicklung bedürfen der Unterstützung durch externe Berater (Coaches, Mentoren, Supervisoren) als Impulsgeber, Motor und Experten, die zum einen Expertise bezüglich des Instrumentariums aufweisen, zum anderen bezüglich der Organisation Schule (vgl. Tenberg o. J.). Sie stehen in der Praxis den Schulen jedoch nicht immer zur Verfügung. Zukünftig sollten sie aber vermehrt abgerufen werden können. Neben diesen nur schulindividuell ermittelbaren Unterstützungsbedarfen lassen sich auch einige für alle Schulen notwendige Unterstützungsmodule ermitteln. So benötigen alle Schulen z.B. Unterstützung bei der Einführung der Managementinstrumente, bei der Dokumentation, bei der Moderation des Prozesses oder auch konkrete Hilfsmittel wie Kriterienkataloge oder standardisierte Fragebögen. Für diesen Bedarf müssen Unterstützungssysteme bereitgestellt werden. Prinzip sollte aber auch hier das System der Nachfrage sein: Schulen ermitteln und formulieren ihren Bedarf eigenständig und wählen einen entsprechenden Berater.

Zum Abschluss noch zwei Hinweise:

Qualitätsmanagement und Schulevaluation sind nicht Selbstzweck

Entscheidend ist, dass Qualitätsmanagement und Schulevaluation die Ziele erreichen helfen, die die Schule in einer demokratischen Gesellschaft hat. Das bedeutet, dass konsequenterweise auch Qualitätsmanagementverfahren sich daran messen lassen müssen, inwieweit sie eine Justierung im Hinblick auf pädagogische Ziele ermöglichen (vgl. Huber 2005). In diesem Sinne kann Qualitätsmanagement zu einer Orientierung an pädagogischen Prämissen wie Mündigkeit, Anerkennung, Vertrauen sowie kooperativer Selbsttätigkeit beitragen.

Kultur des Vertrauens

Abschließend sei ein zentraler Gedanke angedeutet, der u.a. auch von Rosenbusch (vgl. 2005) angesprochen wird: Schule braucht eine Kultur des Vertrauens. Die „Logik des Vertrauens“ zu sich selbst und zu anderen (so Rosenbusch) muss einerseits Schulleitungshandeln bzw. Schulmanagement insgesamt bestimmen, aber eben auch alle Aktivitäten der Qualitätsüberprüfung. Schulen muss aber auch von „außen“ Vertrauen entgegengebracht werden. Die strukturelle Umsetzung von Vertrauen ist Eigenverantwortung, Entlassen in die Mündigkeit. Dieses Entlassenwerden in die Mündigkeit darf nicht wieder ausgehebelt werden durch eine Kultur des Misstrauens, das engmaschig überwacht, sondern muss – wie oben ausgeführt – begleitet werden von Unterstützung durch Professionalisierung auf allen Ebenen (der Lehrkräfte, der Steuergruppe, der Schulleitung, der Schulaufsicht etc.), durch Auswahl geeigneten Personals sowie angemessene Qualifizierung und entsprechende Unterstützungssysteme.

8.7 Fazit

Die umfangreichen quantitativ und qualitativ empirischen Arbeiten der Schulqualitäts- und Schulentwicklungsforschung belegen die zentrale Rolle von Schulleitung für die Qualität und die Entwicklung der Schule. Der Schulleitung kann also klar die Aufgabe der Schulentwicklung im Sinne einer effizienten Prozessgestaltung zur Verbesserung der Schule und Optimierung der verschiedenen dazu gehörenden Aspekte zugeschrieben werden. Um den Aufgabenbereich des Schulentwicklungsmanagements zu erfüllen, muss die Schulleiterin beziehungsweise der Schulleiter zunächst einmal die Bedeutung von Qualitätsmanagement für die Schule erkennen und ist dann dafür verantwortlich, dass „Qualitätsmanagement" an der Schule betrieben wird. Qualitätsmanagement umfasst – wie oben beschrieben – die verschiedenen Handlungsfelder von Schulmanagement. Genuine Schulleitungsaufgabe ist es, den Evaluationsprozess anzustoßen, zu unterstützen und ein Controlling vorzunehmen, damit er klar und transparent geplant und durchgeführt wird. Ferner ist es für Schulleitung wichtig, sich an der systematischen Analyse der Evaluationsergebnisse zu beteiligen, daraus Ziele und Maßnahmen für die (Weiter-)Entwicklung abzuleiten, auch diese wiederum in den Evaluationsprozess zu integrieren und dabei alle relevanten Personen, in erster Linie die Lehrkräfte, zu beteiligen.

Man kann davon ausgehen, dass umfangreiches Wissen und Verständnis auch für die dafür notwendigen Bedingungen, die die verschiedenen Aspekte der Machbarkeit regeln, günstig für das Initiieren, Implementieren und kontinuierliche Fortführen von Qualitätsmanagement sind. Das bedeutet aber nicht zwingend, dass die Schulleiterin oder der Schulleiter all die dafür notwendigen Kompetenzen selbst benötigt. Schulleiterinnen und Schulleiter müssen das nicht alleine leisten, sondern können und sollen andere Mitglieder der Organisation – also Lehrkräfte und nicht unterrichtendes Personal – in diese Aufgaben mit einbinden, auch Eltern und andere Partner der Schule. Die Schulleitung kann dabei diese Aufgaben auf zweierlei Arten umsetzen: Zum einen direkt als Auftraggeber von Projekten und deren Evaluation, zum anderen indirekt, indem sie konkret nachfragt, in welcher Weise sich die Lehrkräfte der Wirksamkeit ihrer Arbeit vergewissern, indem sie den Anspruch auf eine solche Vergewisserung durch Evaluation deutlich vertritt und indem sie Ressourcen zur Verfügung stellt.

Zu bedenken ist dabei, dass es nicht die Aufgabe von Schulleitung ist, sich in operativen Teilaspekten zu „verlieren". Sie soll vielmehr klar von den zu erreichenden

Zielen ausgehend die großen Linien und die wesentlichen Machbarkeiten und Passungen für die Schule im Blick behalten. Dabei hat die Schulleitung insbesondere die Aufgabe, darauf zu achten, dass Daten aus Selbst- und Fremdevaluation beziehungsweise vorhandene externe Daten genutzt werden. Dazu zählen auch Ergebnisse der Schulinspektion, die aus Sicht der Schulleitung im Rahmen der Rechenschaftspflicht einen ebenso wichtigen Stellenwert einnehmen wie die Daten, die an der Schule selbst für den Handlungsbedarf hinsichtlich Optimierung der Schule ermittelt wurden. An den operativen Aufgaben einer Umsetzung konzeptioneller Überlegungen von Qualitätsmanagement sind sicherlich verschiedene Personen innerhalb der Schule zu beteiligen. In erster Linie sind es die erweiterte Schulleitung und die Steuergruppe. Viele Schulen in den deutschsprachigen Ländern haben in den letzten fünf bis zehn Jahren Steuergruppen etabliert, die für das Schulentwicklungsmanagement zuständig sind (vgl. Huber 2009). Innerhalb der Steuergruppe werden arbeitsteilig verschiedene Aufgaben des Qualitätsmanagements bearbeitet, zum Beispiel die Verantwortung für interne Evaluation. Diese verschiedenen Aspekte gehen in das Schulprogramm einer Schule ein. Die Rolle von Schulleitung hinsichtlich dieser Aufgaben besteht darin, dass sie Rahmenbedingungen herstellt, Ziele vereinbart, im Rahmen von zeitlichen Überlegungen Beratung und Unterstützung im Prozess anbietet. Hier scheint im Sinne des Personalmanagements von besonderer Bedeutung zu sein, die richtigen Personen zu bestimmen oder die Personen zu unterstützen, die durch das Kollegium bestimmt wurden oder bereit sind, sich zu engagieren und diese Verantwortung zu übernehmen. Das klingt theoretisch mit Sicherheit einfacher, als es sich in der Praxis erweist. Dort ist es eine komplexe Aufgabe, die von vielfältigen Aspekten im schulischen Alltag abhängt: Zeit, Motivation, sozialen Beziehungen im Kollegium, Kompetenzen, Akzeptanz etc. Diese komplexen Aufgaben sind es aber, die von zentraler Bedeutung für die Schulleitung sind und zweifelsfrei zu dem Anforderungsprofil von zeitgemäßem Schulleitungshandeln gehören.

Schließlich soll explizit als Aufgabenbereich innerhalb dessen, was soeben beschrieben wurde, noch der Umgang mit Widerständen genannt werden. Hier braucht es Feingefühl und Unterstützung – nicht nur der Steuergruppe, sondern auch der Schulleitung – in der Initiierung und Umsetzung der verschiedenen Aspekte des Qualitätsmanagements. Zudem bedarf es eines breiten Wissens im Umgang mit Widerständen, insbesondere mit mikropolitischen Taktiken und Strategien (vgl. Neuberger 2002) sowie der Umsetzung verschiedener Maßnahmen, die die Wahrscheinlichkeit für Widerstände herabsetzen (präventiv) oder die zum Bearbeiten – im Idealfall Auflösen – von Widerständen notwendig sind. Dazu gehört zum einen eine angemessene Informations- und Kommunikationspolitik für die Schule sowie angemessene Verfahren der Beteiligung, insbesondere der an der Schule vorhandenen Gremien (nicht nur der Schulkonferenz). Zum anderen gehört neben der Rolle des Ansprechpartners für die QM-Verantwortlichen als Aufgabe dazu, die Schritte in der zeitlichen Abfolge des Qualitätsmanagements zu beobachten, und im Sinne eines Controllings die Überprüfung der Zielerreichung. Insbesondere wenn Verantwortungen delegiert werden, ist die Überprüfung des Prozesses und vielmehr noch der Zielerreichung von großer Bedeutung, also die Rechenschaftspflicht, die die verantwortlichen Personen wiederum gegenüber der Schulleitung haben. Die Rechenschaftspflicht der Schulleitung selbst bezieht sich auf Vereinbarungen, die die Schulleitung mit dem Kollegium beziehungsweise mit Verantwortlichen getroffen hat, und die Verantwortung gegenüber der Schulaufsicht, zum Beispiel im Rahmen von Zielvereinbarungen.

Literatur

Altrichter, H.: Schritte zur Selbstevaluation. In: Huber, S. G. (Hrsg.): Handbuch für Steuergruppen. Grundlagen für die Arbeit in zentralen Handlungsfeldern des Schulmanagements. Köln 2009, S. 417–461.

Arnold, R. und Faber, K.: Qualitätsmanagement – aber wie? Qualitätssysteme und ihre Relevanz für Schule: Einführung und Überblick. Seelze 2000.

Bildungsdirektion des Kt. Zürich (Hrsg.): Verfahrensschritte der Externen Schulevaluation. Qualitätssicherung an der Volksschule des Kantons Zürich. Zürich 2001.

Buhren, C.: Evaluation der eigenen Schule – die Innen- und Außensicht. In: Huber, S. G. (Hrsg.): Handbuch für Steuergruppen. Grundlagen für die Arbeit in zentralen Handlungsfeldern des Schulmanagements. Köln 2009.

Cronbach, L. J.: Evaluation zur Verbesserung von Curricula. In: Wulf, C. (Hrsg.): Evaluation. Beschreibung und Bewertung von Unterricht, Curricula und Schulversuchen. München 1972, S. 41–59.

Ditton, H.: Qualitätskontrolle und -sicherung in Schule und Unterricht – ein Überblick zum Stand der empirischen Forschung. In: Helmke, A. et al. (Hrsg.): Qualitätssicherung im Bildungsbereich. Beiheft Nr. 41 der Zeitschrift für Pädagogik. Weinheim 2000, S. 73–92.

Ditton, H.: Evaluation und Qualitätssicherung. In: Tippel, R. (Hrsg.): Handbuch für Bildungsforschung. 2002, S. 775–790.

Dubs, R.: Qualitätsmanagement für Schulen. St. Gallen 1998.

Dubs, R.: Die Führung einer Schule. Leadership und Managment. Zürich 2005.

Esser, C.: Erfassung von Schulqualität anhand des EFQM-Modells (Präsentation zum 4. Saarländischen Schulleiterkongress 2005). http://www.lpm.uni-sb.de/SL/archiv/SLF2005/Folien%20 Workshop%20LPM%20260905.pdf, 23.01.2007.

French, W. L. und Bell jr., C. H.: Organisationsentwicklung. Sozialwissenschaftliche Strategien zur Organisationsveränderung. Bern/Stuttgart und Wien 2009.

Hartmann, H.R. und Rolff, H.-G.: Schulen strategisch in Balance bringen. In: Buchen, H. et al. (Hrsg.): Schulleitung und Schulentwicklung. Berlin 2005.

Hopkins, D.: Towards a Theory for School Improvement. In: Gray, J. (Hrsg.): Merging Traditions. The Future of Research on School Effectiveness and School Improvement. London und New York 1996, S. 31–50.

Huber, S. G. und Büeler, X.: Schulentwicklung und Qualitätsmanagement. In: Blömeke, S. et al. (Hrsg.): Handbuch Schule Theorie – Organisation – Entwicklung. Bad Heilbrunn 2009, S. 579–587.

Huber, S. G.: Internationale Schulentwicklungsforschung: I. School Effectiveness: Was macht Schule wirksam? Schul-Management. 2, (S.10–17); II. School Improvement: Wie kann Schule verbessert werden? Schul-Management. 3, 1999, S. 7–18; III. Effectiveness & Improvement: Wirksamkeit und Verbesserung von Schule – eine Zusammenschau. Schul-Management. 5, 1999, S. 8–18

Huber, S. G.: Schulleitungshandeln als pädagogisch orientiertes Handeln verstehen. In: Bartz, J. (Hrsg.): PraxisWissen Schulleitung (10.12). München 2005.
Huber, S. G: Handbuch für Steuergruppen. Grundlagen für die Arbeit in zentralen Handlungsfeldern des Schulmanagements. Köln 2009.
Huber, S. G. und Schneider., N.: Qualitätsmanagement in der Schule. In: Huber, S. G. (Hrsg.): Handbuch für Steuergruppen. Grundlagen für die Arbeit in zentralen Handlungsfeldern des Schulmanagements. Köln 2009, S. 355–387.
Landwehr, N. und Steiner, P: Qualität durch Evaluation und Entwicklung (Q2E). Bern 2003.
Mortimore, P.: The nature and findings of research on school effectiveness in the primary sector. In: Riddell, S. Brown, S. (Hrsg.): School effectiveness research: Its messages for school improvement. Edinburgh 1991.
Neuberger, O.: Führen und führen lassen. 6. Aufl. Stuttgart 2002.
Reese, M.: Qualitätsmanagement für Schulen. Worin besteht der Nutzen? In: Bartz, A. et al. (Hrsg.): PraxisWissen Schulleitung (20.21). München 2005.
Rolff, H.-G.: Wandel durch Selbstorganisation. Theoretische Grundlagen und praktische Hinweise für eine bessere Schule. Weinheim 1995.
Rolff, H.-G.: Schulentwicklung konkret. Steuergruppe-Bestandsaufnahme-Evaluation. Seelze 2001.
Rolff, H.-G.: Studien zu einer Theorie der Schulentwicklung. Weinheim 2007.
Rosenbusch, H. S.: Organisationspädagogik der Schule. Kronach 2005.
Stabstelle für Verwaltungsreform im Innenministerium Baden-Württemberg (Hrsg.): Verwaltung im Wandel. Qualitätsmanagement und lernende Organisation. Stuttgart 1999.
Stawicki, M.: Warum QM-Systeme nicht genügen. In: Olbertz, J. H. und Otto, H. U. (Hrsg.): Qualität von Bildung. Vier Perspektiven, Arbeitsberichte. Institut für Hochschulforschung Wittenberg an der Martin-Luther-Universität Halle-Wittenberg 2001.
Tegethoff, H. G.: Schulmanagement als Notwendigkeit – Organisationsentwicklung als Primat für Schulleitungshandeln. In Verband der Lehrerinnen und Lehrer an Berufskollegs in NW (Hrsg.). Berufskolleg. Chancen erkennen, nutzen und gestalten, Dokumentation zum Berufsbildungskongress des vlbs. 1999, S. 156–174). Krefeld.
Tenberg, R. (o. J.): Abschlussbericht der wissenschaftlichen Begleitung des Modellversuchs QUABS durch den Lehrstuhl für Pädagogik der Technischen Universität München. http://www.lrz-muenchen.de/~tenbergpublikationen/pdf/abschlussbericht.pdf, 24.01.2007.
Töpfer, A. und Mehdorn, H.: Total Quality Management. Anforderungen und Umsetzung im Unternehmen. Neuwied/Kriftel und Berlin 1994.

Autoren

Rolf Arnold (Prof. Dr.) ist Professor für Pädagogik (insbesondere Berufs- und Erwachsenenpädagogik) sowie Aufsichtsratsvorsitzender und Wissenschaftlicher Direktor des Distance and International Studies Centre (DISC) an der TU Kaiserslautern. Seine Forschungsschwerpunkte liegen in den Gebieten des Lernkulturwandels, schulischen Berufsbildung, betrieblichen Aus- und Weiterbildung, Lehr-Lernsystementwicklung, der Interkulturellen Berufspädagogik sowie dem Emotionalen Lernen.

Martin Bonsen (Prof. Dr.) ist Professor für Erziehungswissenschaft mit dem Schwerpunkt Schul- und Unterrichtsentwicklung an der Westfälischen Wilhelms-Universität Münster. Schwerpunkte in der Weiterbildung sind die Schul- und Unterrichtsentwicklung, Schulleitung und Bildungsmanagement sowie Evaluation im Bildungsbereich.

Stephan Gerhard Huber (Prof. Dr.) ist Leiter des Instituts für Bildungsmanagement und Bildungsökonomie (IBB) der Pädagogischen Hochschule Zentralschweiz (PHZ), Zug. Er ist an der Erfurt School of Education der Universität Erfurt eingebunden. Zudem ist er Honorary Research Fellow der School of Education in der Faculty of Humanities, University of Manchester sowie Senior Research Fellow des Center for Leadership and Change des Hong Kong Institute of Education. Arbeitsschwerpunkte sind Organisationspädagogik, Systemberatung, Professionalisierung von Lehrkräften und von pädagogischem Führungspersonal und international-vergleichende Bildungsforschung.

Hans-Günter Rolff (Prof. em. Dr.) ist emeritierter Professor für Bildungsforschung am Institut für Schulentwicklungsforschung der Technischen Universität Dortmund und wissenschaftlicher Leiter der Dortmunder Akademie für Pädagogische Führungskräfte (DAPF) und des Masterstudiengangs „Schulmanagement" der TU Kaiserslautern sowie Consultant Professor der Shanghai Normal University.

Michael Schratz (Prof. Dr.) ist Professor am Institut für LehrerInnenbildung und Schulforschung an der Universität Innsbruck, derzeit Dekan der Fakultät für Bildungswissenschaften und wissenschaftlicher Co-Leiter der Leadership Academy. Seine Arbeitsschwerpunkte sind Entwicklung von Professionalität und Leadership sowie Systementwicklung im Bildungswesen.